Buch

Statistisches Unkraut wuchert überall, ob im Fernsehen, in den Zeitungen oder im Internet. Anders als bei Arzneimitteln fehlt hier ein gesetzlich vorgeschriebener Beipackzettel, der vor den Risiken einer Fehlanwendung warnt.
Dieses Buch ist quasi als ein solcher Beipackzettel zu verstehen. Anhand zahlreicher Beispiele aus den Medien führen wir die Nebenwirkungen falsch angewendeter Statistiken vor.

Autoren

Thomas K. Bauer, Ökonom, ist Professor für Wirtschaftsforschung in Bochum und Vizepräsident des RWI in Essen.

Gerd Gigerenzer, Psycholge, ist Direktor am Max-Planck-Institut für Bildungsforschung in Berlin und Bestsellerautor.

Walter Krämer, Statistiker, ist Professor für Wirtschafts- und Sozialstatistik an der TU Dortmund und Autor verschiedener Bestseller.

Thomas K. Bauer
Gerd Gigerenzer
Walter Krämer

Warum dick nicht doof macht und Genmais nicht tötet

Über Risiken und Nebenwirkungen
der Unstatistik

GOLDMANN

Verlagsgruppe Random House FSC® N001967

1. Auflage
Vollständige Taschenbuchausgabe November 2016
Wilhelm Goldmann Verlag, München,
in der Verlagsgruppe Random House GmbH
Copyright © 2014 Campus Verlag GmbH,
Frankfurt am Main/New York
Umschlag: Uno Werbeagentur, München,
nach einem Entwurf von Guido Klütsch, Köln
Umschlagmotiv: © Thinkstock/macrovector
Innengestaltung und Illustrationen: Oliver Schmitt
Satz: Uhl + Massopust, Aalen
Druck und Bindung: GGP Media GmbH, Pößneck
MZ · Herstellung: IH
Printed in Germany
ISBN 978-3-442-17558-1
www.goldmann-verlag.de

Besuchen Sie den Goldmann Verlag im Netz

Inhalt

»A certain elementary training in statistical method is becoming as necessary for everyone living in this world of today as reading and writing.«

H. G. Wells, World Brain 1938/1994, p. 141.

»Mit Statistik kann man alles beweisen, sogar die Wahrheit. Also bin ich für Statistik.«

Marcel Reich-Ranicki

Vorwort

Wie wird ein Historiker des Jahres 3000 wohl die Zeit beschreiben, in der wir heute leben? Möglicherweise so:

Zu Beginn des 21. Jahrhunderts erlangte Homo sapiens Zugang zu mehr Information als je zuvor. Die digitale Revolution hatte Milliarden von Menschen vernetzt. Schneller als mit der Morgenzeitung und der abendlichen Nachrichtensendung konnte man nun jederzeit Meinungen und Reportagen global abrufen. Mit dem wachsenden Internet dehnte sich damals Information in bislang ungeahnten Dimensionen aus, vergleichbar mit der rasanten Ausdehnung von Materie nach dem Urknall.

Damit schien die jahrhundertelange Revolution für die Freiheit des Individuums, die mit der Erfindung der Schrift und des Buchdrucks begann, abgeschlossen zu sein. Jeder hatte nun Zugang zu jeder Information. Kein Staat, kein Herrscher konnte das Netz mehr verbieten, und die neue Welt der digitalen Megakonzerne stellte jedem alles Wissen zur Verfügung. Jeder war mit jedem vernetzt, und man konnte eine Million Einträge über Gesundheit und Geld in einer Zehntelsekunde abrufen. Die Menschheit hatte den Traum der Aufklärung nun endgültig verwirklicht - so dachte man.

Doch eines war vergessen worden: Viele verstanden gar nicht, was die Information bedeutete, zu der sie freien Zugang hatten. Oder sie bemerkten nicht einmal, wie Zahlen und Worte verdreht und ihre Ängste und Hoffnungen ferngesteuert wurden. Man hatte die Technologie perfektioniert, dabei allerdings außer Acht gelassen, die Menschen gleichzeitig so kompetent zu machen, dass sie all diese Fakten und Zahlen auch verstehen konnten.

So ungefähr könnte das entsprechende Kapitel in einem Lernmodul für Mittelschüler im Jahr 3000 aussehen. Das wird dann natürlich nicht mehr aktiv gelesen, sondern den Eleven sachte elektronisch ins Langzeitgedächtnis eingescannt.

Und es folgt noch ein Zusatz, etwa so:

Glücklicherweise gab es damals Bücher - so wurden die im galaktischen Zentralmuseum ausgestellten zusammengehefteten papierenen Blätter genannt -, in denen erklärt wurde, wie man mit Information denkt - statt sie nur zu lesen oder aufzunehmen. Heute lernt natürlich jedes Kind schon in der Schule, kritisch zu denken, und kann daher mit Risiken und Ungewissheiten umgehen, statt sie fürchten zu müssen.

Doch am Anfang des 21. Jahrhunderts sieht es noch ganz anders aus: Die breit verfügbaren Informationen werden in den meisten Fällen nicht kritisch hinterfragt. Als Bildungsforscher, Statistiker und Hochschullehrer sind wir täglich mit dieser Diskrepanz zwischen hoch entwickelter Technologie und dem wenig entwickelten Verständnis derselben konfrontiert. Nur die Allerwenigsten scheinen zu wissen, wie man mit Informationen sinnvoll umgeht, und da wollten wir nicht tatenlos danebenstehen. Angefangen hat unser aufklärerisches Projekt, das schließlich dieses Buch hervorgebracht hat, damit, dass – am Abend einer Konferenz – Thomas Bauer seinen Freund Walter Krämer beiseitenahm und eher scherzhaft auf die Flut von Statistiken ansprach: »Wieso gibt es eigentlich hinter jeder Hecke einen Umsatzrekord des Tages, einen Mitarbeiter der Woche oder ein Auto des Jahres?«, mokierte er sich, »mit diesen Statistiken wird so viel Unfug produziert, da braucht es doch einen Kontrapunkt.« Und die Antwort auf dieses Defizit lieferte er gleich mit: »Warum ziehen wir nicht mit der gleichen Regelmäßigkeit vor einer dieser Desinformationen den Unschuldsschleier weg?«

Diese Projektidee keimte in den Köpfen der beiden einige Monate vor sich hin, bis Walter Krämer seinem Koautor Gerd Gigerenzer davon erzählte, mit dem er sich vor Jahren über den Sinn und Unsinn von bedingten Wahrscheinlichkeiten ausgelassen hatte.[1] Und auch Gerd Gigerenzer hielt dies für eine gute Idee. Und so küren wir drei seit einigen Jahren in schöner Regelmäßigkeit die Unstatistik des Monats (nachzulesen auf www.unstatistik.de; Interessenten können sich gerne auf den Verteiler unserer Pressemitteilungen setzen lassen). Alle bisherigen Gewinnerstatistiken, auch viele Zweit- und Drittplatzierte, werden in diesem Buch auf den folgenden Seiten vorgestellt, zusammen mit weiteren potenziellen Siegern aus Zukunft und Vergangenheit. Denn statistisches Unkraut wuchert überall, ob im Fernsehen, in den Zeitungen oder im Internet. Anders aber als bei Arzneimitteln fehlt hier ein gesetzlich vorgeschriebener Beipackzettel, der vor den Risiken einer Fehlanwendung warnt.

Dieses Buch ist quasi als ein solcher Beipackzettel zu verstehen, als »Rote Liste« für Statistiken. Anhand zahlreicher Beispiele aus den Medien führen wir die Nebenwirkungen falsch angewandter Statistiken vor. Denn diese Nebenwirkungen können dramatische Auswirkungen haben. Die Illusion der Gewissheit - zum Beispiel der Glaube, dass medizinische Testergebnisse absolut sicher sind (obgleich das nicht der Fall ist) - hat beispielsweise zu unnötigen Selbstmorden nach HIV-Tests geführt; die Angstmache bezüglich Thromboserisiken bei Antibabypillen hat Tausende unerwünschte Schwangerschaften und Abtreibungen hervorgebracht. Wie wir sehen werden, wurden Menschen vor Gericht verurteilt, weil Richter und »Experten« Wahrscheinlichkeiten durcheinanderwarfen, und manch einer lässt sich täglich durch Nachrichten über krebserzeugende Stoffe in Preiselbeeren oder Schokolade verängstigen - obgleich es kaum etwas zu essen gibt, das nicht Dutzende solcher Stoffe in sich hätte, natürlich oder künstlich.

Es wird oft behauptet, unser Gehirn sei unfähig, Risiken und Wahrscheinlichkeiten zu verstehen. Und infolgedessen rät man dazu, die Bürger von wichtigen Entscheidungen fernzuhalten, da sie die Risiken nicht richtig einschätzen könnten. Versammelt die Experten, schließt die Türen und sagt den Menschen dann, was sie tun sollen. Doch ein solcher Paternalismus entspricht nicht unserem Denken und unserer Sicht, sonst bräuchten wir dieses Buch nicht zu schreiben. Die weit verbreiteten Probleme im Umgang mit Risiken haben unserer Ansicht nach ganz andere Gründe:

- *Erstens* lernen unsere Kinder in der Schule immer noch vorwiegend die Mathematik der Sicherheit (wie Algebra, Geometrie) und eher weniger über die Mathematik der Unsicherheit, wie statistisches Denken. Wenn wir Kindern das Lesen und Schreiben nicht beibringen würden, dann bräuchten wir uns auch nicht zu wundern, wenn sie es später nicht können. Daher: Wir müssen die Lehrinhalte der Schule revolutionieren.
- *Zweitens* wird Information in den Medien oft irreführend vermittelt. Wenn wir nicht gelernt haben, dies zu erkennen, sind wir mit unseren Ängsten und Hoffnungen nur allzu leicht manipulierbar.
- *Drittens* vollzieht unser Gehirn Schnellschüsse, die in der Menschheitsgeschichte dem Überleben dienten, aber heute nicht immer nützlich sind. Das Mustersuchen im Kaffeesatz, das überstürzte Schließen von Mini-Stichproben auf große Grundgesamtheiten, das Ziehen schneller, aber zuweilen ungeeigneter Vergleiche und das Überbetonen extremer Ereignisse gehören dazu.

Und so rennen wir in der Wirtschafts-, Gesundheits- und Sozialpolitik, vor Gericht und beim Arzt allen möglichen Zahlenchimären hinterher, werfen Datenmanipulateuren unser Geld vor die Füße, erheben falsche Helden auf Ehrenplätze, versuchen verzweifelt, unerreichbare Ziele anzusteuern, senden unschuldige Menschen wegen falsch verstandener Indizien ins Gefängnis, verschwenden knappe Ressourcen für aufgeblasene Kinkerlitzchen, lassen uns im Alltag von Minigefahren ins Bockshorn jagen und laufen den wirklichen Gefahren für Leib und Leben willig in die Arme. Und das alles, weil wir nicht gelernt haben, die Zahlen richtig zu verstehen, oder weil wir die Zahlen nicht verstehen wollen.

Mit dieser Einsicht beginnt zugleich die Therapie. Vielleicht sollten wir einfach mal aufhören, auf unser Unvermögen im Umgang mit Zahlen und Fakten auch noch stolz zu sein. Und den Mut haben, unsere Welt nicht so zu sehen, wie wir sie gerne hätten, sondern wie sie wirklich ist.

So mancher Produzent der nachfolgend vorgestellten Unstatistiken nutzt die Zahlen nämlich eher (in der Diktion des amerikanischen Komikers Andrew Lang) wie ein Betrunkener einen Laternenpfahl: »mehr zur Festigung des Standpunkts als zum Beleuchten eines Sachverhalts«. Wir hoffen dagegen, durch ebendiese Beispiele den einen oder anderen Schleier zu lüften, besser noch gänzlich zu entfernen und damit zum »Beleuchten« beitragen zu können. Und wir offerieren zugleich Rezepte gegen dieses verbreitete sogenannte Innumeratentum. Nicht alle davon sind neu; Gerd Gigerenzer und Walter Krämer predigen schon seit Jahrzehnten dagegen an, und auf einige dieser Predigten greifen wir im Weiteren zurück. Aber im Wesentlichen fasst dieses Buch unsere - oftmals erstaunlichen - Erfahrungen mit aktuellen Unstatistiken zusammen, von denen wir vor allem eines hoffen: dass sie von Jahr zu Jahr an Aktualität verlieren und keine Nachfolger mehr finden. Denn den vernünftigen Umgang mit Zahlen kann man trotz aller angeblich genetisch programmierten Widerstände lernen. Man muss nur wollen.

Fangen wir also am besten gleich jetzt damit an.
Und viel Spaß dabei.

Essen, Berlin und Dortmund, im Sommer 2014
Thomas Bauer, Gerd Gigerenzer, Walter Krämer

RISIKEN UND NEBENWIRKUNGEN

1. Risiko ist nicht gleich Risiko

»Das größte Risiko auf Erden laufen die Menschen,
die nie das kleinste Risiko eingehen wollen.«

Bertrand Russell

Medien übertreiben gerne. Und wir sind nicht ganz unschuldig daran, denn wir lieben Sensationen. Nur – wie macht man aus einer Mücke einen Elefanten?

Wir zeigen zu Anfang des Buches gleich einen der beliebtesten Tricks aus der Welt der Statistik; er ist erstaunlich einfach: Verwende *relative* statt *absoluter Risiken*! Damit lassen sich kleine, unscheinbare Effekte in große, spektakuläre Nachrichten verwandeln. Und das geht so:

»Hai-Angriffe: Doppelt so viele Tote wie 2010«. Diese Nachricht von *Focus Online* erschreckte viele Urlauber, die entspannte Ferien am Meer verbringen wollten. Soll man die Kinder jetzt besser nicht mehr schwimmen lassen? Kann man es noch riskieren zu surfen? Die wirkliche Frage ist eine andere: Wie viel ist doppelt so viel? Im Jahr 2010 wurden weltweit sechs tödliche Hai-Angriffe gemeldet; im Jahr 2011 waren es zwölf. Das heißt, die *absolute Risikozunahme* betrug sechs Opfer weltweit, während die *relative Risikozunahme* tatsächlich »doppelt so viel« oder »100 Prozent mehr« war.

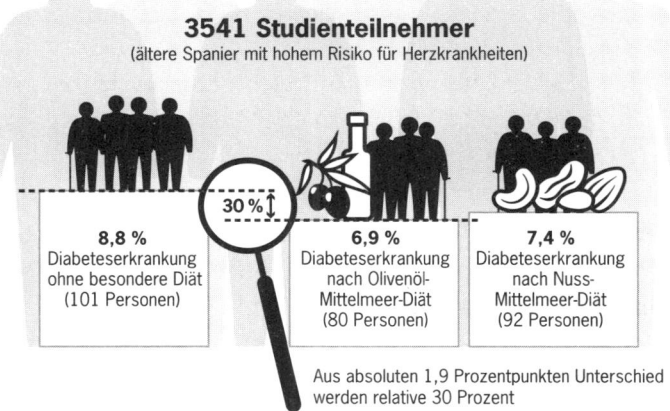

Olivenöl und Nüsse verringern Diabetesrisiko um 30 Prozent!

3541 Studienteilnehmer
(ältere Spanier mit hohem Risiko für Herzkrankheiten)

30 %

8,8 %
Diabeteserkrankung
ohne besondere Diät
(101 Personen)

6,9 %
Diabeteserkrankung
nach Olivenöl-
Mittelmeer-Diät
(80 Personen)

7,4 %
Diabeteserkrankung
nach Nuss-
Mittelmeer-Diät
(92 Personen)

Aus absoluten 1,9 Prozentpunkten Unterschied
werden relative 30 Prozent

Mit Olivenöl- und Mittelmeer-Diät verringert sich das Diabetes-Risiko. Aber um wie viel? Indem man die relative Risikoreduktion (30 %) berichtet, kann man die absolute Reduktion (1,9 Prozentpunkte) viel beeindruckender erscheinen lassen.

Relative Risiken können viel Staub aufwirbeln und uns Angst machen. Absolute Risiken dagegen helfen, das wirkliche Ausmaß der Gefahr zu verstehen.

Mit relativen Risiken kann man nicht nur große Ängste erzeugen, sondern auch unrealistische Hoffnungen. Man nehme eine der Dutzenden von Studien jährlich, die sich mit Gesundheit und Ernährung befassen. Im Januar 2014 etwa war in vielen Zeitungen und Zeitschriften zu lesen, dass Mittelmeerkost mit Olivenöl oder Nüssen das Diabetesrisiko verringere, und zwar um stolze 30 Prozent – ganz ohne Diät und Sport. Mediterrane Kost bedeutet: viel Früchte und Gemüse, etwas Fisch und Wein, kaum Süßigkeiten oder rotes Fleisch. Mit Diabetes war Typ 2 gemeint, also die häufigste Form, die zu einem überhöhten Blutzuckerspiegel führt. Man fühlt sich matt, durstig und leidet an trockener Haut. Herzinfarkt oder Schlaganfall können die Folge sein.

Aber was bedeutet 30 Prozent? Heißt das, von je 100 Menschen, die sich entsprechend ernähren, erkranken 30 weniger an Diabetes?

Sieht man hinter die Kulissen, ergibt sich Folgendes: Die Zahl stammt aus einer Untersuchung, an der 3541 ältere Spanier mit hohem Risiko für Herzkrankheiten teilgenommen hatten.[2] Diese wurden zufällig drei Gruppen zugeordnet: Mittelmeer-Diät mit extra-nativem Olivenöl (1 l / Woche), Mittelmeer-Diät mit Nüssen (210 g / Woche) und einer Kontrollgruppe. Nach etwa vier Jahren erkrankten 8,8 Prozent (101) Teilnehmer in der Kontrollgruppe an Diabetes Typ 2, in der Nüsse-Gruppe dagegen 7,4 Prozent (92) und in der Olivenöl-Gruppe nur 6,9 Prozent (80). Der Effekt trat also besonders in der Olivenöl-Gruppe auf: Die so ernährten Menschen hatten demnach ein um 1,9 Prozentpunkte verringertes Risiko, an Diabetes zu erkranken, also war hier eine *absolute Risikoreduktion* von 1,9 Prozentpunkten (von 8,8 auf 6,9 Prozent) zu verzeichnen. Wie aber – und das ist hier die entscheidende Frage – kommt man von diesen 1,9 Prozentpunkten auf 30 Prozent?

Hier sehen wir den bewährten Kunstgriff in Aktion: Man präsentiert den Nutzen als *relative Risikoreduktion:* Von 8,8 Prozent in der Kontrollgruppe auf 6,9 Prozent in der

Olivenöl-Gruppe ergibt 21,6 Prozent weniger, und mit ein paar Korrekturen im Hinblick auf Alter und Geschlecht und einem Mittelwert aus Olivenöl- und Nuss-Gruppe kommt man schnell auf 30 Prozent. Relative Risiken wirken groß und sensationell, die absolute Risikoreduktion (in diesem Fall 1,9 Prozentpunkte) dagegen klein und unbedeutend.

Das Problem ist nicht, dass die »30 Prozent« falsch wären oder mediterrane Kost nicht gesund ist. Die Meldung wird deshalb zur Unstatistik, weil sie die Information nicht so kommuniziert, dass jedem der tatsächliche Nutzen klar ist. Denn die Zahl bedeutet eben nicht, dass von je 100 Menschen, die mediterrane Kost essen, 30 weniger an Diabetes erkranken. Es sind vielmehr knapp zwei (1,9). Eine Reduktion von 1,9 Prozentpunkten käme aber wohl kaum in die Schlagzeilen.

Darüber hinaus gibt es einen interessanten Nebenaspekt: Die Zahl »30 Prozent« selbst wurde aus einer Reduktion des Diabetesrisikos von 40 Prozent in der Olivenöl-Gruppe und einer Reduktion von 18 Prozent in der Nuss-Gruppe gemittelt. Das steht bereits so im Originalartikel und erweckt bei flüchtigem Lesen den Anschein, Nüsse wirkten genauso gut wie Olivenöl. Könnte diese Großzügigkeit damit zusammenhängen, dass einige der Autoren von der Nuss-Industrie finanzielle Zuwendungen erhielten, wie der California Walnut Commission, die auch die Nüsse für die Studie gespendet hat?

Cholera in der Ostsee

Ein kleines Problem zu einem großen aufgebauscht finden wir auch in Horrormeldungen wie »Cholera kann über Ostsee nach Deutschland kommen«, »Gefährliche Keime in der Ostsee« oder »Klimawandel: Gefährliche Keime breiten sich in Ostsee aus«, die in einem der vergangenen Sommer für eine gewisse Aufregung in Deutschland sorgten. Basis war eine Studie in einer medizinischen Fachzeitschrift,[3] die einen positiven Zusammenhang zwischen der Erwärmung der Ostsee und dem Vorkommen des Bakteriums Vibrio gefunden hatte, das unter anderem auch Cholera erzeugt. Wie die Autoren selbst anmerken, kann diese Korrelation auf einer Vielzahl anderer Ursachen beruhen, wie z. B. einem verbesserten Meldesystem für Cholera.

Vielleicht trifft dies aber auch tatsächlich zu und dieser Zusammenhang kann wirklich so hergestellt werden. Doch selbst dann ist kein Grund zur Beunruhigung vorhanden, wenn man nicht das relative, sondern das absolute Risiko betrachtet. Denn nach Angaben des Berliner Robert Koch Instituts gab es in Deutschland von 2001 bis 2010 nur 15 Fälle von Cholera, alle zwei Jahre drei. Sollte sich diese Zahl, wie die Autoren der Studie befürchten, in den nächsten Jahrzehnten verdoppeln, ergäbe das im Durchschnitt künftig alle zwei Jahre sechs Cholerakranke. Damit ist die Wahrscheinlichkeit eines Cholerafalls in Deutschland immer noch niedrig genug: Sie beträgt weniger als ein Fünftel derjenigen, vom Blitz erschlagen zu werden. Man kann also auch weiter beruhigt in der Ostsee baden.

Cholesterinsenker verringert Schlaganfälle um 48 Prozent

Angenommen, Ihr Cholesterinwert ist zu hoch. Sie könnten gesünder essen oder sich mehr bewegen. Aber da gibt es eine viel bequemere Methode: Sie schlucken einfach eine Pille. Atorvastin, ein sogenanntes Statin, welches den Cholesterinwert senkt, ist weltweit die Nummer eins der umsatzstärksten Medikamente überhaupt. Der Hersteller Pfizer vertreibt es in Deutschland unter dem Namen Sortis, in den USA unter Lipitor. Als 2004 in Deutschland die Gesundheitsreform in Kraft trat, die für alle Statine einen Festbetrag vorgab, weigerte sich Pfizer, den Preis anzupassen, die Patienten mussten zuzahlen.

Welchen Nutzen können Sie erwarten, wenn Sie diese Pille schlucken?

In einer US-Anzeige (in Deutschland ist Direktwerbung für verschreibungspflichtige Arzneimittel nicht erlaubt) klärte Pfizer über den Nutzen auf:

»LIPITOR reduziert das Risiko eines Schlaganfalls um fast die Hälfte. Bei Patienten mit Typ-2-Diabetes und mindestens einem anderen Risikofaktor für Herzerkrankungen verringerte LIPITOR das Risiko um 48 %.«

Aber wie viel sind 48 Prozent? Heißt das, von je 100 Personen mit Risikofaktor bekommen 48 weniger einen Schlaganfall? Nein, denn es ist wieder keine absolute, sondern eine relative Risikoreduktion. Die absolute Reduktion kann man aus den relativen Zahlen allein nicht ableiten, dazu muss man sich die Originalstudien ansehen. Dort ist nachzulesen, dass die absolute Reduktion 1,3 Prozentpunkte beträgt: Nach vier Jahren hatten 2,8 Prozent der Patienten in der Kontrollgruppe (Zuckerpille) einen Schlaganfall, in der Gruppe mit Atorvastin nur 1,5 Prozent. Im Klartext: Von 100 Personen, welche das Medikament schlucken, können ein bis zwei einen Nutzen (keinen Schlaganfall) erwarten, die große Mehrheit aber nur den möglichen Schaden, also Fieber, Hautausschlag, Müdigkeit, Schwächegefühl, Muskelkrämpfe und andere unerwünschte Nebenwirkungen wie etwa Impotenz. Denn Cholesterin ist für unseren Körper unabdingbar zur Produktion von Sexualhormonen.

Vielleicht sollte man doch besser seinen Lebensstil verändern?

Pharmafirmen setzen relative Angaben gezielt ein, um Otto Normalverbraucher und Journalisten durch große Zahlen zu beeindrucken. Denn beide verstehen relative Zahlen oft nicht und führen sich selbst und ihr Publikum so in die Irre. Siehe den nächsten Fall.

Kriminalität in Chicago um 17 Prozent gestiegen

Chicago ist bekannt als die »Windy City«. Im November fällt die Temperatur schon mal auf minus 20 Grad Celsius, was sich durch den eisigen Wind noch kälter anfühlt. Da bleibt man besser zu Hause und sieht sich die Nachrichten auf NBC 5 an. Allison Rosati, die 2001 als »Frau des Jahres« ausgezeichnet wurde, ist dort Nachrichtensprecherin. Am 18. November 2008 überbrachte sie schlechte Nachrichten: »Neue Hinweise auf schwere Zeiten. Kriminalität in Chicago steigt.« Hinter

RISING CRIME IN CHICAGO

Overall, thefts, robberies and burglaries are up 17 percent this year.

THEFTS UP 3%

ROBBERIES UP 9%

BURGLARIES UP 5%

ALLISON ROSATI

Das US-Fernsehen NBC 5 berichtete, dass das Risiko von Diebstahl, Raubüberfall und Einbruch in Chicago gestiegen ist. Nur kann man die drei Prozentwerte nicht einfach zusammenzählen, wie die TV-Moderatorin es tat.

ihr zeigte ein Bildschirm die neuesten Kriminalitätsstatistiken:

- Anstieg Diebstähle 3 %
- Anstieg Raubüberfälle 9 %
- Anstieg Einbrüche 5 %

Dann fasste Rosati die Situation zusammen: »Alles in allem sind Diebstähle, Raubüberfälle und Einbrüche dieses Jahr um 17 Prozent gestiegen.«

Das wäre keine gute Nachricht, doch glücklicherweise stimmt hier ganz offensichtlich etwas nicht. Allison Rosati hatte einfach die drei Prozentzahlen zu einer großen Summe aufaddiert. Bei absoluten Zahlen könnte man das auch machen: Drei Diebstähle mehr, neun Raubüberfälle mehr und fünf

Einbrüche ergeben 17 Straftaten mehr. Aber bei relativen Anstiegen, wie hier, kann man die Zahlen nicht einfach aufaddieren.

Rosati und ihre Redaktion sind keine Ausnahme. Das Problem bei ihr und vielen anderen ist nicht mangelnde Intelligenz, sondern die bedenkliche Tatsache, dass Journalisten weltweit so gut wie keine Ausbildung im Verstehen von Zahlen erhalten – obgleich sie ständig darüber berichten; Studiengänge wie der für Wissenschaftsjournalismus an der TU Dortmund, an dem einer der Autoren dieses Buches seit Jahren als Statistikausbilder beteiligt ist, sind leider immer noch eine große Ausnahme. Auch die Netzseite »Unsinn in den Medien« von Andreas Quatember in Linz, die regelmäßigen Beiträge unserer charmanten Münchener Kollegin Katharina Schüller in *DRadio Wissen* oder der *medien-doktor.de* der TU Dortmund sind hier nützlich; der *medien-doctor* etwa beurteilt die Qualität journalistischer Beiträge zu Gesundheit und Umwelt und hilft, die richtigen Fragen zu stellen und Fakten besser zu verstehen. Und auch vereinzelte Journalisten selbst, wie Christoph Drösser oder Gero von Randow von der *Zeit*, Guido Kleinhubbert und vereinzelte Kollegen beim *Spiegel* oder Michael Miersch vom *Focus* stemmen sich gegen dieses Innumeratentum. Aber leider erreichen diese Initiativen noch längst nicht alle medialen Datenvermittler in der Republik.

**Wie erhöht man die Kapazität der Autobahn,
ohne sie zu erhöhen?**

Auch die Obrigkeit hat das Potenzial relativer Zahlen erkannt. Gegen Ende der 70er-Jahre hatte etwa die mexikanische Regierung ein Problem. Man wollte die Kapazität des *Viaducto* (einer vierspurigen Autobahn) erhöhen, hatte aber nicht das nötige Kleingeld. Anstatt eine neue Autobahn zu bauen oder die vorhandene zu erweitern, verfiel man auf eine schlaue und preiswerte Lösung. Es wurde Farbe gekauft und neue Fahrbahnmarkierungen angebracht, aus den vier Fahrspuren wurden sechs, eine um 50 Prozent höhere Kapazität.

Leider führte die deutlich geringere Breite der neuen Fahrspuren auch zu mehr schweren Unfällen. Daher sah sich die Regierung nach einem Jahr gezwungen, nochmals Farbe einzukaufen und die Autobahn wieder in eine vierspurige umzuwandeln. Diese Reduktion von sechs auf vier führte zu 33 Prozent weniger Kapazität. Am Ende gab die mexikanische Regierung bekannt, die Maßnahmen der letzten anderthalb Jahre hätten die Verkehrskapazität um 17 Prozent erhöht.[4]

Dieser Trick gelingt nur mit relativen Zahlen: 50 Prozent minus 33 Prozent ergibt 17 Prozent. Mit absoluten Zahlen geht das nicht: plus zwei Fahrspuren und minus zwei Fahrspuren ergibt null.

Von ähnlicher Qualität ist auch eine von uns gekürte Unstatistik – der »Städtecheck« des Verkehrsclubs Deutschland (VCD),[5] der deutsche Großstädte hinsichtlich der Verkehrssicherheit für Kinder und Jugendliche in unterschiedliche Gefahrenklassen einteilt. Zur Sinnhaftigkeit dieser Übung siehe Kapitel 10. An dieser Stelle interessiert uns wieder die nicht ganz korrekte Rechnungsweise des Verkehrsclubs: Wenn in Stadt X die Verkehrsunfälle in einem Jahr um 10 Prozent zugenommen haben, das Jahr darauf um 6 Prozent, sind das – so der VCD – im Mittel 8 Prozent. Dergleichen Durchschnitte errechnet der VCD über fünf Jahre für alle Städte, und die Stadt mit dem höchsten Durchschnitt ist dann die unsicherste.

Abgesehen davon, dass natürlich die absolute Zahl der Unfälle und nicht deren durchschnittliche Wachstumsrate interessiert, sind auch noch die durchschnittlichen Wachstumsraten selber falsch. Angenommen, in einer Stadt gibt es erst 10, dann 16, dann 8 Verkehrsunfälle pro 1000 Kinder und Jahr. Dem entsprechen jährliche Veränderungsraten von +60 Prozent und –50 Prozent, im Mittel also +5 Prozent – das gleiche Prinzip wie bei den Autobahnen in Mexiko. In Wahrheit haben aber die Verkehrsunfälle über die Zeit hinweg *abgenommen* (von 10 auf 8, also um 20 Prozent). Deshalb ist das arithmetische Mittel bei der Berechnung von durchschnittlichen Wachstumsraten absolut verboten. So hat sich etwa in Deutschland die Zahl der im Straßenverkehr getöteten Kinder allen Horrormeldungen des VCD zum Trotz in den vergangenen Jahren mehr als halbiert.

Wie macht man aus einem Verlust einen Gewinn?

Dieser Trick mit Summen und Durchschnitten von Wachstumsraten funktioniert immer wieder aufs Neue. Angenommen, Sie sind der Oberbürgermeister einer großen Ruhrgebietsmetropole, welche eine erkleckliche Menge Aktien eines großen dort ansässigen Energiekonzerns besitzt. Die sollen sie, so raten Experten, schnellstmöglich verkaufen, es gehöre nicht zu den Aufgaben einer Kommune, mit Steuergeldern auf dem Aktienmarkt zu spekulieren.

Sie tun es aber doch und sehen den Wert der Aktie von 76 Euro im Jahr 2007 auf 29 Euro im März 2014 fallen, ein Verlust von 62 Prozent. Insgesamt ist Ihre Kommune nun um insgesamt 680 Millionen Euro ärmer.

Wie könnte man diesen Misserfolg in ein besseres Licht rücken? Ganz einfach: Benutzen Sie relative Zahlen, wie das mexikanische Vorbild. Die RWE-Aktie war von 2007 bis Ende August 2013 von 76 auf knapp 21 Euro gefallen, dann aber wieder auf 29 Euro Mitte März 2014 gestiegen. In der schlechten Phase hatten Sie einen Verlust von etwas mehr als 72 Prozent, in der zweiten Phase jedoch einen Gewinn von 38 Prozent - zusammen ein Verlust von nur noch 34 Prozent. Immer noch schlimm, aber nicht mehr ganz so dramatisch wie die 62 Prozent zuvor.

Die Kunst, mit zwei Zungen zu sprechen

Noch ein einfacher, aber wirksamer Trick: Sie möchten über ein neues Medikament berichten, welches das Auftreten von Darmkrebs von 2 auf 1 bei je 100 Personen reduziert, aber zugleich die Gefahr von Brustkrebs von 1 auf 2 erhöht. So hat die Geschichte natürlich keine Chancen für die Titelseite. Also formulieren Sie die Schlagzeile wie folgt: »Wunder-Medikament verringert das Risiko von Darmkrebs um 50 Prozent«. Im Text weiter unten fügen Sie dann hinzu, dass es wie bei

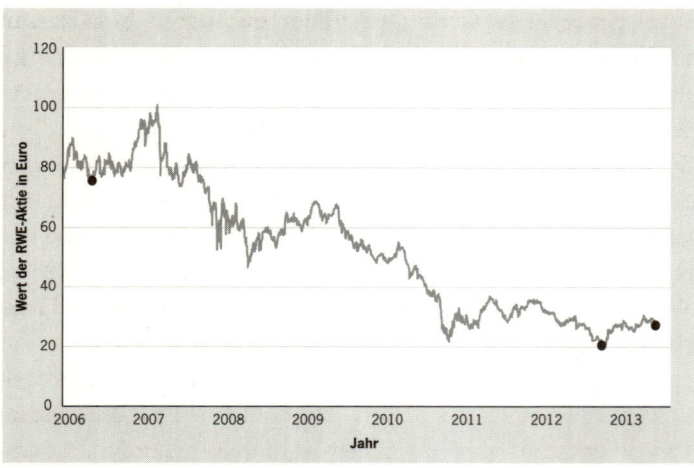

2007 hielt die Stadt RWE-Aktien für 76 Euro das Stück. Im März 2014 hatte eine RWE-Aktie nur noch einen Wert von 29 Euro. Diesen hohen Verlust kann man etwas weniger dramatisch darstellen: Bis August 2013 gab es einen Verlust von 72 Prozent (von 76 auf 21 Euro), aber danach einen Gewinn von 38 Prozent (von 21 auf 29 Euro). Der Verlust klingt nicht ganz so dramatisch. Der Trick besteht darin, relative statt absoluter Zahlen zu verwenden.

jedem anderen Medikament unerwünschte Nebenwirkungen geben könne. Diese seien aber mit Blick auf den hohen Nutzen kaum der Rede wert: »Nur 1 Prozentpunkt mehr Fälle von Brustkrebs.«

Diese Vorgehensweise ist doppelzüngig: Man beschreibt den Nutzen in relativen Zahlen (groß und beeindruckend) und den Schaden in absoluten Zahlen (klein und eher zu vernachlässigen). Nach einer einschlägigen Studie wurde diese Technik von 2004 bis 2006 in jedem dritten Artikel in den medizinischen Topzeitschriften angewandt. Andere Medien übernehmen dies dann oft unkritisch. Analysen von Zeitschriftenberichten über neu zugelassene Medikamente zeigen, dass quantitative Informationen über Nutzen und Schaden meist ganz weggelassen und stattdessen Anekdoten oder Interviews mit Patienten gebracht werden, die über wundersame Heilungen berichten. In den wenigen Fällen, wo Zahlen vorkommen, betreffen diese fast ausschließlich die relative Risikoreduktion; wird über den Schaden berichtet, kommt die beschriebene Technik der Doppelzüngigkeit zur Anwendung. All das hat seine Wirkung. Studien zeigen, dass relative Risiken viele Menschen in die Irre führen, weil sie mit absoluten Risiken verwechselt werden. Auch Ärzte verstehen den Unterschied nicht immer.

Deshalb ist es auch wichtig, zwischen Prozenten und Prozentpunkten zu unterscheiden. Eine relative Risikoreduktion von 50 Prozent ist eine Prozentangabe. Eine absolute Risikoreduktion dagegen, wie von 1 auf 2 in je 100 Personen, ist eine Erhöhung um einen Prozentpunkt, nicht aber um 1 Prozent (Letzteres wäre ja eine Erhöhung von 1 auf 1,01).

Fazit: Fragen Sie immer nach absoluten Zahlen und absoluten Risiken – dann können Sie die Angaben wirklich verstehen. Werden Sie dagegen über relative Risiken »informiert«, dann fragen Sie sich, wer hier Ihr Verständnis manipulieren möchte und warum.

Ergänzende Literatur
Drösser, Ch. (2012): *Der Logikverführer. Schlussfolgerungen für alle Lebenslagen.* Reinbek: Rowohlt.

Gigerenzer, G. (2002): *Das Einmaleins der Skepsis: Über den richtigen Umgang mit Zahlen und Risiken.* Berlin Verlag.

Gigerenzer, G., W. Gaissmaier, E. Kurz-Milcke, L. M. Schwartz und S. W. Wloshin (2007): »Helping doctors and patients make sense of health statistics«. In: *Psychological Science in the Public Interest* 8, S. 53-96.

Gigerenzer, G., und J. A. Muir Gray (Hg.) (2013): *Bessere Ärzte, bessere Patienten, bessere Medizin: Aufbruch in ein transparentes Gesundheitswesen.* Medizinisch Wissenschaftliche Verlagsgesellschaft.

Sedrakyan, A., und C. Shih (2007): »Improving depiction of benefits and harms: Analyses of studies of well-known therapeutics and review of high-impact medical journals«. In: *Medical Care* 45, S. 523-28.

2. Wer versteht Prozente?

»Man kennt das doch: Der Trainer kann noch so viel warnen, aber im Kopf jedes Spielers sind 10 Prozent weniger vorhanden, und bei elf Mann sind das schon 110 Prozent.«

Der Sportreporter Werner Hansch

Bleiben wir noch etwas bei den Prozenten. Die sind einerseits nicht ohne Grund sehr populär. Einer von uns hat einmal für zwei Ausgaben der *Frankfurter Allgemeinen Zeitung* ausgezählt, wie oft darin das Wort »Prozent« vorkam: ohne Anzeigen und Feuilleton bei einer Wochenendausgabe 126-mal und in einer Samstagsausgabe sogar 135-mal. (Dieses Buch verwendet das Wort »Prozent« bzw. das Zeichen »%« knapp 600-mal).

Eine mögliche Erklärung für diese Popularität liegt sicher darin, dass sich viele komplizierte Sachverhalte mit Prozenten einfacher darstellen lassen: Größenverhältnisse werden anschaulich und vergleichbar, und darüber hinaus vermittelt das Wort Sachlichkeit, Seriosität, Glaubwürdigkeit und Autorität.

Auf der anderen Seite haben, wie im ersten Kapitel gesehen, viele Zeitgenossen damit große Probleme. So wie die Dortmunder *Ruhr-Nachrichten*: »Noch engagieren sich 20 Prozent der Bundesbürger«, berichtete die Zeitung einmal über unser Engagement im Ehrenamt, »doch laut der Deutschen Gesellschaft für Freizeit wird es bald nur noch jeder Fünfte sein.«

Versuchen Sie es doch einmal selbst, etwa mit dieser Frage:

> In einer Lotterie hat man eine Wahrscheinlichkeit von 1 von 1000, ein Auto zu gewinnen. Wie viel Prozent der Lose in dieser Lotterie gewinnt ein Auto?

Nicht einmal die Hälfte von 1000 Deutschen (46 Prozent) kam auf die korrekte Antwort: 0,1 Prozent. Immerhin stehen wir damit verglichen mit US-Amerikanern noch gut da; dort fanden nur 24 Prozent die richtige Antwort. Bildung hilft: Von 85 amerikanischen Ärzten verstanden immerhin 75 Prozent, dass 1 von 1000 das Gleiche ist wie 0,1 Prozent. Das heißt aber auch, dass einer von je vier Ärzten das nicht verstand – und das kann für Patienten gefährlich werden.

Hier ist eine Frage, bei der Deutsche nicht besser abschneiden als Amerikaner:

> Welche der folgenden Zahlen repräsentiert das größte Risiko, eine Krankheit zu bekommen? 1 zu 10, 1 zu 100 oder 1 zu 1000?

75 Prozent der Amerikaner erkannten, dass 1 zu 10 das größte Risiko bedeutet, verglichen mit 72 Prozent der Deutschen. Das heißt aber im Umkehrschluss, dass jeder vierte Deutsche die in den Beipackzetteln angegebenen Risiken gar nicht verstehen kann.

Prozentrechnung in der Werbung: Wie man auch rechnet, man kommt nie auf die angegebenen Preise der Teppiche.

Das ist aber noch gar nichts, verglichen mit der Konfusion bei den Kunden einer englischen Bank. Auf die Frage »Was sind 40 Prozent?«, antworteten weniger als die Hälfte: vier von zehn. Die anderen meinten: $\frac{1}{40}$, $\frac{1}{4}$ oder vier von 100.[6]

Auch die *Tagesschau* ist nicht immer Prozent-sicher. Da wurde etwa den Zuhörern die Prozesskostenbeteiligung am Beispiel eines Junggesellen erklärt. Dieser hatte ein Jahreseinkommen von 70 000 Euro und muss im Falle eines Falles 7 Prozent davon als Selbstkosten tragen. Die restlichen Kosten sind steuerlich absetzbar. Was sind nun 7 Prozent von 70 000? Die Nachrichtensprecherin sagte: »Ein Unverheirateter mit einem Einkommen von 70 000 Euro muss 7 Prozent selbst tragen, also 10 000 Euro.« Das war auch auf dem Schaubild zu lesen. In Wirklichkeit muss der Mann nur einen Betrag von 4 900 Euro selbst tragen.

Die Hälfte der Hälfte ist nicht null

Eher in die Kategorie »Vorsatz« fällt die in der vorigen Abbildung gezeigte Werbung eines Möbelhauses, die so oder ähnlich jedem Leser aus diversen Werbebeilagen bekannt sein dürfte. Auf den ersten Blick denkt man: »80 Prozent Rabatt!« und interessiert sich vielleicht für den linken Teppich. Genau dies war mit dieser Werbung wohl auch bezweckt.

Wenige werden hier nachrechnen und wären, falls doch, überrascht. Eine erste schnelle (aber falsche) Rechnung ergibt: Nach Abzug von 80 Prozent Rabatt von 6 498 Euro sollte der Teppich nur 1 299,60 Euro kosten, nicht knapp 2 000 Euro! Dann sieht man die Pluszeichen in der Anzeige und erinnert sich an die Ausführungen unseres letzten Kapitels, dass man bei der Addition von Prozenten aufpassen muss. Also nun richtig: Mit den 50 Prozent Haus-Rabatt sollte der Teppich 3 249 Euro kosten; davon noch einmal 20 Prozent Eigenimport-Rabatt abgezogen ergibt 2 599,20 Euro, und davon noch einmal 10 Prozent Treue-Rabatt abgezogen (den man nur bekommt, wenn beim Kauf eine Rechnung desselben Möbelhauses vorgezeigt werden kann) ergibt schließlich 2 339,28 Euro. Wie man es auch dreht und wendet – mit den Angaben kommt man niemals auf die inserierten 1 998 Euro.

Von den Rechenkünsten des Möbelhauses beeindruckt, hat einer der Autoren dieses Buches in diesem Möbelhaus sehr günstig eine neue Couch erstanden.

In die Kategorie »mangelnde Mathematikkenntnisse« fallen hingegen viele der regelmäßigen Schreckensmeldungen über weggeworfene Lebensmittel in Deutschland, mit denen man vermeintlichen Verschwendern hierzulande ein schlechtes Gewissen zu machen sucht. Jeder deutsche Verbraucher werfe im Durchschnitt 83 Kilogramm Lebensmittel jährlich auf den Müll, klagten etwa die beiden christlichen Kirchen bei einem ökumenischen Landkirchentag auf der Internationalen Grünen Woche in Berlin.[7]

Ähnlich alarmierend berichtete auch der *Spiegel:* Weniger als die Hälfte des in Europa angebauten Obstes und Gemüses würde tatsächlich auch gegessen. Dieser Rechnung lag jedoch ein Fehler zugrunde: Wenn 50 Prozent von irgendetwas verloren gehen und vom Rest dann nochmals 50 Prozent, so sind das insgesamt nicht 100 Prozent, sondern 75 Prozent. Der *Spiegel* hatte aber die Verlustraten auf den verschiedenen Stufen vom Anbau bis in den Verbrauchermagen einfach aufaddiert und kam so bei Obst und Gemüse auf insgesamt 56 Prozent, bei Wurzeln und Knollen sogar auf 68 Prozent der Ausgangsmenge. In Wahrheit sind es aber 46 Prozent bzw. 52 Prozent – immer noch viel, aber nicht ganz so schlimm.

Bei näherem Hinsehen entpuppt sich aber auch ein großer Teil dieser verbleibenden Prozentsätze wie auch der von den Kirchen beklagten weggeworfenen 83 Kilogramm als unvermeidbarer Abfall, wie Brotrinden oder Apfelschalen. So schätzt die Studie[8], auf die sich die Kirchen beziehen, dass nur 38 Kilogramm der weggeworfenen Lebensmittel tatsächlich, etwa wegen angeblicher Schönheitsfehler, in den Müll wanderten. Hier wäre sicher ein Umdenken ökologisch wie auch ethisch angebracht.

Wo wir gerade bei der Ethik sind: Wer klagt eigentlich darüber, dass allein in Deutschland jedes Jahr über 4 Millionen Tonnen Lebensmittel zu Kfz-Treibstoff verarbeitet werden?

Ist 50 Prozent teurer doppelt so teuer?

Vorsicht, wenn Journalisten und Berühmtheiten von »einer von fünf« oder »hat sich verdoppelt« reden. Um mit dem ehemaligen deutschen Fußballnationalspieler Horst Szymaniak zu sprechen: »Ein Drittel mehr Geld? Nee, ich will mindestens ein Viertel.«

So schreiben das *Handelsblatt* und die *WirtschaftsWoche* unter der Unterüberschrift »Energiekosten verdoppeln sich«: »Betrug die durchschnittliche monatliche Stromrechnung eines Drei-Personen-Haushalts 1998 noch 49,95 Euro, so liegt sie im laufenden Jahr nach Erhebungen des Bundesverbandes der Energie- und Wasserwirtschaft bei 72,77 Euro. Das ist ein Plus von fast 50 Prozent.«

Aber: Eine Verdoppelung ist nicht ein Plus von 50 Prozent, sondern ein Plus von 100 Prozent!

Ähnlich folgende Meldung auf *immowelt.de*: »Eigentumswohnungen in Berlin: Preise verdoppeln sich in fünf Jahren«. Und der Beweis: »Die Angebotspreise für Eigentumswohnungen in Berlin schossen in den vergangenen fünf Jahren um fast 50 Prozent in die Höhe.«

Aber es geht auch andersherum. »Fast 50 Prozent mehr Hartz-Bezieher aus Osteuropa« lesen wir andernorts, basierend auf einem Bericht in *Bild*: »Demnach bezogen Ende Oktober 41999 Zuwanderer aus beiden Ländern [Bulgarien und Rumänien] Arbeitslosengeld II. [...] Im Vergleich zu April 2011, dem letzten Monat vor der Öffnung der Grenzen für Arbeitnehmer aus beiden Ländern, habe sich die Zahl der Hartz-IV-Empfänger sogar mehr als verdoppelt. Damals gab es laut *Bild* 19 347 Hartz-IV-Empfänger aus Bulgarien und

Rumänien.« Das wiederum wäre nicht ein Anstieg von 50 Prozent, sondern ein Anstieg von 117 Prozent.

Die Basis macht's

Prozentangaben setzen eine Zahl ins Verhältnis zu einer anderen. Diese andere Größe, die sogenannte *Basis*, ist daher bei der Interpretation von größter Bedeutung. Die Angabe »40 Prozent« ist ohne Basis sinnlos. Aber leider bleibt diese Basis wie etwa beim »Equal Pay Day« (warum nicht »Tag der Lohngerechtigkeit«?), der im Zentrum von Kapitel 13 stehen wird, oft im Dunkeln. Ausgehend von durchschnittlich 23 Prozent weniger Bruttolohn von Frauen im Vergleich zu Männern errechnen die Initiatoren des Equal Pay Day als dessen Datum das Ende des Monats März: 23 Prozent von 365 Tagen ergibt knapp 84 Tage – so lange müssten Frauen bei gleicher Arbeitszeit verglichen mit Männern ohne Bezahlung arbeiten.

Nicht zuletzt die Deutsche Mathematiker Vereinigung hat darauf hingewiesen, dass dies wegen einer Basisverwechslung so nicht stimmt.[9] Wenn Frauen 23 Prozent weniger verdienen als Männer, ist der Lohn der Männer die Basis (100 Prozent). Um jedoch zu wissen, wie viele Tage die Frauen mehr arbeiten müssten, um auf den Lohn der Männer zu kommen, ist nicht der Lohn der Männer als Basis relevant, sondern der der Frauen. Angenommen, Männer verdienten im Durchschnitt 10 000 Euro pro Jahr. 23 Prozent davon sind 2 300 Euro. Für diese 2 300 Euro müssen Frauen im Durchschnitt 2 300 / 7 700 = 0,3 Jahre oder 109 Tage arbeiten. Der Tag der Lohngerechtigkeit ist also nicht Ende März, sondern Mitte April.

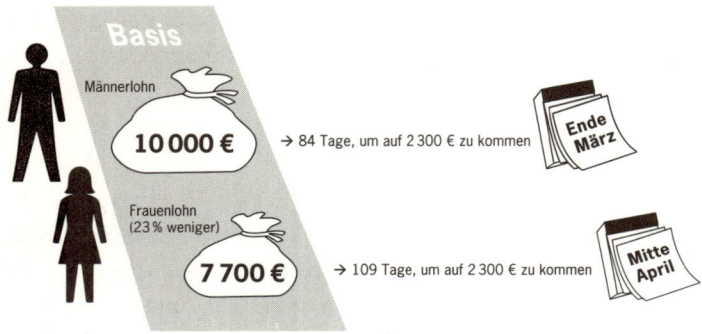

Basis

Männerlohn
10 000 €   → 84 Tage, um auf 2 300 € zu kommen   Ende März

Frauenlohn
(23 % weniger)
7 700 €   → 109 Tage, um auf 2 300 € zu kommen   Mitte April

Obwohl dieser Fehler den Organisatoren bekannt sein dürfte, begeht man den Equal Pay Day nach wie vor Ende März – und auch die Zeitungen, zuletzt die *Süddeutsche*,[10] verwenden nach wie vor die fehlerhafte Berechnung.

Hier zur Übung noch eine Meldung zur Milchproduktion aus den USA (eine Milchmädchenrechnung sozusagen): »Mit 20 Prozent mehr Milch pro Kuh reichen 20 Prozent weniger Kühe aus, um die gleiche Gesamtproduktion zu erzielen.«* Was ist hier faul?

Ein ähnlicher Fehler unterlief der *Ostsee-Zeitung* in einem Bericht zum Heiratsverhalten. Sie schrieb:

»Die Bedeutung der Ehe schwindet deutlich: Unter den Jüngeren würden knapp ein Drittel der Frauen und fast 40 Prozent der Männer ihr Leben lang ledig bleiben, berech-

---

* Um zu verstehen, wo hier der Denkfehler liegt, übersetzt man einfach die Prozente in Häufigkeiten. Angenommen, Sie haben 100 Kühe. Nun ersetzen Sie diese durch 80 neue Kühe, von denen jede 20 Prozent mehr Milch produziert. Dann haben Sie allerdings eine Gesamtproduktion von 96 (80 + 16), nicht 100, und damit weniger Milch.

nete das Bundesinstitut für Bevölkerungsforschung (BiB). Im Vergleich zu 1980 habe sich die Heiratswahrscheinlichkeit damit halbiert.«

Auch hier ein unzulässiger Tausch der Basis: Nicht die Heiratswahrscheinlichkeit hat sich halbiert, sondern die Wahrscheinlichkeit, *nicht* zu heiraten. Ersteres wäre auch gar nicht möglich. Laut der zitierten Studie lag die Wahrscheinlichkeit von 20-Jährigen, in ihrem Leben mindestens einmal zu heiraten, bei Frauen bei 68 Prozent und bei Männern bei 62 Prozent.[11] Hätte sich die Heiratswahrscheinlichkeit wirklich halbiert, hätte sie zuvor für 20-jährige Frauen bei 138 Prozent und für 20-jährige Männer bei 124 Prozent gelegen.

Prozentpunkte vs. Prozent

Ein letzter Fallstrick ist das Verwechseln von Prozentpunkten und Prozent. Darauf haben wir ja schon im ersten Kapitel deutlich hingewiesen. Unter der Überschrift »Gemeinde erhöht Steuern um 50 Prozent« war etwa im *Holsteinischen Courier* zu lesen, die Gemeinde Timmasper plane eine Erhöhung der Grundsteuer um 50 Prozentpunkte auf 310 Prozent (vom Grundsteuermessbetrag). Das ist aber keine Erhöhung um 50 Prozent, sondern um 50/260 = 19,2 Prozent.

In der Regel geschieht diese Verwechslung aus Schlamperei. Aber zuweilen erkennen wir auch Absicht dahinter. Ist der Ausgangsprozentsatz größer als 100 und will man die Veränderung optisch kleiner erscheinen lassen, als sie ist, so argumentiert man gerne mit Prozent. Will man dagegen die Veränderung, sei es nach oben oder unten, optisch vergrößern, sind Prozentpunkte beliebt. Denn der Empfänger der Botschaft macht oft zwischen diesen beiden keinen Unterschied.

Umgekehrt sieht es bei einem Ausgangsprozentsatz kleiner als 100 aus. Hier wirken Veränderungen in Prozent größer als Veränderungen in Prozentpunkten. Und bei sehr kleinen Ausgangsprozentsätzen wird dieser Unterschied sogar extrem. Im ersten Kapitel haben wir zahlreiche Beispiele dafür gesehen. Ein neues Medikament reduziert die Wahrscheinlichkeit einer Krankheit von 0,02 Prozent auf 0,01 Prozent. Das bedeutet eine Reduktion von 50 Prozent, und wenn das nicht schlagzeilenträchtig ist, was sonst?

In Wahrheit sind vorher zwei von 10 000 und nachher einer von 10 000 Menschen erkrankt, ein Rückgang von 0,01 Prozentpunkten. Und schon ist aus dem Elefanten wieder die Mücke geworden, die er ja auch tatsächlich ist.

Ergänzende Literatur
Galesic, M. und R. Garcia-Retamero (2010): »Statistical numeracy for health«. In: *Archives of Internal Medicine* 170, S. 462–468.
Herget, W. und D. Scholz (2008): *Die etwas andere Aufgabe – Mathematik-Aufgaben Sek I aus der Zeitung.* Seelze-Velber: Klett & Kallmeyer.

3. Vorsicht: Im Oktober ist Brustkrebsmonat!

»Wenn Sie noch kein Mammogramm hatten,
müssen Sie mehr untersuchen lassen als Ihre
Brüste.«

American Cancer Society, Kampagnenplakat aus den
1980er-Jahren

Jedes Jahr im Oktober wird es besonders offensichtlich, dass
es eine ausgeprägt dunkle Seite der Unstatistik gibt: Es handelt sich um die Statistiken, über die gerade *nicht* berichtet
wird, wenn es um das Thema »Brustkrebs« geht. Berichtet
wurde beispielsweise im Oktober 2013, von Nord bis Süd,
über Kampagnen zur »Brustkrebsvorsorge«. Auf der Titelseite von *Bild* stand zu lesen: »So schön! Alsterfontäne leuch-
tet in Pink«, und die Österreichische Krebshilfe bot »Pink-
Ribbon-Toaster« und »Pink-Ribbon-Wasserkocher« zum
Verkauf.

Der Brustkrebsmonat wurde 1985 von dem Pharmakon-
zern AstraZeneca eingeführt. Die Rosa Schleife geht auf die
amerikanische Susan-G.-Komen-Stiftung zurück, eine der
finanzstärksten Krebsorganisationen. Komen bringt gemeinsam mit dem Süßwarenhersteller M&Ms rosa beschichtete

Bonbons mit hohem Zucker- und Fettanteil auf den Markt, und zusammen mit der Fast-Food-Kette Kentucky Fried Chicken gegrillte und frittierte Hähnchen in rosa Tüten. Beides verursacht Fettleibigkeit und damit Krebs, aber auch Umsatz.

Das Ziel des Brustkrebsmonats heißt »breast cancer awareness«, also Aufklärung der Frauen. Und das geht so:

Vorsorge? Nein, Früherkennung!

Vom *Nordkurier* bis zur Krebshilfe schrieb man von »Vorsorge«, obgleich es sich um Früherkennung (Screening) handelt. Vorsorge verringert die Wahrscheinlichkeit von Krebs, Früherkennung nicht. Früherkennung setzt ja voraus, dass der Krebs schon da ist. Mehr Bewegung und weniger Alkohol, das wäre Vorsorge. Wer Früherkennung als Vorsorge hinstellt, hat wohl nicht in erster Linie eine Aufklärung im Sinn. Und diese Wortverdreherei hat funktioniert, denn etwa die Hälfte aller dazu befragten Frauen in Deutschland glaubt an diese Illusion: Wenn ich am Mammografie-Screening teilnehme, verringere ich die Wahrscheinlichkeit, Krebs zu bekommen.

Es ist schon erstaunlich, wie Medien und Krebsorganisationen mit dem Begriff »Brustkrebsvorsorge« diesen Irrtum weiter am Leben erhalten. Wie das Epigramm der Amerikanischen Krebsgesellschaft zeigt, ging es ursprünglich nicht darum, Frauen zu informieren, sondern ihnen zu sagen, was sie zu tun haben. Und falls eine Frau nicht folgen sollte, bezweifelte man ihre Intelligenz. Dieser Paternalismus überlebt bis heute, er wird nur mit subtileren Mitteln weitergeführt: mit verdrehten Begriffen und irreführenden Zahlen.

Im Brustkrebsmonat werden viele Statistiken verbreitet, beispielsweise der Anteil der Frauen, die am Screening teilnehmen. Nur die wirklich wichtigen Zahlen über Nutzen und Schaden, die den Frauen eine informierte Entscheidung über Teilnahme oder Nichtteilnahme am Screening ermöglichen würden, die erfährt man nicht.

Nutzen und Schaden des Mammografie-Screenings

In der Presse wird immer wieder betont, dass der Nutzen des Screenings umstritten sei, man kenne ihn noch nicht genau. Dabei ist keine Früherkennung so gut untersucht wie die für Brustkrebs. Aus den randomisierten Studien mit etwa 600 000 Frauen (!) ist der Nutzen in der medizinischen Forschung bestens bekannt - nur nicht der Öffentlichkeit und auch den meisten Ärzten nicht. Zwischen der medizinischen Forschung einerseits und den Ärzten und Frauen andererseits hat sich eine Schar von Pro-Mammografie-Interessengruppen eingenistet, die Informationen blockieren und Zahlen verdrehen.

Was hat die Forschung wirklich gezeigt? Die Cochrane Collaboration, ein internationales Netzwerk von Wissenschaftlern und Ärzten, hat alle randomisierten Studien analysiert. Auf nachfolgender Abbildung ist das Ergebnis einfach und verständlich in einer Faktenbox zusammengefasst.

Von je 1 000 Frauen im Alter 50+, die am Screening teilnahmen, starben nach 10 Jahren etwa 4 an Brustkrebs; bei

Brustkrebs-Früherkennung durch Mammografie-Screening

Zahlen für Frauen ab 50 Jahre, die 10 Jahre lang am Screening
teilgenommen haben.

Nutzen	1 000 Frauen ohne Screening	1 000 Frauen mit Screening
Wie viele Frauen sind an Brustkrebs gestorben?	5	4*
Wie viele sind insgesamt an Krebs gestorben?	21	21
Schaden		
Wie viele Frauen ohne Brustkrebs wurden durch Fehldiagnosen falsch alarmiert?	–	100
Wie viele Frauen wurden durch das Screening unnötig diagnostiziert und behandelt**?	–	5

* Das bedeutet: Von 1 000 Frauen (50+ Jahre) mit Screening sind innerhalb von 10 Jahren etwa
4 an Brustkrebs gestorben – eine weniger als ohne Screening.

** Z.B. vollständige oder teilweise Entfernung der Brust

Alle Daten aus P. C. Gøtzsche und M. Nielsen (2011). Cochrane database af systematic reviews (1):
CD001877. Wo keine Zahlen für Frauen ab 50 Jahre verfügbar sind, beziehen sich die Zahlen auf
Frauen ab 40 Jahre.

Faktenbox über Nutzen und Schaden des Mammografie-Screenings, basierend
auf allen randomisierten klinischen Studien mit insgesamt etwa 600 000 Frauen.
Eine Faktenbox verwendet keine irreführenden Statistiken, wie relative Risiken und
5-Jahre-Überlebensraten. Siehe dazu Gigerenzer (2013). Faktenboxen finden Sie
unter www.harding-center.de

Frauen, die nicht teilnahmen, waren es 5. In anderen Worten, 1000 Frauen müssen 10 Jahre lang am Screening teilnehmen, damit eine weniger an Brustkrebs stirbt. Falls man
Frauen dieses Ergebnis überhaupt weitergibt, stellt man dies
meist als »20-prozentige Reduktion« dar (von 5 auf 4). Wie
schon in Kapitel 1 gezeigt, ist auch hier die relative Risikoreduktion (20 Prozent) beeindruckender als eine absolute

Risikoreduktion (0,1 Prozentpunkte), und man kann damit rechnen, dass die meisten Frauen den Unterschied nicht bemerken. Aus dieser Reduktion von 1 aus 1000 darf man aber nicht schließen, dass das Screening überhaupt ein Leben rettet. Das wird deutlich, wenn man sich die Gesamtkrebssterblichkeit (einschließlich Brustkrebs; die zweite Zeile in der Faktenbox) ansieht: Hier hat man keinen Unterschied zwischen Frauen mit oder ohne Früherkennung gefunden. Diese Information findet man in den Medien immer noch so gut wie nie.

Jede Frau sollte auch das Recht haben, verständlich über den möglichen Schaden informiert zu werden: Etwa 100 von je 1000 Frauen, die 10 Jahre zum Screening gehen, erhalten falsch-positive Testergebnisse und Biopsien – obgleich sie keinen Brustkrebs haben. Diese falschen, verdächtigen Befunde machen vielen Frauen unnötige Angst, insbesondere, wenn vorher nichts erklärt wird. Und rund 5 von 1000 Frauen erdulden unnötige Eingriffe wie die teilweise oder vollständige Entfernung der Brust – unnötig deshalb, da diese Frauen eine nicht-progressive Form von Brustkrebs haben, die ihnen während ihres weiteren Lebens keine Probleme bereitet hätte. Mit diesen statistischen Werten (siehe Faktenbox) dagegen kann jede Frau selbst informiert entscheiden, ob sie am Screening teilnehmen möchte, je nach ihren persönlichen Risikopräferenzen.

Doch diese wesentliche Information wird den Frauen vorenthalten – im Brustkrebsmonat Oktober genauso wie im Rest des Jahres. Dafür erhalten sie infantilisierende Pink Ribbons, Teddybären und die Aufforderung, zur Brustkrebsvorsorge zu gehen.

Russinnen schätzen den Nutzen des Mammografie-Screenings besser ein als Deutsche

Keine deutsche Gesundheitsorganisation hatte bisher den Mut, in ihren Broschüren eine Faktenbox zur Brustkrebsfrüherkennung abzubilden. Die Tiroler Gesellschaft für Allgemeinmedizin war 2014 die erste und blieb die bisher einzige im deutschsprachigem Raum.

Wahrgenommener Nutzen des Mammografie-Screenings

Land	realistisch	überschätzt
Russland		82%
Spanien		93%
Italien		93%
Österreich		95%
Polen		95%
Großbritannien		96%
Niederlande		98%
Frankreich		98%
Deutschland		98%

Wie gut sind die Frauen in 9 europäischen Ländern über den Nutzen der Brustkrebs-Früherkennung durch Mammografie informiert? Etwa 5000 Frauen wurden in einer repräsentativen Untersuchung gefragt: »1000 Frauen im Alter von 40 oder älter aus der allgemeinen Bevölkerung nehmen alle 2 Jahre an der Brustkrebsfrüherkennung mit Mammografie teil. Nach 10 Jahren wird der Nutzen festgestellt. Bitte schätzen Sie, wie viel weniger Frauen in der Screening-Gruppe an Brustkrebs sterben im Vergleich zu Frauen, die nicht zum Screening gehen.« Die Antwort-Alternativen waren 0, 1, 10, 50, 100, 200 (von 1000) und »weiß nicht.« Die beste Schätzung ist 1 von 1000. Als »realistisch« sind hier die Antworten 0 und 1 zusammengefasst, unter »überschätzt« alle anderen Antworten. Beispielsweise überschätzen 98 Prozent der deutschen Frauen den Nutzen des Screenings um das 10-Fache bis 200-Fache oder wissen nicht Bescheid (Gigerenzer, Mata und Frank, 2009).

Wie gut sind Frauen in Deutschland informiert? Gerd Gigerenzer hat mit zwei Kollegen eine europaweite Studie durchgeführt, an der auch 1000 deutsche Frauen teilnahmen. Nur 0,8 Prozent der deutschen Frauen verstanden, dass der Nutzen eines Mammografie-Screenings bei 1 zu 1000 lag. 98 Prozent überschätzten den Nutzen um das 10-Fache, 100-Fache, 200-Fache oder wussten nicht Bescheid. Damit sind die deutschen Frauen im europäischen Vergleich am schlechtesten informiert. Die Russinnen beispielsweise wissen wesentlich besser Bescheid. Warum? Nicht, weil sie mehr Informationen bekommen, sondern weniger – weniger irreführende Informationen.

Wie man Frauen in die Irre führt

Im Brustkrebsmonat wird viel von Aufklärung gesprochen und das Gegenteil getan. Die vorige Abbildung zeigt das Ergebnis von Jahrzehnten derartiger Desinformation.

Wie genau erreicht man ein solch bemerkenswertes Ergebnis? Hier sind drei wirksame Methoden der Desinformation.

Methode 1: Erwähne mit keinem Wort, dass Mammografie-Screening nicht die Wahrscheinlichkeit verringert, an Krebs – einschließlich Brustkrebs – zu sterben (siehe in der Faktenbox die 21 versus 21 Frauen, die an Krebs starben, ganz gleich, ob sie zur Mammografie gingen oder in der Kontrollgruppe waren). Sprich nur über die Aussicht, an Brustkrebs zu sterben.

Methode 1 ist allgegenwärtig, auch im Brustkrebsmonat Oktober. Wie jede Desinformation wird diese Methode manchmal bewusst, manchmal ohne Absicht, etwa aus gedankenloser Gewohnheit, eingesetzt. Warum ist dabei die Unterscheidung zwischen Krebs und Brustkrebs wesentlich? Erstens ist die Todesursache nicht immer eindeutig zu bestimmen, insbesondere, wenn ein unglücklicher Mensch an mehreren Krebsformen erkrankt ist. Das verlässlichere Maß ist die Gesamtkrebssterblichkeit oder die Gesamtsterblichkeit. Zweitens kann die erfolgreiche Vermeidung eines Krebstods zu einer anderen Todesursache führen. Beispielsweise schätzt man, dass nach einer Lungenkrebsoperation 5 Prozent der Patienten innerhalb eines Monats versterben. Diese gehen nicht in die Lungenkrebssterblichkeit ein, aber in die Gesamtsterblichkeit. Und da sieht es dann so aus, als ob das Screening einen Tod durch Lungenkrebs verhindert. Dieser Effekt lässt sich auch an einem anderen paradoxen Ergebnis veranschaulichen: Rauchen rettet vor dem Brustkrebstod! Frauen, die Zigaretten rauchen, verringern ihr Risiko, an Brustkrebs zu sterben, um etwa 1 von 1000, genauso viel wie durch Mammografie. Dennoch wäre es ein Fehlschluss, dass Rauchen Leben rettet. Im Gegenteil. Die Reduktion der Brustkrebssterblichkeit kommt daher, dass die rauchenden Frauen zuvor an Lungenkrebs oder Herzerkrankungen sterben. Wie auch immer, man sollte stets die gesamten Todesfälle im Auge behalten. Und dann sieht die eine oder andere freundliche Statistik gar nicht mehr so freundlich aus.

Methode 2: Sage den Frauen, dass das Mammografie-Screening die Brustkrebssterblichkeit um 20 Prozent reduziert. Verrate nicht, dass die absolute Risikoreduktion nur 1 von 1000 beträgt.

Auf diese Methode haben wir schon im ersten Kapitel dieses Buches hingewiesen. Bis etwa zum Jahr 2009 gaben die meisten Informationsbroschüren der deutschen Gesundheitszentren, falls überhaupt, nur relative Zahlen an. So schrieb die Deutsche Krebshilfe in ihrem Blauen Ratgeber, dass sich »die Brustkrebssterblichkeit um bis zu 30 Prozent senken lässt«. Hier hat man die 20 Prozent sogar noch aufgerundet. In Zusammenarbeit mit dem Max-Planck-Institut für Bildungsforschung hat die Krebshilfe schließlich alle relativen Risiken und anderen irreführenden Statistiken eliminiert und in einem neuen Faltblatt »Brustkrebs erkennen« durch absolute Zahlen ersetzt. Das war ein ungewöhnlicher und mutiger Schritt in Richtung Aufklärung. Die Verantwortlichen konnten sich aber bisher nicht dazu durchringen, eine Faktenbox mit den transparenten wissenschaftlichen Zahlen abzubilden. Beim Blauen Ratgeber 2013 werden als Kompromiss gar keine Zahlen mehr für Nutzen und Schaden genannt, und im Faltblatt wurde als Kompromiss der Nutzen von 1 aus 1000 auf 1 aus 200 erhöht! Letzteres steht im klaren Widerspruch zur vorhandenen Evidenz - die Cochrane Collaboration schätzt die Reduktion der Brustkrebssterblichkeit auf nur 0,5 von 1000 Frauen ein, und die 2014 publizierte längste Analyse mit 25 Jahren Untersuchungszeit - eine kanadische randomisierte Studie mit 89 835 Frauen - findet keine Reduktion der Brustkrebssterblichkeit mehr und auch keine der Gesamtsterblichkeit.

Wenn Methode 2 nicht wirkt, weil jemand klarstellt, dass die 20 Prozent nichts sind als 1 von 1000, dann wird regelmäßig mit Methode 1 gekontert. Dann wird gesagt: Aber wenn 10 Millionen Frauen zum Screening gehen, dann wird das Leben von 10000 Frauen gerettet. Dieser Schluss ist falsch, denn die Reduktion der Gesamtkrebssterblichkeit ist auch dann immer noch gleich 0. Was diese Betrachtung wirklich klarstellt, ist, wie viele Frauen durch falsch-positive Tests erschreckt werden und unnötige Biopsien und Ängste durchstehen müssen. Das sind etwa 1 Million Frauen in Deutschland, wenn man die 100 Frauen in der Faktenbox auf 10 Millionen hochrechnet. Und dann kommt das Schlimmste: Etwa 50000 Frauen nehmen eine unnötige Operation, Bestrahlung oder Chemotherapie auf sich.

Eine geschickte Variante von Methode 2 besteht darin, den Nutzen in relativen Zahlen und den Schaden in absoluten Zahlen auszudrücken. Dies ist als die Kunst bekannt, mit zwei Zungen zu sprechen. In einem Beratungsgespräch empfahl beispielsweise ein Frauenarzt seiner Patientin, dass sie am Mammografie-Screening teilnehmen sollte, weil die Brustkrebssterblichkeit damit um 25 Prozent verringert werden kann. Als er sie dann über die möglichen Schäden aufklärte, sagte er, dass das Risiko, durch die Mammografie selbst Brustkrebs zu bekommen, nur 1 von 10000 sei. Statt über den Nutzen und Schaden in vergleichbarer Form zu berichten, wurde der Nutzen als relative Zahl (25 Prozent) mitgeteilt, der Schaden aber als absolute Zahl (1 von 10000). Dieser Trick lässt den Nutzen viel größer als den Schaden erscheinen. Für die Patientin verständlich wäre gewesen, wenn der Arzt beides in absoluten Risiken erklärt hätte: die

Brustkrebssterblichkeit wird um 1 von 1000 Frauen verringert (siehe Faktenbox).

Methode 3: Berichte den Frauen nur über Veränderungen bei der 5-Jahres-Überlebensrate, nicht über die bei der Sterblichkeitsrate (wie in der Faktenbox).

In einer Pink-Ribbon-Anzeige von Susan G. Komen steht kurz und bündig: »GEH JETZT ZUR MAMMOGRAFIE«.

Darunter liest man: »Früherkennung rettet Leben. Die 5-Jahres-Überlebensrate bei Brustkrebs beträgt 98 Prozent, wenn er rechtzeitig entdeckt wird. Wenn nicht? 23 Prozent.«

Die Deutsche Krebshilfe »informierte« ebenfalls mit dieser 98-prozentigen Überlebensrate, bevor sie dann ab 2009 diese irreführende Statistik aus dem Blauen Ratgeber gestrichen hat. In der Broschüre »Krebs in der Schweiz«, herausgeben vom Schweizer Bundesamt für Statistik, 2011, S. 40, wird immer noch erklärt: »Mit einer 5-Jahres-Überlebensrate von 82 Prozent gehört die Schweiz zu den Ländern mit den besten Prognosen.« Wie zaubert man aus der Reduktion von 5 auf 4 von 1000 Frauen (siehe Faktenbox) diese beeindruckenden Prozentzahlen?

Die Antwort ist: genau so wie Vorsorge nicht Früherkennung ist. Unterschiede in Überlebensraten bedeuten nicht notwendigerweise auch Unterschiede in der Sterblichkeit. Dafür gibt es zwei Gründe. Nehmen wir zwei Gruppen von Personen, alle sterben im Alter von 70 an invasivem Krebs. Die erste Gruppe geht nicht zum Screening. Der Krebs wird spät entdeckt, sagen wir mit 67, und die 5-Jahres-Überlebensrate ist 0 Prozent. Die zweite Gruppe geht zum Screening, und der Krebs wird früh entdeckt, etwa mit 60. Die 5-Jahres-Überlebensrate ist jetzt 100 Prozent. Dieser Unterschied heißt *Vorlaufzeit-Bias*: Durch die frühere Diagnose wird die Überlebensrate aufgebläht, ohne dass ein einziger Patient auch nur einen Monat länger lebt.

Der zweite Grund heißt *Überdiagnose*. Je genauer die diagnostischen Methoden, desto mehr nicht-progressive Krebsformen werden entdeckt, die kein richtiger Brustkrebs sind oder nie invasiv werden. Ohne Screening würde eine Frau davon ihr ganzes Leben nichts bemerken. Überdiagnose bedeutet die Entdeckung von solchen nicht-progressiven Krebsformen, und mit *Überbehandlung* bezeichnet man unnötige Operationen, Chemotherapien oder andere Behandlungen (siehe die 5 von 1 000 überbehandelten Frauen in der Faktenbox). An solchen Krebsformen stirbt per Definition niemand, aber genau deswegen erhöhen sie die Überlebensrate.

Eine Analyse aller soliden Krebse zeigte, dass Unterschiede in den Überlebensraten (wie in der Komen-Anzeige) nicht mit Unterschieden in den Sterblichkeitsraten korrelieren. Das heißt, es besteht zwischen »Überleben« und Sterblichkeit kein Zusammenhang, und die beiden Gründe sind Vorlaufzeit-Bias und Überdiagnose. Dennoch werden immer wieder Frauen über den Nutzen von Screening durch 5-Jahres-Überlebensraten »aufgeklärt«.

Verstehen Ärzte Gesundheitsstatistiken?

Einer von uns (GG) hat etwa 1000 deutsche Frauenärzte in der ärztlichen Fortbildung im Verständnis von Risiken trainiert. Der Unterschied zwischen Brustkrebssterblichkeit und Gesamt(Krebs-)Sterblichkeit ist, dies wurde im Training deutlich, nur wenigen Ärzten klar. Als eine Gruppe von 150 Frauenärzten gefragt wurde, was die weit verbreiteten »25 Prozent Reduktion der Brustkrebssterblichkeit« im Klartext bedeuten, waren sich auch nicht alle sicher. Die Antworten waren:

1 von 1000	66 %
25 von 1000	16 %
100 von 1000	3 %
250 von 1000	15 %

Die meisten sagten richtig: 1 von 1000. Ein Drittel der Frauenärzte aber meinte, dass 25, 100 oder gar 250 von 1000 Frauen weniger sterben würden. In einer anderen Studie wurden 15 Frauenärzte der Universitätsklinik Luzern gefragt, was »25 Prozent Reduktion« bedeuten. Ein Arzt meinte, 25 Prozent bedeuten 2,5 von 1000 Frauen; ein anderer sagte 25 von 1000. Die gesamte Breite der Antworten lag zwischen 1 von 1000 und 750 von 1000. Wenn Frauen über die Vielfalt der ärztlichen Meinungen wüssten, wären sie zu Recht beunruhigt.

Wie viele Ärzte fallen auf den Trick mit den 5-Jahres-Überlebensraten herein? In einer Studie mit 65 deutschen Internisten wurde ein und dieselbe Information über Krebs-

Screening einmal in der Form von Überlebensraten (wie bei Komen) und einmal in der Form von Sterblichkeitsraten vorgelegt. Hier ist das Ergebnis:

- *Überlebensraten:* 78 Prozent der Ärzte beurteilen das Screening als nützlich.
- *Sterblichkeitsraten:* 5 Prozent der Ärzte beurteilen das Screening als nützlich.

Der größte Teil dieser Ärzte ließ sich also durch irreführende 5-Jahres-Überlebensraten beeindrucken und erklärte auch, das Screening den Patienten zu empfehlen. Was ein Vorlaufzeit-Bias ist, wussten nur zwei Ärzte, und der Effekt von Überdiagnose war keinem klar.

Warum verstehen so wenige Ärzte ihre Gesundheitsstatistiken? In erster Linie versagt hier die Ausbildung an den medizinischen Fakultäten, wo Studenten so gut wie alles lernen außer statistischem Denken (und wenn sie eine statistische Ausbildung erhalten, macht diese es oft noch schlimmer, siehe Kapitel 6). Hinzu kommt die Haltung vieler Patienten, die nicht nach Nutzen und Schaden fragen, sondern erwarten, dass man ihnen wie einem Kind sagt, was sie tun sollen. Und das selbst in Situationen, wo man nicht schwer erkrankt ist, wie beim Screening, das für Menschen ohne Symptome angeboten wird. Da hätte man also durchaus Zeit zum Überlegen. Und schließlich gibt es noch Interessengruppen, denen an einer Aufklärung der Ärzte und Patienten kaum etwas gelegen ist.

Aufklärung statt Pink!

Schreiend bunte Screening-Aufrufe erinnern uns an nicht allzu weit zurückliegende Zeiten, in denen Frauen bis auf wenige Ausnahmen ihr ganzes Leben lang bevormundet wurden. Der Brustkrebsmonat Oktober steht noch heute in dieser Tradition: Man redet zwar von Bewusstsein und Aufklärung, liefert aber immer noch systematische Desinformation. Die Zeit des Paternalismus, in der man Frauen schlicht sagt, was sie zu tun haben, sollte eigentlich mit den Petticoats verschwunden sein. Im 21. Jahrhundert brauchen wir Aufklärung statt Pink Ribbons.

Ergänzende Literatur

Gigerenzer, G. (2013): *Risiko: Wie man die richtigen Entscheidungen trifft.* München: C. Bertelsmann.

Gøetzsche, P. C., und K. Jørgensen (2013): »Screening for breast cancer with mammography« (Review). In: *The Cochrane Library*, Issue 6.

Wegwarth, O., L. M. Schwartz, S. Woloshin, W. Gaissmaier und G. Gigerenzer (2012): »Do physicians understand cancer screening statistics? A national survey of primary care physicians«. In: *Annals of Internal Medicine* 156, 340–349.

Wegwarth, O., W. Gaissmaier und G. Gigerenzer (2011): »Deceiving numbers: Survival rates and their impact on doctors' risk communication«. In: *Medical Decision Making* 31, S. 386-94.

4. Die Null-Risiko-Illusion

»Das Aufspüren kleinster Schadstoffmengen hat
zur Folge, dass überall alles gefunden wird.«

Der Spiegel

Wenn wir hören, dass in unseren Nahrungsmitteln Spuren
von Giftstoffen nachgewiesen wurden, sollten wir da nicht
mit Schrecken reagieren? Ein typisches Beispiel ist die folgende Meldung des Südwestrundfunks, die wir dann auch
in unsere offizielle Unstatistiken-Sammlung aufgenommen
haben: »Bei 70 Prozent aller deutschen Großstädter konnte
das Unkrautvernichtungsmittel Glyphosat im Urin nachgewiesen werden.« Diese Zahl resultiert aus einer Untersuchung des Bundes für Umwelt und Naturschutz Deutschland
(BUND) und seines europäischen Dachverbands Friends of the
Earth (FOE) mit 182 Stadtbewohnern aus 18 Ländern, davon
10 aus Deutschland. Sie wurde auch von vielen anderen Medien übernommen und ist nicht nur wegen der Abwesenheit
einer seriösen Grenzwertdiskussion ohne großen Informationsgehalt.[12] Denn völlig unabhängig davon, ob die gefun-
denen Gifte nun gefährlich sind oder nicht: Es ist schlicht
unmöglich, aus einer Stichprobe von 10 Personen auf die gesamte deutsche Großstadtbevölkerung rückzuschließen.

Im Weiteren kommt es uns aber vor allem darauf an, dass allein die Existenz eines Schadstoffs noch nichts über dessen Gefahrenpotenzial besagt, denn viele dieser Funde sind ein Artefakt von immer feineren Analysemethoden und als solche keine Meldung wert. Damit fällt aber die obige Unstatistik zu Glyphosat wie schon eine andere von uns aufgespießte Meldung zu Giften in Adventskalendern in die große Schublade »Viel Lärm um nichts«. Da hatte die Stiftung Warentest in gewissen Produkten Mineralölrückstände entdeckt, mehrere Firmen mussten darauf ihre Kalender aus den Regalen nehmen, mit Schäden für die jeweiligen Hersteller von mehreren 100 000 Euro. Zwar wurde hier immerhin auch die Menge angegeben – rund 10 Milligramm pro Kilogramm Schokolade –, aber nach Auskunft der Bundesanstalt für Risikobewertung gehen von diesen Mineralölrückständen keine zusätzlichen Gesundheitsgefahren aus; sie entsprechen in etwa dem, was Kinder und Erwachsene ohnehin über die sonstige Ernährung gewohnheitsmäßig zu sich nehmen.

Die übliche Maßeinheit für dergleichen Schadstoffe war bis vor wenigen Jahrzehnten 1 Milligramm pro Kilogramm (ppm = »parts per million«). 1 Milligramm Pflanzenschutzmittel pro Kilo Schweinefleisch konnte damals nachgewiesen werden, was darunter lag, war »nicht vorhanden«. Aber nicht, weil es wirklich nicht vorhanden gewesen wäre, sondern weil es nicht nachgewiesen werden konnte. In den 80er-Jahren konnten bereits Schadstoffkonzentrationen von 1:1 Milliarde nachgewiesen werden, und heute sind wir bei 1:1 Trillion angekommen. Zur Illustration, was das bedeutet: Ein Zuckerwürfel, aufgelöst im Starnberger See, wäre heute ohne jeden Zweifel nachzuweisen.

Das ist noch lange nicht das Ende. In geradezu atemberaubendem Tempo gelingt es der analytischen Chemie, mit immer neuen Messmethoden (Chromatografie, Massenspektrometrie, Kernresonanz-Spektroskopie) immer geringere Mengen von Stoffen aufzuspüren, ob giftig oder nicht. Am Institut des Göttinger Nobelpreisträgers Manfred Eigen soll es inzwischen sogar möglich sein, einzelne Moleküle aufzufinden.

Und so kommen heute fast täglich an allen Ecken und Enden neue Schadstoffe ans Tageslicht. Ein Beispiel ist eine englische Studie zu Muttermilch. »Eine britische Studie sorgt für Aufregung. In Muttermilch wurden über 300 Schadstoffe nachgewiesen.«[13] So meldete die Deutsche Presseagentur. Aber auch diese Meldung, obwohl vielfach nachgedruckt, ist ebenfalls in mindestens zweifacher Hinsicht irreführend. Denn in Muttermilch sind nicht nur 300, sondern 3 000, vielleicht sogar 30 000 Schadstoffe enthalten. Man hat sie nur noch nicht gefunden.

Zudem lässt uns die Meldung glauben, diese Schadstoffe seien gefährlich. Natürlich sind sie das, wenn in großen Mengen konsumiert. Aber in der Verdünnung, die man üblicherweise in der Muttermilch beobachtet, schaden sie sehr wahrscheinlich niemandem.

Allein die Dosis macht das Gift

Ein Schadstoff wird erst dann zum Gift, wenn die jeweilige gesundheitsgefährdende Dosis überschritten wird. Und das ist häufig nicht der Fall. Denn heute wie vor 500 Jahren gilt

Paracelsus' berühmte These von der Dosis (die einzige uns bekannte naturwissenschaftliche Theorie, die auch 500 Jahre nach ihrer Entstehung noch unwidersprochen Anerkennung findet):

»Was das nit gifft ist? Alle ding sind gifft und nichts ist ohn gifft. Allein die dosis macht das ein ding kein gifft ist.«

Die Quantifizierung dieser Dosis-Wirkungs-Beziehung geschieht heute mittels Methoden der mathematischen Statistik. Die folgende Grafik gibt eine solche idealtypische Dosis-Wirkungs-Kurve wieder. Auf der waagerechten Achse ist dabei die Menge, auf der senkrechten Achse die Wirkung abgetragen. Der *LD50-Wert* bezeichnet dabei diejenige Schwelle, bei der in Tierexperimenten 50 Prozent der untersuchten Tiere sterben.

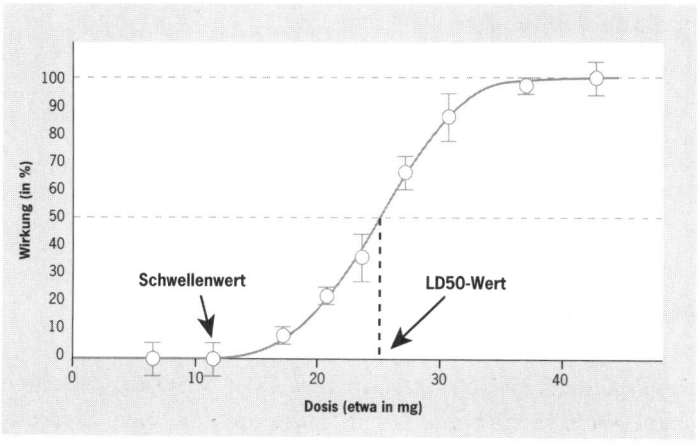

Eine idealtypische Dosis-Wirkungs-Kurve

61

Die *Schwellendosis* sowie der *LD50-Wert* lassen sich in Tierexperimenten mit statistischen Methoden finden. Jedoch sind diese Schwellenwerte selbst bei bester Versuchsanordnung mit mehr oder weniger großen Unsicherheiten behaftet. Die Balken über und unter den Messpunkten grenzen das obere und das untere Viertel der Messungen aus. Weiterhin gehen in die angepasste Kurve verschiedene Modellannahmen ein, diese intrastatistischen Besonderheiten sollen hier jedoch nicht weiter interessieren. Worauf es ankommt, ist: Unterhalb eines gewissen Schwellenwertes ist keine Wirkung mehr nachweisbar.

Die moderne Toxikologie geht heute davon aus, dass ein solcher positiver Schwellenwert für die überwiegende Mehrheit aller toxischen Substanzen existiert; Expositionen unterhalb dieser Dosis rufen keinerlei gesundheitlichen Effekte irgendwelcher Art hervor. Nur in seltenen Ausnahmefällen gibt es solche positiven Schwellenwerte nicht.

Auch die monoton steigende Gestalt der Dosis-Wirkungs-Kurve ist für die überwiegende Anzahl aller toxischen Substanzen nachgewiesen. Mit anderen Worten: je mehr, desto giftiger. Nur in seltenen Ausnahmefällen nimmt die Toxizität eines Stoffes nach einem Maximum mit wachsender Dosis wieder ab.

Der geheime Grenzwertkrieg

In aller Regel sind die aus solchen Dosis-Wirkungs-Kurven abgeleiteten Grenzwerte wie ADI (»Acceptable Daily Intake«), AEL (»Acceptable Exposure Level«) oder NOAEL (»No Observed Adverse Effect Level«) vorsichtshalber um einen Faktor bis zu 100 überhöht. Diese Unsicherheit resultiert zum einen aus der Übertragung vom Tier zum Menschen und zum anderen aus unterschiedlichen Reaktionsmechanismen in verschiedenen Individuen. Selbst bei Überschreitung eines solchen Grenzwerts ist also in aller Regel noch nicht von einer Gefahr für die Gesundheit auszugehen.

Denn Grenzwerte sind kein Produkt der Wissenschaft, sie sind in erster Linie ein Produkt der Politik; es wird hin und her verhandelt: Gibst du mir dies, dann kriegt du das. Wenn man die einschlägigen Diskussionen verfolgt, kommt man sich vor wie auf einem orientalischen Jahrmarkt, die Wissenschaft und erst recht der gesunde Menschenverstand reden hier erst an zweiter Stelle mit. Oder wie sonst ist es zu erklären, dass während der Dioxin-Panik Anfang 2010 Millionen von Frühstückseiern aus dem Verkehr gezogen wurden, weil sie angeblich mit mehr als 3 Billionstel Gramm (3 Piktogramm) an Dioxin belastet waren (bei den meisten Fällen stimmte noch nicht einmal das), während zur gleichen Zeit völlig legal in großen Mengen deutsche Flussaale und Ostseefische auf den Märkten angeboten, gekauft und dann zu Hause auch gegessen wurden, die eine mehr als zehnfach so hohe Dosis Dioxin pro Kilogramm enthielten?

Besonders die erlaubte Uranbelastung von 0,01 mg = 10 Mikrogramm pro Liter Trinkwasser in Deutschland ist vielen besorgten Bürgern ein Dorn im Auge. »E-Mail-Aktion: Fordern sie einen Grenzwert von 2 Mikrogramm!«, proklamiert etwa *foodwatch* im Netz: »Auch bei Uranbelastungen deutlich unter 10 Mikrogramm pro Liter können die Nieren von Säuglingen und Kleinkindern massiv geschädigt werden.

Das ist das Ergebnis einer wissenschaftlichen Analyse der Europäischen Lebensmittelsicherheitsbehörde EFSA [...]. *foodwatch* fordert deshalb einen Grenzwert von 2 Mikrogramm Uran pro Liter. Die EFSA-Analyse stützt die These, dass bei einer Belastung von diesem Wert auch Säuglinge und Kleinkinder wirksam geschützt sind.«

Wir haben uns die EFSA-Studie einmal angesehen – von den behaupteten Gefahren ist kaum etwas zu finden. Laut EFSA schwankt die Uranbelastung durch Trinkwasser zwischen 0,05 und 0,28 Mikrogramm pro Tag und Kilogramm Körpergewicht, je nachdem, wie viel man trinkt und wie viel »legales« Uran im Trinkwasser enthalten ist. Für Kinder, die relativ zum Körpergewicht mehr Wasser zu sich nehmen, sind die Werte höher, zwischen 0,18 und 1,42 Mikrogramm pro Tag und Kilogramm. Aber dieser obere Wert, den die EFSA tatsächlich für bedenklich hält, wird nur dann erreicht, wenn Eltern neben dem Wasser aus dem Hahn für das Fläschchen auch noch alle möglichen weiteren uranhaltigen Substanzen in der Beikost verfüttern; für den normalen Säugling ist er völlig illusorisch.

Da aber das Parlament über die Trinkwasserverordnung bestimmt, haben wir demnächst vielleicht einen Grenzwert von 2 Mikrogramm. Und ab der übernächsten Wahl vielleicht 1 Mikrogramm, je nachdem, wer gerade regiert.

Die Illusion der Sicherheit

Die Fronten bei diesen Verhandlungen sind klar. Die Anbieter hätten die Grenzwerte gerne möglichst hoch; das reduziert die Kosten. Eine große Ökokoalition dagegen hätte gerne Grenzwerte von 0. Wer Grenzwerte festlege, argumentiert etwa Ulrich Beck, toleriere die Vergiftung unterhalb der Grenzwerte. Grenzwerte seien Persilscheine dafür, so Beck, die Menschheit ohne Strafe zu vergiften. Den Grenzwertfestsetzern ginge es darum, das zulässige Maß an Vergiftung zu definieren, was bedeute, Vergiftung grundsätzlich zuzulassen. »Würde man sich auf den nicht völlig abwegigen Grundsatz einigen, überhaupt nicht zu vergiften, gäbe es keine Probleme.«

In den USA hat man das einmal versucht. Der sogenannte Delaney-Zusatz (»Delaney Clause« oder »Delaney Amendment«) von 1958, eine Ergänzung des Gesetzes zur Regulierung von Nahrungs- und Arzneimitteln von 1938 (Food, Drug and Cosmetic Act), hatte bestimmt, dass amerikanische Lebensmittel keinerlei nachgewiesen krebserzeugende Zusätze enthalten dürfen. Und »keinerlei« heißt »keinerlei«. Die ersten Opfer waren Preiselbeerfarmer, denen ein Pestizidfund kurz vor dem Erntedankfest 1959, zu dem in den USA immer ein Truthahn mit Preiselbeeren gehört, das Geschäft ruinierte – obwohl Präsidentschaftskandidat Kennedy und Vizepräsident Nixon zur Unterstützung der Farmer vor laufender Kamera große Mengen an Preiselbeeren vertilgten, wollte keiner die mehr haben.

Vielleicht sogar zu Recht, denn damals waren die Nachweisgrenzen noch recht hoch. Als dann aber im Laufe der Jahre die Diagnostik immer feiner und die entdeckten Schadstoffe immer zahlreicher wurden, schwante den Volksvertretern, was sie da angerichtet hatten: Bald hätten amerikanische Farmer überhaupt nichts mehr verkaufen dürfen – und so wurde der Delaney-Zusatz im Jahr 1996 im Wesentlichen wieder abgeschafft. Und zwar deshalb, weil die reine Existenz eines Stoffes in einem Lebensmittel oder auch in unserem Körper überhaupt noch nichts besagt. Als etwa nach anderen Zuckerersatzstoffen auch Sacharin bei Ratten als in hohen Dosen krebsauslösend nachgewiesen wurde, musste es zunächst nach Delaney verboten werden. Jedoch wurde dieses Verbot nach massiven Verbraucherprotesten kurze Zeit später wieder aufgehoben – wegen des hohen Süßstoffbedarfs der Amerikaner wollte man nicht auch noch auf diesen letzten Zuckerersatz verzichten, das damit verbundene Risiko wurde als vernachlässigbar in Kauf genommen.

Synthetische Risikoverzerrung

Nochmals verschlimmert wird die verbreitete Desinformation zu Giften aller Art durch das häufige Fokussieren auf künstliche Gifte und die Vernachlässigung von weit größeren Risiken, die durch natürliche Schadstoffe und Pestizide speziell in unserer Ernährung entstehen. Der amerikanische Wirtschaftswissenschaftler Kip Viscusi hat das einmal »synthetische Risikoverzerrung« genannt (»synthetic risk bias«). Nehmen wir etwa eine Meldung der Deutschen Presseagentur zu Listerien in Biokäse (Listerien sind Bakterien, benannt nach dem englischen Chirurgen Joseph Lister, die gefährliche Infektionen aller Art erzeugen und vor allem für kleine Kinder gefährlich werden können):[14]

»Das Unternehmen Bergpracht Milchwerk ruft wegen Bakterien mehrere Käseprodukte zurück. Betroffen seien jeweils die 150-Gramm-Packungen von ›Bioland Bio Hofkäse‹ und ›Unsere Heimat Hofkäse‹, teilte das Unternehmen aus Tettnang am Bodensee mit. Der Rückruf umfasse alle Chargen. Zunächst hatte das Unternehmen nur Produkte mit einem bestimmten Mindesthaltbarkeitsdatum zurückgerufen. Nach Absprache mit der Veterinärbehörde wurde der Rückruf ausgeweitet. Die Packungen könnten Listerien enthalten.

Das Bakterium kann grippeähnliche Symptome oder Durchfall verursachen. Verbraucher können die Produkte gegen Erstattung des Kaufpreises zurückgeben, auch ohne Vorlage des Kassenbons.«

Das war es dann auch schon. Keine Panik, keine Extrasendung in der ARD, Übergang zum nächsten Tagesordnungspunkt. Kein Hinweis, dass Listerien Blutvergiftungen oder Hirnhautentzündungen verursachen können, die trotz Behandlung mit Antibiotika in 30 Prozent der Fälle zum Tode führen. Und auch keinerlei Erwähnung der sechs Todesfälle, die der Listerienfall des österreichischen Käseherstellers Prolactal im Jahr 2010 zur Folge hatte. Wäre die gleiche Gefahr von menschengemachten Chemikalien ausgegangen, die Republik hätte vier Wochen von nichts anderem gesprochen.

Hier ging es um Bakterien. Aber auch andere natürliche Schadstoffe liefert die Natur zuhauf. Die Medien kümmern sich aber kaum darum. Nach einer viel zitierten Untersuchung des bekannten amerikanischen Biochemikers Bruce Ames sind nach Gewicht gemessen 99,99 Prozent aller Schadstoffe in der menschlichen Nahrung von Natur aus darin enthalten; lediglich 0,01 Prozent kommen durch Produktion, Verpackung und Vertrieb hinzu. Die Arbeitsgruppe von Bruce Ames, auf welche dieses Ergebnis zurückgeht, gilt als weltweit führend auf dem Gebiet der Lebensmitteltoxikologie, Ames selbst ist Direktor des National Institute of Environmental Health Science an der renommierten Berkeley-Universität. Die *Proceedings of the National Academy of Sciences*, in der die oben zitierte Untersuchung erschienen ist, zählt zu den renommiertesten Wissenschaftszeitschriften überhaupt. Insofern ist davon auszugehen, dass hier ein intensives *Peer-Review-Verfahren* stattgefunden hat und dass diese Ergebnisse replizierbar sind. In der Tat haben verschiedene weitere Untersuchungen dieses Resultat bestätigt.

In einem Interview im Wissenschaftsteil der *New York Times* fasst Ames seine Erkenntnisse wie folgt zusammen:[15]

»Die Menge künstlicher Pestizide in pflanzlicher Nahrung ist vernachlässigbar, verglichen mit natürlichen Pestiziden, die von den Pflanzen selbst produziert werden. 99,99 Prozent aller Gifte in unserer Ernährung sind natürlich: Das sind von den Pflanzen selbst produzierte Chemikalien, um sich gegen Pilze, Insekten und andere Schädlinge zu schützen.

Nach unserer Schätzung verzehrt der typische Amerikaner zwischen 5000 und 10000 verschiedene natürliche Pestizide inklusive ihrer Derivate. Amerikaner essen ungefähr 1500 mg natürliche Gifte pro Person und Tag, das ist ungefähr 10000-mal mehr als die 0,09 mg, die sie an synthetischen Pestiziden zu sich nehmen. Alle Lebensmittel

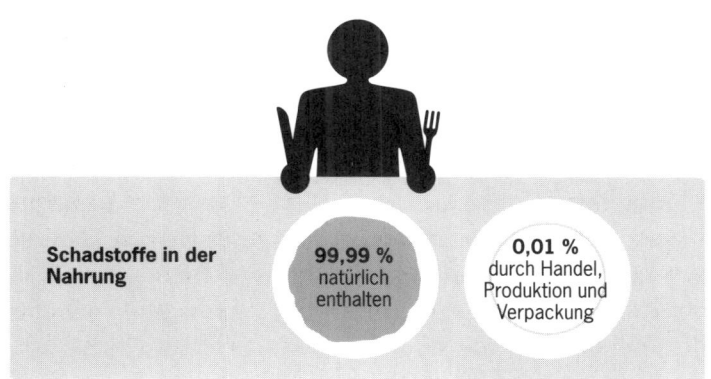

Schadstoffe in der Nahrung — **99,99 %** natürlich enthalten — **0,01 %** durch Handel, Produktion und Verpackung

aus dem Supermarkt sind zum Platzen voll mit krebserregenden Substanzen. Die meisten Krebserkrankungen sind jedoch nicht auf Milliardstel-Teile von Pestiziden zurückzuführen. Für Krebserkrankungen sind andere Ursachen verantwortlich, wie Rauchen, schlechte Ernährung und Fettleibigkeit.«

Ein zentraler Satz sei hier nochmals deutlich hervorgehoben: »Alle Lebensmittel aus dem Supermarkt sind zum Platzen voll mit krebserregenden Substanzen.«

Aber für unser Leben und die Gesundheit gefährlich ist das nicht. Der Artikel fährt fort:

»Wie er und Dr. Gold bemerken, würden zahlreiche gewöhnliche Nahrungsmittel an den Kriterien für synthetische Chemikalien scheitern. Aber trotzdem verlangen beide nicht das Verbot von Brokkoli oder dass man natürliche Pestizide in der Ernährung meiden sollte, da diese in Ratten Krebs erzeugen. Stattdessen sollten die Amerikaner aufhören, sich zu sehr um synthetische Chemikalien zu sorgen. Regulatorische Eingriffe zur weiteren Reduzierung niedrigdosierter synthetischer Chemikalien, da diese in Ratten Krebs erzeugen, sind teuer und zielen auf minimale Mengen, die nur wegen der heutigen fortgeschrittenen Messmethoden überhaupt entdeckt werden können. Diese Bemühungen lenken daher von den wahren Aufgaben der öffentlichen Gesundheitsvorsorge ab, nämlich unser Wissen über die wahren Gründe von Krebs zu mehren (zum Beispiel, welche Aspekte der Ernährung hier wirklich wichtig sind), die öffentliche Wahrnehmung der Wirkung unseres Lebensstils auf die Gesundheit zu verbessern und unsere Möglichkeiten zu erhöhen, auf diesen Lebensstil Einfluss zu nehmen.«

Das ist die aktuelle wissenschaftliche Mehrheitsmeinung, sie sei der Deutlichkeit halber nochmals explizit festgehalten: Die Menschen sollten aufhören, sich vor allem über synthetische Chemikalien zu sorgen, die Versuche zu deren weiterer Reduzierung sind teuer und letztendlich wirkungslos, sie ziehen knappe Ressourcen von der Bekämpfung wirklich gefährlicher Risiken ab.

Man kann lange darüber diskutieren, ob die Beimengung synthetischer Chemikalien bei der Lebensmittelproduktion wirklich notwendig ist. Wichtig wäre eine sachliche und emotionslose Aufklärung über die Gesundheitsrisiken dieser zusätzlichen Chemikalien sowie die Kosten eines Verzichts. Dann könnte jeder für sich selbst entscheiden, ob er diese zusätzlichen Kosten in Kauf nehmen möchte und wie viel an zusätzlicher Gesundheit er sich damit einkauft. Eine sachliche und emotionslose Aufklärung findet jedoch weitgehend nicht statt.

Beispiel Ökotest

Das Flaggschiff der großen bundesdeutschen Desinformationsallianz betreffend Gift ist die Zeitschrift *Ökotest*. Sie erscheint monatlich, und jedes Heft enthält mehr als ein Dutzend redaktionelle Textbeiträge, in denen die Existenz von Schadstoffen in Textilien, Kinderspielzeug, Kosmetika, sonstigen Drogerieartikeln und insbesondere immer wieder Lebensmitteln gemeldet wird. In weniger als der Hälfte dieser Textbeiträge werden Grenzwerte erwähnt, und wenn doch, dann findet nochmals nur in der Hälfte aller Fälle eine Diskussion der Gefahren statt, die bei Überschreitung dieser Grenzwerte drohen. Und ganz besonders bedenklich: Bei Schadstoffmeldungen für Lebensmittel bleiben die oft weit gefährlicheren natürlichen Risiken in aller Regel ausgeklammert.

In Heft 1/2011 auf Seite 12 meldet *Ökotest* etwa zum Thema »Trockenfrüchte« (diesen Jahrgang haben wir uns einmal genauer angesehen): »Das von uns beauftragte Labor fand im *Beeren-Mix* allerdings einen Cocktail von acht unterschiedlichen Pestizidwirkstoffen.« Also: Man fand. Aufgrund dieses Fundes stuft *Ökotest* die Qualität des Produktes auf befriedigend herab. Über die Menge der Pestizidwirkstoffe erfährt man nichts. Dann dürfte aber überhaupt kein Trockenfrüchte-Angebot ein besseres Qualitätsurteil als befriedigend erhalten, denn in jedem davon sind – wenn auch nur in minimaler Konzentration – alle möglichen Pestizidwirkstoffe enthalten. Ignoriert werden dagegen hier wie in fast allen Schadstoffmeldungen zu Lebensmitteln die potenziell weit gefährlicheren natürlichen Schadstoffe aller Art. Die in Johannisbeeren, Heidelbeeren und Erdbeeren natürlich enthaltene Salicylsäure etwa kann zu Juckreiz, Magenbeschwerden oder Asthma führen. Wacholderbeeren enthalten die schleimhautreizenden Substanzen Cadinen, Sabinen und Sabinol; diese können bei Frauen die Regelblutungen verstärken. »Schwangere und Personen mit Nierenproblemen sollten Wacholderbeeren deshalb unbedingt meiden.« Und die in Himbeeren enthaltenen natürlichen Schadstoffe sind nach Ames und Kollegen sogar so konzentriert, dass diese, wollte man sie künstlich herstellen, verboten werden müssten: 34 Aldehyde und Ketone, 32 Alkohole, 20 Ester, 14 Säuren, 3 Kohlenwasserstoffe plus 7 weitere Gifte anderer Stoffklassen, am bekanntesten das die Leber schädigende Cumarin.[16]

Ein idealtypisches Beispiel für dieses Fokussieren auf künstliche bei simultaner Vernachlässigung weitaus gefährlicherer natürlicher Gifte ist ein Bericht über Erdbeerkonfitüre: »Leider stecken in der Deckeldichtung des *Allos Erdbeere Fruchtaufstrich mit Rohrohrzucker gesüßt*, Bio, hohe Anteile des Weichmachers Diisodecylphthalat (DIDP), der im Verdacht steht, Leber, Nieren und Fortpflanzungsorgane zu schädigen und außerdem wie ein Hormon zu wirken [...] PVC/PVDC/chlorierte Kunststoffe stecken in allen Verpackungen. Sie bilden in der Müllverbrennung gesundheitsschädliche Dioxine und belasten die Umwelt bei Herstellung und Entsorgung.«

Die in den Erdbeeren selbst enthaltenen natürlichen

Schadstoffe sind um Zehnerpotenzen konzentrierter als alles, was jemals in den Dichtungen und Verpackungen gefunden worden ist.[17]

Auch in einem anderen idealtypischen Beitrag über Fleischersatzprodukte »Ein dicker Klops« erfährt der Leser nur, dass Schadstoffe gefunden wurden (also eine Meldung ohne Informationsgehalt), nicht aber die Mengen und die davon ausgehende Gesundheitsgefahr: »In zwei Marken stellten die beauftragten Labore sogar stark erhöhte Mengen an 3-MCPD-Glycidyl-Ester fest. Die *Pural Vegetarische Bio-Nuggets* enthalten relativ große Mengen des Weichmachers Diisononylphthalat (DINP). [...] In drei Produkten stecken Spuren der weitverbreiteten gentechnisch veränderten Soja-Sorte Roundup-Ready.« Die Beiwörter »stark erhöht« oder »relativ groß« sind ohne Bezugsgrößen völlig nutzenfrei.

Weitere Beiträge etwa über Margarine und Streichfette sind ähnlich aufgebaut: »In 16 der 19 Produkte sind Glycidyl-Ester nachweisbar. Wir werten bei 15 Produkten den Nachweis um eine Note ab. Ein Produkt bekommt eine Abwertung um zwei Noten. Denn in der *Eden Die Gute Pflanzenmargarine* mit Sonnenblumenöl steckt mehr als das Doppelte der Menge, die wir im Testfeld als Durchschnitt ermittelt haben.«

Das Doppelte von fast nichts ist immer noch fast nichts. Und in dem Beitrag über Schadstoffe in Kaffee tritt auch noch das beliebte Mittel »Konjunktiv« hinzu: »In zwei Proben aus kleinen Röstereien steckte eine erhöhte Menge Furan. Der Stoff gilt als potenziell krebserregend und entsteht beim Rösten.« Krebserregend oder nicht, das ist hier die Frage.

In ähnlichem Tenor gehalten - reine Existenzmeldungen ohne Gefahrendiskussion - sind allein in Heft 1/2011 auch

Meldungen über Haarwachs (»Obwohl es sich um kontrollierte Naturkosmetik handelt, fanden sich in diesem Produkt polyzyklische Moschus-Verbindungen«), Kinderzeitschriften (»In 22 Produkten wurden Farbstoffe gefunden, die in der EU verboten sind«), Babyspielzeug (»Einziger Kritikpunkt ist die phosphororganische Verbindung Triphenylphosphat, die als Kontaktallergen wirken kann«), Badezusätze (»Uns stören der Duftstoff Lyral, der relativ häufig für Kontaktallergien verantwortlich ist, sowie die enthaltenen polyzyklischen Moschus-Verbindungen«), Zahnweißcremes (»So findet sich der Bakterienkiller Triclosan, der häufig mit Dioxinen verunreinigt ist, in der *Colgate Total Whitening*«), Tapetenkleister (»In fast allen Tapetenkleistern konnten unsere beauftragten Labore Konservierungsmittel/Fungizide nachweisen. In einigen Fällen werden quartare Ammoniumverbindungen eingesetzt, die Haut und Schleimhäute reizen und die Augen schädigen können«) oder Einkaufstaschen (»Aber offensichtlich kommen dabei ziemlich üble Materialien zum Einsatz: der weiße Druck enthält PVC/PVDC/chlorierte Kunststoffe, im Nylon-Polyester-Material stecken halogenorganische Verbindungen, die Labore wiesen darüber hinaus die phosphororganische Verbindung Triphenylphosphat nach, die Allergien auslösen kann«).

Da fragen wir uns natürlich: Wieso sind wir nicht schon längst alle tot?

Ergänzende Literatur

Ames, B. N., M. Profet und L. S. Gold (1990): »Dietary pesticides (99.99 % all natural)«. In: *Proceedings of the National Academy of Science* 87, S. 7777-7781.

Gold, L.S., T. H. Slone, B. N. Ames und N. B. Manley (2001): »Pesticide Residues in Food and Cancer Risk: A Critical Analysis«. In: Robert Krüger (Hg.): *Handbook of Pesticide Toxicology*, 2. Aufl., San Diego, CA: Academic Press, S. 799-843.

Krämer, W. (2011): *Die Angst der Woche*. München: Piper.

Krämer, W. und Arminger, G. (2014): »Wider das Ökotest-Prinzip«. In: *Novo Argumente,* 117 (1), 240-249,

Müller, S.-D., C. Böcker und J. Schwarz (2008): *Die 50 besten und 50 gefährlichsten Lebensmittel.* Hannover: Schlütersche Verlagsgesellschaft.

Viscusi, W. K. (1995): »Carcinogen Regulation: Risk Characteristics and the Synthetic Risk Bias.« In: *American Economic Review* 85, S. 50-54.

DATA MINING UND SELEKTION

5. Gewalt gegen Frauen

»Auch der Zufall ist nicht unergründlich.
Er hat seine Regelmäßigkeit.«
Novalis

Vielen Menschen bleibt es ein ewiges Rätsel, wie man 2 000 Wähler fragen kann und damit das Verhalten von über 60 Millionen mit verblüffender Präzision voraussagt. 2 000 von mehr als 60 Millionen, das ist weniger als einer von 30 000. Aber trotzdem weicht der Stichprobenanteil für die CDU (oder auch für die SPD) oft weniger als einen Prozentpunkt vom letztendlichen Wahlergebnis ab.

Auch wenn Frau Noelle-Neumann, die inzwischen verstorbene Grande Dame der deutschen Umfrageforschung, das anders sieht: »Es ist mir noch heute rätselhaft, dass man herausbringt, was 60 Millionen Menschen denken, wenn man 2 000 Menschen befragt. Erklären kann ich das nicht. Es ist eben so.«

Es ist keine Hexerei. Das kann jeder auch ohne umfangreiche Kenntnisse in Mathematik und Wahrscheinlichkeitsrechnung sehr leicht gedanklich nachvollziehen: Dazu nehmen wir einmal nicht die 62 Millionen Wahlberechtigten in Deutschland, sondern eine Urne mit 100 Kugeln, die Hälfte rot, die Hälfte schwarz. Jetzt ziehen wir eine davon zufällig heraus. Mit Wahrscheinlichkeit ½ ist sie rot, mit Wahrscheinlichkeit ½ ist sie schwarz. Jetzt ziehen wir zwei Kugeln zufällig heraus. Mit Wahrscheinlichkeit ¼ sind beide schwarz, mit Wahrscheinlichkeit ¼ sind beide rot. Und mit Wahrscheinlichkeit ½ ist eine schwarz und eine rot. Jetzt ziehen wir drei, vier, fünf oder zehn Kugeln zufällig heraus. Bei zehn Kugeln ist die Wahrscheinlichkeit für zehnmal schwarz absolut minimal. Auch wer noch nie etwas von Wahrscheinlichkeiten gehört hat, sieht das sofort ein. Wer es ausrechnen will, sie beträgt $\frac{1}{1024}$, das kann man sozusagen vergessen. Und genauso unwahrscheinlich ist es, dass zehnmal rot gezogen wird.

Aber einmal rot und neunmal schwarz kommt schon viel öfter vor. Nochmals wahrscheinlicher ist zweimal rot und

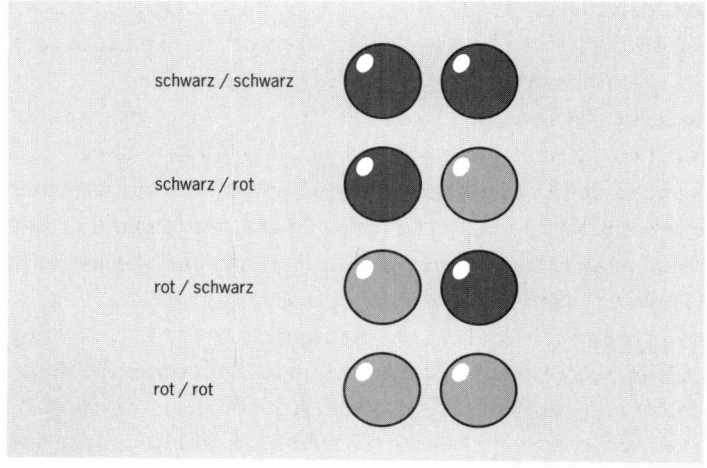

schwarz / schwarz

schwarz / rot

rot / schwarz

rot / rot

Mit 50-prozentiger Wahrscheinlichkeit ist eine Kugel rot und eine Kugel schwarz.

79

achtmal schwarz. Und am wahrscheinlichsten ist fünfmal rot und fünfmal schwarz.

Wer das verstanden hat, hat auch das große Noelle-Neumann-Geheimnis der Stichproben gelöst: Man ist zwar nie vor Abweichungen gefeit (oder anders ausgedrückt: Auch die beste Stichprobe reproduziert die Grundgesamtheit nie mit völliger Sicherheit), aber die Wahrscheinlichkeiten von Abweichungen werden mit wachsenden Ziehungszahlen immer kleiner. Deswegen geben professionelle Umfrager ihre Hochrechnungen auch nie als sogenannte Punktschätzungen an (»die CDU erhält am nächsten Sonntag 35 Prozent«), sondern erweitern diese Punktschätzungen um ein Prognoseintervall: »Die Wahrscheinlichkeit, dass die CDU zwischen 34 Prozent und 36 Prozent aller Stimmen erhält, beträgt 95 Prozent.« Es ist also nie auszuschließen, dass der böse Zufall eine völlig danebenliegende Stichprobe erzeugt, aber die Wahrscheinlichkeit dafür ist eher klein.

Grau ist alle Theorie

So weit die Theorie. In der Praxis hängt die Qualität einer Stichprobe entscheidend davon ab, wie getreu man das Gedankenexperiment einer zufälligen Urnenziehung nachstellt. Haben wirklich alle Elemente der Grundgesamtheit die gleiche Wahrscheinlichkeit, gezogen zu werden?

Sehr oft ist das nicht der Fall, und dann liefern die auf solchen sogenannten verzerrten Stichproben basierenden Hochrechnungen geradezu groteske Fehleinschätzungen der Wirklichkeit. Ein Beispiel hat es in unsere Liste der Unstatistiken geschafft: eine Umfrage der Europäischen Union für Grundrechte (FRA – eine in Wien ansässige EU-Behörde) zur Gewalt gegen Frauen.[18] Demnach haben etwa 7 Prozent der interviewten Frauen in den 12 Monaten vor der Befragung körperliche und/oder sexuelle Gewalt erfahren. Jede dritte Frau hat seit dem 15. Lebensjahr einen körperlichen und/oder sexuellen Übergriff erlebt. Über die Ergebnisse der Studie berichteten unter anderem auch *Spiegel Online* unter der Überschrift »EU-Studie: Jede dritte Frau in Europa ist Opfer von Gewalt« und die *FAZ* unter der Überschrift »Es wird mehr geschlagen«.

Unabhängig davon, ob diese Zahlen zutreffen oder nicht, ist ihre internationale Variation bedenklich und irreführend. So führen etwa Dänemark, Finnland und Schweden mit jeweils 52 Prozent, 47 Prozent bzw. 46 Prozent weiblicher Gewaltopfer die Rangliste an. Am unteren Ende finden sich vor allem südliche Länder wie Zypern, Malta oder Portugal.

Liest man in den Begleitmaterialien nach, so erschließen sich mehrere mögliche Ursachen für diese Unterschiede. So wurden etwa die in Dänemark, Finnland und Schweden befragten Frauen anders als anderswo zuerst telefonisch kontaktiert. Insbesondere aber zeigt sich eine negative Korrelation zwischen dem Anteil der Frauen, die in den jeweiligen Ländern bereit waren, den Fragebogen zu beantworten, und der länderspezifischen Gewalt: Je höher die Antwortbereitschaft der Frauen, desto geringer die gemessene Gewalt (siehe folgende Abbildung). Einmal unterstellt, alle Gewaltopfer und ein mehr oder weniger hoher Prozentsatz der übrigen Frauen nahm an der Befragung teil: Dann wäre der wahre Anteil der Gewaltopfer in Dänemark, Finnland und Schweden vielleicht sogar am kleinsten.

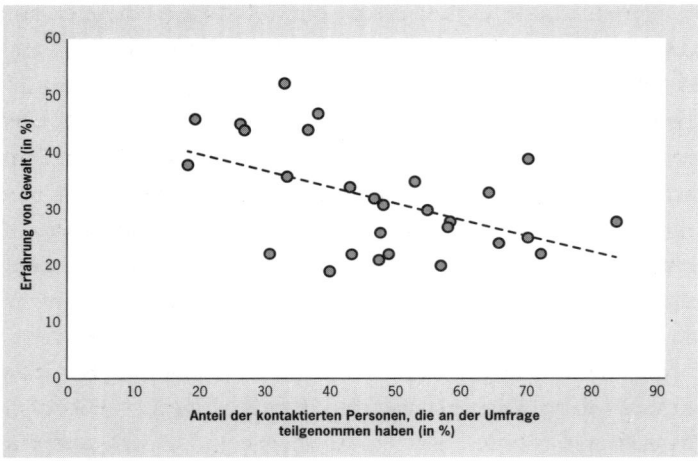

Antwortbereitschaft und Gewalt gegen Frauen. Je höher die Antwortbereitschaft, desto geringer die Gewalt. Quelle: Europäische Union für Grundrechte (2014), Tabellen 2.1 und A 2.1.

Diese sogenannte *Selbstselektion* ist eine der häufigsten Fehlerquellen bei Hochrechnungen aus Stichproben. Das wäre etwa so, als wenn die Hälfte der gezogenen roten Kugeln sagt: »Ich möchte aber nicht«, und in der Urne liegen bleibt. Dann ist natürlich der Stichprobenanteil für schwarz zu hoch.

Aber auch andere Verzerrungsmechanismen sind denkbar. Auf den einen oder anderen weist die Studie der FRA auch hin. So ist der Punkt, ab dem sich eine Frau sexuell belästigt fühlt, in »emanzipierten« Ländern möglicherweise schneller erreicht als in Ländern mit eher konservativer Rollenverteilung. Dies kann sich auf die Ergebnisse auswirken, da in der Erhebung beispielsweise auch das Erzählen schlüpfriger Witze als sexuelle Gewalt gilt. Für einen realistischen EU-weiten Vergleich sind diese Zahlen daher ungeeignet.

Anders als üblich fielen führende Medien in Deutschland diesmal in diese Falle nicht hinein. Da wir die Medien so oft ob ihrer statistischen Kurzsichtigkeit schelten, sei hier auch einmal lobend ein Artikel im *Spiegel* hervorgehoben, in dem etwa nachzulesen ist:[19] »Fühlt sich eine Schwedin eher geschubst als eine Rumänin? Hält eine Italienerin noch für normal, was die Finnin bereits als Gewalt in der Ehe ansieht? Aufklärung spielt eine große Rolle, aber auch die Gesetzeslage eines Landes und die Gefühlswelt der Betroffenen.«

Auf eine ähnliche Studie zur Gewalt gegen Menschen über 60 ist die Presse ebenfalls nicht angesprungen. Eine Studie in sieben europäischen Ländern kam zu dem Ergebnis, dass knapp 23 Prozent der befragten Personen schon einmal irgendeine Art von Gewalt erfahren haben.[20] Die Probleme dieser Studie, von den Autoren auch erkannt, sind ähnlich gelagert wie die der Studie zur Gewalt gegen Frauen: eine über die Länder sehr stark variierende Antwortbereitschaft und unterschiedliche Auffassungen von Gewalt. Als Monika Stocker, Präsidentin der Unabhängigen Beschwerdestelle für das Alter der Kantone Zürich und Schaffhausen, diese Studie als Argument für Gegenmaßnahmen benutzen wollte, hat die schweizerische Zeitschrift *Die Weltwoche* richtig auf diese Probleme hingewiesen.[21]

Selbstselektion verzerrt auch die meisten Online-Umfragen, mit denen viele Zeitungen und Wochenmagazine neuerdings gern ihre Spalten füllen. Die im Folgenden abgedruckte Umfrage etwa richtete sich an Leser der *FAZ Online*. Aber wer macht sich denn die Mühe, darauf zu antworten? Der mit seinem Job und seinem Gehalt zufriedene Angestellte wohl eher nicht.

Woran liegt das Wunder auf dem deutschen Arbeitsmarkt?

○ Die harten Reformen haben sich bezahlt gemacht, viele gute Jobs sind entstanden.

○ Alles nur Schein - hinter dem Jobwunder steckt vielfach bloß prekäre Beschäftigung.

Abstimmen

Online-Umfrage der *FAZ*

Umfrage zeigt Trend zum Alleinleben

Weniger kritisch als bei der EU-Umfrage zur Gewalt gegen Frauen waren die Medien bei einer anderen Umfrage zu Wohnverhältnissen und Lebenspartnerschaften in der Bundesrepublik. »59 Prozent der Deutschen gehen davon aus, dass wir auf eine Gesellschaft von Alleinlebenden zusteuern.« So erfahren wir etwa in der *Bild*:[22] »Für jeden fünften Befragten zählt die drohende Versingelung sogar zu den größten gesellschaftlichen Problemen unserer Zeit.«

Schön sei dieser Trend weder für die Gesellschaft noch die Einzelnen, so der Kommentar. »In der Umfrage gaben 83 Prozent der Männer und Frauen an, endlich wieder einen Partner haben zu wollen.«

Gefragt wurde aber keine Zufallsstichprobe aller erwachsenen Bundesbürger, sondern 1000 Kunden einer Online-Partnerbörse. Aber wer loggt sich auf einer solchen Partnerbörse ein? Doch wohl eher Menschen - hoffen wir einmal -, die aktuell nicht in einer Partnerschaft leben.

Aus dem gleichen Grund - eine enorm verzerrte Stichprobe - ist auch die Aussage der Illustrierten *Bunte* mit Skepsis zu betrachten, die meisten Deutschen wünschten sich wieder einen König. Nach der Wiedervereinigung hatte sie ihre Leser gefragt, hätten Sie lieber einen König oder einen Bundespräsidenten an der Spitze der wiedervereinigten Nation? Unter den 2 128 Antwortenden sprachen sich 41 Prozent für einen Präsidenten und 59 Prozent für einen König aus.

Oder sollte man besser sagen: eine Königin? Denn in einer parallelen Umfrage der Illustrierten *Glücksrevue* favorisierten 44 Prozent die schwedische Königin Silvia. Ein Viertel hätte gerne die damals noch lebende Prinzessin Diana nach Deutschland überführt, und 21 Prozent konnten sich Caroline von Monaco gut als Königin von Deutschland vorstellen. Auch hier ist die Verzerrung evident. Hätte man die Leser des *Spiegel* oder des *Neuen Deutschland* gefragt, wäre sicher etwas ganz anderes herausgekommen.

Gerade in der Werbebranche wird das Konzept der *selektiven Stichprobe* gerne missbraucht. »9 von 10 Frauen spüren den Unterschied«, lesen wir in einer Anzeige für Zahnpasta. »Die Glatt-und-Glanz-Formel entfernt effektiv Beläge und Verfärbungen. Spezielle Mikroperlen polieren sanft den Zahn. Für schimmernd weiße Zähne und ein Lächeln, für das man dich bewundert.« In der Fußnote liest man dann lapidar die wenig informative Aussage: »Verbrauchertest mit 332 Konsumentinnen«.

Oder folgende Werbung einer Bank: »Im Ergebnis dürfen wir uns darüber freuen, dass unsere Mitglieder und Kunden mit uns und unseren Leistungen überwiegend sehr zufrieden sind.« Knapp 90 Prozent der befragten Kunden würden die Bank weiterempfehlen und sogar 93,8 Prozent würden sich erneut für sie entscheiden.

Wen wundert's? Die Konsumentinnen, die den Unterschied nicht spüren, würden die Zahnpasta wohl kaum kaufen, und die mit dem Service der Bank Unzufriedenen diese auch kaum weiterempfehlen. Man fragt sich nur, warum eine von zehn Frauen die Zahnpasta verwendet, obwohl sie keinen Unterschied spürt, und sechs Prozent der Kunden der Bank diese noch nicht gewechselt haben.

Durch eine geschickte Stichprobe lässt sich nahezu jedes Ergebnis produzieren. So lesen wir in dem Bericht »Grüne Geschäfte« in der Online-Ausgabe der Hamburger *Zeit*, dass Biobaumwolle genauso effizient zu produzieren sei wie Baumwolle herkömmlicher Art.[23] Als Beweis stellt man den Hektar-Ertrag der *besten* Bioproduzenten in Uganda und Kirgisistan dem *durchschnittlichen* Hektar-Ertrag konventioneller Produzenten anderer Länder wie etwa Türkei, Brasilien oder China gegenüber. Auf die gleiche Weise könnte man auch zeigen, dass die Bürger Liechtensteins die intelligentesten Europäer sind: Man nimmt einfach die Extreme des Landes und den Durchschnitt der anderen Länder – schon hat man den gewünschten Effekt.

Erfreulicherweise fallen die Medien immer öfter auf solche Tricks nicht mehr herein. So bei einer Studie der Bundesregierung zu der synthetischen Modedroge Crystal Meth, die schnell abhängig macht und häufig in tschechischen Labors hergestellt wird. Laut einer Befragung von 400 Konsumenten nehmen die Hälfte Methamphetamin bei der Arbeit und ein Drittel in Schule und Studium. In diesem Fall warteten wir jedoch vergeblich auf die Schlagzeile »50 Prozent aller Beschäftigten nehmen bei der Arbeit Crystal Meth«.

Die fehlende Antwort

Doch selbst eine repräsentative Umfrage garantiert noch lange nicht die Repräsentativität der Ergebnisse. Oft verweigern die Befragten Auskünfte zu bestimmten Fragen, wie beispielsweise Personen mit einem großen Vermögen zu ebendiesem Vermögen. Werden diese Fehlauskünfte dann auch noch falsch kodiert, ist das Desaster da.

So zum Beispiel in einer viel beachteten Studie zur Häufigkeit ehelichen Geschlechtsverkehrs. Die kam u. a. zu dem Ergebnis, dass die Häufigkeit des ehelichen Geschlechtsverkehrs mit dem Alter der Ehefrau zunimmt.[24]

Der Fehler: Verweigert ein Befragter die Antwort oder antwortet offensichtlich falsch, kodiert man das gern mit einer offensichtlich unmöglichen Zahl. In diesem Fall war das die 88. Damit las der auswertende Rechner bei allen Personen, das waren vor allem Ältere, welche die Frage nach der Häufigkeit des ehelichen Geschlechtsverkehrs pro Monat nicht beantworteten, als Antwort 88.

Diese Fehler kommen häufiger vor, als man denkt. Betrachten wir einmal die inflationären Internetumfragen. Zu deren Erleichterung existieren inzwischen professionelle (kostenpflichtige) Internetplattformen. Eine auch in der Wissenschaft weit verbreitete kodiert verweigerte Antworten bei bestimmten Frageformen immer mit dem Wert 0. In einer Frage nach dem Geschlecht mit Mann = 0 und Frau = 1 (eine häufige Kodierung in diesem Kontext) ist damit jeder Antwortverweigerer ein Mann. Nach Auskunft des Anbieters dieser Plattform ist dieses Problem aus programmiertechnischen Gründen nicht zu beheben. Aber den wenigsten ist es bekannt.

Wir wollen gar nicht spekulieren, wie viele Bachelor- und Masterarbeiten, aber auch Publikationen in Fachzeitschriften so zu vollkommen falschen Ergebnissen kommen (»Männer putzen seltener die Zähne«, »Parksünder überwiegend männlichen Geschlechts« usw.).

Eine weitere lästige Fehlerquelle bei Umfragen sind Falschaussagen der Befragten. Viele reden z. B. gerne dem Interviewer nach dem Mund. So wollen etwa nach Auskunft des Umfrageinstituts Forsa drei Viertel aller Deutschen ihre Organe spenden. Ja, wer sagt denn einem Interviewer gerne ins Gesicht: Bei dieser ehrenwerten Sache mache ich nicht mit! Die Fakten jedenfalls sprechen hier eine deutlich andere Sprache. Nur 28 Prozent aller Bundesbürger haben einen Spenderausweis und zeigen damit, wie ernst ihnen diese Sache wirklich ist.[25]

Ergänzende Literatur
W. Krämer (2011): *So lügt man mit Statistik*, 4. Taschenbuchauflage, München: Piper.

6. Der Meisterschützeneffekt
oder warum so vieles, was Studierende über Statistik lernen, ziemlicher Blödsinn ist

»Hypothesentests sind nicht geeignet, Tatsachen abzulehnen, zumindest wäre das eine Zweckentfremdung.«

Aus einer Statistikklausur an der TU Dortmund

Das Testen von Hypothesen ist eine Standardprozedur der mathematischen Statistik. Jeder Student der Psychologie, der Soziologie oder der Wirtschaftswissenschaften lernt das spätestens im zweiten Semester (und die Mediziner etwas später oder nie. Aber gerade sie benutzen diese Technik dann trotzdem in oft exzessiver Weise). Und wenn er oder sie später wissenschaftlich Daten auswertet, sind die Ergebnisse sehr wahrscheinlich mit einer Reihe von *Signifikanztests* garniert – ohne eine Batterie von sogenannten *t-Tests* scheinen wissenschaftliche Arbeiten in anspruchsvollen Fachjournalen heute nicht mehr publizierbar, das Stichwort »statistisch signifikant« (oder noch besser: »statistisch hoch signifikant«) ist sozusagen der Zauberschlüssel, der die Tore zur Anerkennung empirischer Ergebnisse aufschließt.[26]

Aber dieser Zauberschlüssel zieht leider wie das Licht die Motten alle möglichen Scharlatane an; aufgrund unserer langjährigen eigenen Erfahrung als empirisch arbeitende Wissenschaftler erlauben wir uns sogar, zu sagen: Je häufiger man Ergebnisse mit dieser Floskel verbrämen zu müssen glaubt, desto wahrscheinlicher ist es, dass ebendiese Ergebnisse reiner Zufall sind.

Dementsprechend strotzen viele unserer Unstatistiken nur so vor Signifikanzen aller Art. Genauso wie der exzessive Gebrauch des Beiwortes »wissenschaftlich« in angeblich wissenschaftlichen Texten ist auch das Herumreiten auf dem Signifikanzbegriff geradezu ein Warnsignal, dass hier nichts Signifikantes gefunden worden ist. Dass Kernkraft Leukämie erzeugt, ist ein hoch signifikanter statistischer Effekt, genauso sind die »verlorenen Mädchen von Gorleben« (siehe Kapitel 7) statistisch hoch signifikant. Aber in beiden Fällen sind die beobachteten Daten noch viel leichter durch Zufall zu erklären.

Wie also kommt dieser Zauber zustande? Bzw. wie lässt er sich quasi aus dem Nichts erzeugen, auch dann, wenn keinerlei Effekt vorhanden ist?

Hypothesen als Ausgangspunkt

Ausgangspunkt ist immer eine These, eine Vermutung, eine Theorie, von der man wissen möchte, ob sie mit den Daten, also mit den beobachteten Fakten, kompatibel ist. Im Fachjargon der Statistik heißt diese Ausgangsvermutung auch *Nullhypothese*, abgekürzt H_0. Vor Gericht in freiheitlichen Rechtsstaaten sagt diese Vermutung, dass der oder die

Angeklagte unschuldig ist. Und nur dann, wenn diese Vermutung durch Indizien oder noch besser: durch ein Geständnis in den Grundfesten erschüttert wird, ist eine Verurteilung erlaubt.

Das Gegenteil der Nullhypothese heißt oft auch *Alternativhypothese*. Für die folgenden Zwecke reicht es, wenn man sich als Alternative einfach vorstellt: »H_0 ist falsch.«

Wie ein Strafrichter haben damit auch die Anwender von statistischen Signifikanztests zwei Arten von Fehlern abzuwägen: eine korrekte Nullhypothese abzulehnen (einen Unschuldigen hinter Gitter zu bringen) oder eine falsche Nullhypothese *nicht* abzulehnen (einen Kriminellen laufen zu lassen). In der Statistik wie in einem Rechtsstaat hat der erste Fehler mehr Gewicht. Dieser Fehler heißt auch *Fehler erster Art* (und der andere Fehler dann folgerichtig *Fehler zweiter Art*).

Das folgende Schaubild stellt diesen Sachverhalt nochmals tabellarisch dar:

	H_0 trifft zu	H_0 ist falsch
H_0 wird abgelehnt	Fehler erster Art	korrekte Entscheidung
H_0 wird nicht abgelehnt	korrekte Entscheidung	Fehler zweiter Art

Fehler erster und zweiter Art bei Signifikanztests

Die erste zentrale Einsicht beim statistischen Testen ist: Es können unmöglich beide Fehler gleichzeitig ausgeschlossen werden. Natürlich lässt sich der Fehler erster Art sehr leicht komplett vermeiden: Man lehnt die Nullhypothese nie ab (oder vor Gericht: Jeder Angeklagte kommt frei). Genauso lässt sich auch der Fehler zweiter Art konsequent vermeiden: Man lehnt H_0 immer ab (jeder Angeklagte wird eingesperrt). Ganz offensichtlich führen diese Strategien dazu, dass dann der jeweils andere Fehler, sofern überhaupt möglich, dramatisch zunimmt.

Wer uns bis zu diesem Punkt gefolgt ist, hat schon sehr viel von mathematischer Statistik verstanden. Es gibt zwei Arten von Fehlern, beide zu vermeiden ist unmöglich.

Zwischen diesen beiden Fehlern ist also ein Ausgleich zu finden. In der Statistik wie vor Gericht interessiert vor allem die Wahrscheinlichkeit für den Fehler erster Art. Die maximale Wahrscheinlichkeit für einen solchen Fehler nennt man auch das *Signifikanzniveau* eines Tests. In den meisten Anwendungen wählt man dafür 1 Prozent oder 5 Prozent. Vor Gericht ist das zulässige Signifikanzniveau jedoch erheblich kleiner, hier wären eigentlich nur Bruchteile von Promillen halbwegs akzeptabel.

Wann wird die Nullhypothese abgelehnt?

Ein statistischer Signifikanztest ist nichts anderes als eine Rechenprozedur, die aufgrund von Beobachtungsdaten angibt, ob eine Nullhypothese zu verwerfen ist oder nicht. Die große Kunst dabei ist natürlich, das Einhalten des Signifikanzniveaus zu garantieren, d. h. in normalem Deutsch: die Wahrscheinlichkeit für einen Fehler erster Art zu kontrollieren. Oder nochmals anders ausgedrückt: Für den Fall, dass H_0 zutrifft, soll in maximal 5 Prozent aller Fälle falsch entschieden werden. Und eine noch größere Kunst besteht darin, aus allen derartigen Prozeduren diejenige auszuwählen, die für den Komplementärfall, dass H_0 nicht zutrifft, auch noch die Wahrscheinlichkeit für einen Fehler zweiter Art minimiert.

Sehr viele der heute verwendeten statistischen Signifikanztests gehen auf den Engländer Ronald A. Fisher zurück. Und dessen Leistungen sollen hier auch nicht geschmälert werden. Jedoch vergessen viele von Fishers Anhängern komplett, was ein Signifikanztest *nicht* besagt. Die traurige, von vielen übersehene und von vielen anderen missbrauchte Wahrheit ist nämlich die, dass ein statistisch signifikantes Testergebnis weit weniger aussagt, als die meisten glauben. Nämlich nur: Wenn die jeweilige Nullhypothese richtig wäre – und das ist ein dickes Wenn – dann würde die Wahrscheinlichkeit, etwa bei einem Signifikanzniveau von 5 Prozent, für das beobachtete oder für noch extremere Ergebnisse höchstens 5 Prozent betragen.

Also noch mal (denn das ist der zentrale Punkt): Wenn die Ausgangshypothese zutrifft (wenn, wenn, wenn), dann kommt ein signifikantes Testergebnis mit maximal 5 Prozent Wahrscheinlichkeit zustande.

Das ist nicht gerade viel. Und hier fängt die Malaise an.

Einmal interpretieren viele Anwender einen signifikanten Test als Beweis, dass die Alternative richtig ist. Die Nullhypothese, dass Genmais keinen Krebs erzeugt, wird abgelehnt? Also erzeugt Genmais Krebs. Die Nullhypothese, Kernkraftwerke hätten nichts mit Leukämie zu tun, wird abgelehnt? Also erzeugen Kernkraftwerke Leukämie. In Kapitel 16 über epidemiologische Falschmeldungen zitieren wir eine von der wohl renommiertesten Wissenschaftszeitschrift *Science* zusammengestellte Liste von mehreren Dutzend vergleichbaren Horrormeldungen, die sich allesamt als Fehlalarme herausgestellt haben.

Fehlalarm deshalb, weil eine abgelehnte Nullhypothese niemals als Beweis gewertet werden darf, dass die Alternative zutrifft. Oder um in der vorigen Abbildung zu bleiben: Ein statistischer Test kann uns niemals sagen, in welcher der beiden Zeilen wir uns befinden. Er sagt einzig und allein: Wenn wir uns in Zeile 1 befinden, dann begehen wir bei Anwendung der von uns gewählten statistischen Signifikanztestprozedur mit maximal 5 Prozent Wahrscheinlichkeit einen Fehler erster Art.

Auch wenn selbst Lehrbücher der Statistik das Gegenteil behaupten:[27] Man kann aus einer abgelehnten Nullhypothese noch nicht einmal die Wahrscheinlichkeit dafür herleiten, dass die Alternative richtig ist. Bei einem Signifikanzniveau von 5 Prozent und einer Ablehnung von H_0 lässt sich niemals herleiten, dass nun die Alternative mit 95-prozentiger Wahrscheinlichkeit zutrifft. Auch dieser Fehler kommt in den Anwendungen häufig vor, in dem im Anhang zitierten Artikel von Krämer und Gigerenzer aus der Zeitschrift *Statistical Science* finden sich zahlreiche Beispiele dafür.

Wir nennen diesen Trugschluss hier einmal den Fehler dritter Art. Dieser Fehler der dritten Art, obwohl weit verbreitet, soll aber im Weiteren nicht in erster Linie interessieren. Denn in leider nur allzu vielen Anwendungen trifft schon die behauptete Ausgangswahrscheinlichkeit für einen Fehler erster Art nicht zu; diese ist in aller Regel sehr viel größer. »Trotz der weitgehenden Akzeptanz eines Signifikanzniveaus von 5 Prozent machen die derzeitigen Standards für die Offenlegung von Details der Datengewinnung und -analyse einen Fehler erster Art erheblich wahrscheinlicher. Faktisch ist es unannehmbar einfach, ›statistisch signifikante‹ Evidenz zu publizieren, die mit jeder Hypothese vereinbar ist.«[28]

Der unterschätzte Fehler erster Art

Also noch mal der zentrale Punkt: Die Wahrscheinlichkeit, eine völlig korrekte Ausgangshypothese zu Unrecht abzulehnen, ist in den meisten Fällen weit größer als die behaupteten 5 Prozent. Eine erste Ursache ist das, was Statistiker gern als »HARKing« bezeichnen (»Hypothesizing After the Results are Known«), also das Hypothesenbilden nach der Kenntnis der Daten. Dass daraus eine extreme Unterschätzung eines Fehlers erster Art folgen kann, darauf hat bereits der große Statistiker William Kruskal hingewiesen: »Fast jeder Datensatz weist, wenn man ihn gründlich genug untersucht, irgendwelche Anomalien auf. Selbst dann, wenn die Daten völlig zufällig erzeugt worden sind. Wenn man also lange genug sucht, findet man immer irgendwelche statistisch scheinbar signifikanten Effekte.«[29] Oder in den Worten des Wirtschafts-Nobelpreisträgers Ronald Coase: »Wenn man die Daten nur lange genug quält, werden sie gestehen.«[30]

Ein berühmtes Beispiel ist eine der ersten bekannten Anwendungen eines Signifikanztests überhaupt, die schon lange unter Astronomen bekannte Tatsache, dass die Umlaufbahnen der Planeten alle in engen Winkeln zueinander stehen. Im Jahr 1734 haben Daniel Bernoulli und sein Sohn Johann die Wahrscheinlichkeit dafür ausgerechnet, dass dies auf Zufall zurückzuführen ist (unter der Voraussetzung, dass die Umlaufbahnen zufällig zustande gekommen sind). In moderner Terminologie haben sie also das empirische Signifikanzniveau (den »prob-value«) eines Tests der Nullhypothese berechnet, dass eine solche zufällige Auswahl vorliegt. Und natürlich wird diese Hypothese bei allen gängigen Signifikanzniveaus abgelehnt.

Schon vorher hatte der schottische Theologe John Arbuthnot mithilfe eines statistischen Signifikanztests bewiesen, dass Gott existiert.[31] Arbuthnot beobachtete, dass etwas mehr Jungen als Mädchen geboren wurden. Nach Arbuthnot gibt es hierfür zwei Erklärungen. Einmal könnte dies purer Zufall sein. Männer haben jedoch ein höheres Sterberisiko als Frauen – sie verunglücken häufiger bei der Jagd und der Arbeit. Daher besteht die zweite Möglichkeit, dass Gott in weiser Voraussicht dafür sorgt, dass mehr Männer als Frauen zur Welt kommen, um den Verlust an Männern auszugleichen. Mit den ihm zur Verfügung stehenden Daten testete er die Nullhypothese, dass gleich viele Frauen wie Männer geboren werden. Und siehe da, diese Nullhypothese konnte abgelehnt werden. Ergo: Gott muss existieren.

Hierbei machte Arbuthnot jedoch gleich mehrere Fehler auf einmal. Zunächst beging er wie viele andere den Fehler dritter Art: Eine abgelehnte Nullhypothese ist niemals ein Beweis dafür, dass die Alternative zutrifft. Dann ist die Existenz von Gott auch nicht die einzige Alternative, sondern es gibt andere: zum Beispiel, dass Mädchen weniger erwünscht waren als Jungen und einige Mädchen nach der Geburt ums Leben gebracht wurden.

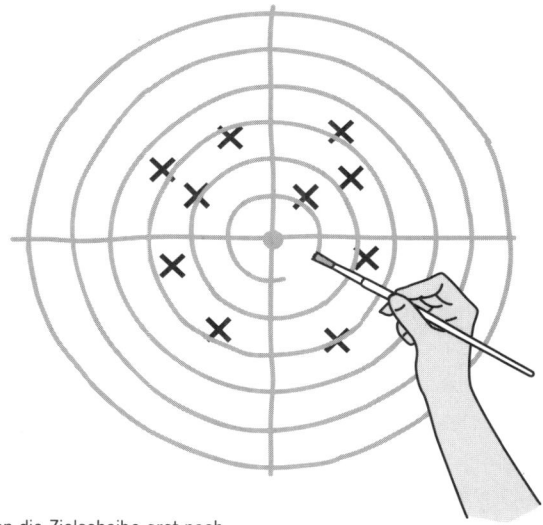

Wenn man die Zielscheibe erst nach
dem Schießen malt, trifft man immer gut.

Da man aber in jedem Datensatz Anomalien finden kann, führt auch jeder Datensatz - bei geeigneter Auswahl der Nullhypothese - zu dem statistisch gesicherten Schluss, dass eine »signifikante« Abweichung von der »Normalität« existiert. Wie wir in Kapitel 7 zeigen, sind fast alle Panikmeldungen der letzten Jahre zum Thema »Leukämie durch Kernkraftwerke« auf diese Art und Weise zustande gekommen. Denn natürlich ist diese Krankheit, wie alle anderen auch, nicht gleichmäßig in der Weltpopulation verteilt, es gibt Cluster allerorten, wie bei anderen Zufallsmustern auch. Und wenn man in den Mittelpunkt eines solchen Clusters einen Punkt legt und die Hypothese aufstellt: »In dieser Umgebung gibt es signifikant mehr Krebsfälle als anderswo«, muss natürlich die

Hypothese eines abwesenden Effektes hoch signifikant verworfen werden.

Ein treffender deutscher Ausdruck für HARKing ist auch »Meisterschützeneffekt«: Jemand schießt wie wild auf ein Scheunentor. Und dann zeichnet er da, wo die meisten Einschlaglöcher liegen, eine Zielscheibe drumherum.

Wer suchet, der findet

Aber auch ohne diesen Meisterschützeneffekt ist vielen statistisch signifikanten Testergebnissen nicht zu trauen. Denn in der Regel sind die publizierten Tests nur die Spitze eines Eisbergs. Daneben gab es noch viele andere, deren Ergebnis man nicht erfährt. In der Fachliteratur ist dieses Phänomen seit Langem als »Data Mining« bekannt: Testet man 100-mal zum Niveau 5 Prozent, wird man im Mittel in 5 Fällen, selbst bei Abwesenheit jeglicher Effekte, signifikante Resultate erhalten, und genau diese sind es dann, die ins Auge fallen und nach einer Publikation zu verlangen scheinen.

Mit dieser Methode ist es uns selbst gelungen, an der Deutschen Börse einen *Geteilt-durch-sieben-Rest-eins-Effekt* nachzuweisen: An Börsentagen, die geteilt durch sieben den Rest eins ergeben, also am 1., 8., 15., 22., und 29. Tag des Monats, hat der deutsche Aktienindex DAX eine signifikant höhere Rendite als sonst.[32]

Wie kam dieses Ergebnis zustande? In funktionierenden Kapitalmärkten dürfen Kalenderinformationen keine abnormalen Renditen erzeugen. Und in aller Regel tun sie das auch nicht. Wer weiß, dass montags die Kapitalmarktpreise fallen, verkauft schon freitags, und der Effekt wird dadurch zunichte. Aber natürlich sind die durchschnittlichen Renditen nicht an allen Wochentagen exakt identisch. Hat man nun ein Auge auf einen ganz bestimmten der vielen Effekte, die in der empirischen Kapitalmarktforschung aufgefallen sind, etwa den Montagseffekt (Preisänderungen sind im langfristigen Durchschnitt von Freitag auf Montag negativ) oder den Januar- und Monatsanfangseffekt (abnormal hohe Renditen am Anfang eines jeden Monats und Jahres), so sagt die mathematische Statistik sehr genau, ab welchen Abweichungen der Zufall als Verursacher auszuschließen ist (immer mit der Warnung im Hinterkopf, dass man mit 5 Prozent Wahrscheinlichkeit dann einen Fehler macht).

Jetzt testen wir mehrere Hunderte, ja Tausende solcher Ausgangshypothesen, jede zu einem Signifikanzniveau von 5 Prozent. Dann werden wir bei 1000 getesteten Hypothesen, die alle richtig sind, dennoch im Mittel 50 finden, die signifikant als falsch verworfen werden. Oder anders ausgedrückt, in 50 Fällen begehen wir einen Fehler erster Art.

Genau das haben wir dann auch getan: Getestet wurden auch noch der Geteilt-durch-sieben-Rest-zwei-, -Rest-drei-, -Rest-vier-, -Rest-fünf-, -Rest-sechs-Effekt, der Geteilt-durch-acht-Rest-eins-, -Rest-zwei-, -Rest-drei-, -Rest-vier-, -Rest-fünf-Effekt – kein Wunder, dass in einem dieser Fälle der Zufall eine vermeintlich »signifikante« Abweichung erzeugt.

In der pharmazeutischen Industrie bestehen ebenfalls hohe Anreize, Data Mining zu betreiben. Angenommen, ein neues Medikament wirkt tatsächlich nicht besser als ein Placebo, so, wie das die Zulassungsbehörde zunächst unterstellt. Der Produzent lässt es in mehreren Studien testen. In der ersten gibt es zwischen Kontroll- und Behandlungsgruppe keine großen Unterschiede, in der zweiten ergeht es den Behandelten sogar etwas schlechter, in der dritten und vierten dagegen mehr oder weniger besser und so weiter. Wenn man damit lange genug fortfährt, wird mit Sicherheit allein der Zufall schließlich eine Abweichung erzeugen, die bei isolierter Sicht eine signifikante Besserung verspricht. Und mit dieser Studie geht man an die Presse.

Die Folge sind »signifikante« Ergebnisse, die sich nicht replizieren lassen. Als im Jahr 2012 Forscher versuchten, den Effekt von 53 veröffentlichten Studien zu Krebsmedikamenten zu replizieren, gelang das in 47 Fällen nicht. In einem Fall wandten sie sich an den leitenden Wissenschaftler einer dieser nicht replizierbaren Studien. Worauf dieser eingestand, die Studie sechsmal durchgeführt, aber den Effekt nur einmal erhalten zu haben. Öfter, als die meisten Nutzer und Verwerter »signifikanter« statistischer Testergebnisse ahnen, ist ein vermeintlicher Effekt, in welcher Angelegenheit auch immer, in Wahrheit nur das Trugbild eines Fehlers erster Art.

Nur abgelehnte Hypothesen sind gute Hypothesen

Einen weiteren Wachstumsschub erhalten die Wahrscheinlichkeiten für einen Fehler erster Art durch die bekannte *Publikationsverzerrung* (»publication bias«). Diese Verzerrung existiert selbst dann, wenn alle Einzelforscher korrekt nach den Regeln der Kunst verfahren und kein Data Mining betreiben. Deshalb heißt dieser Effekt auch *kollektives Data Mining*. Er entsteht durch eine Tendenz quer durch alle Wissenschaften, vor allem solche Ergebnisse zu publizieren, die vom Erwarteten abweichen. Eine Kapitalmarktanalyse etwa des Inhalts, dass an Freitagen, die auf einen 13. fallen, die Aktienmärkte weltweit keinen Deut anders reagieren als an anderen Wochentagen, wird in keiner halbwegs angesehenen Fachzeitschrift der Welt gedruckt. Sollten dagegen die Märkte an solchen Tagen überdurchschnittlich häufig (im Sinne von: signifikant häufiger als in der Hälfte aller Fälle) fallen, ist eine Veröffentlichung fast schon garantiert. Denn auch seriöse Journale publizieren lieber Abweichungen von hergebrachten Theorien, nicht signifikante Resultate bleiben häufiger als signifikante unveröffentlicht.

Als Konsequenz sind daher unter den tatsächlich publizierten wissenschaftlichen Arbeiten aller Fächer weit mehr Fehler erster Art vertreten, als dem offiziellen Signifikanzniveau entspräche. Oder anders ausgedrückt: Wenn Sie irgendwo die dick unterstrichene Bemerkung lesen, dieses oder jenes wäre »hoch signifikant«, dann können Sie beruhigt davon ausgehen, dass es mit mindestens ebenso hoher Wahrscheinlichkeit ein reines Produkt des Zufalls ist. In dem im Folgenden angegebenen Buch der beiden Hamburger Mediziner Beck-Bornholdt und Dubben findet man eine schöne Sammlung von dergleichen Effekten in der Medizin.

Ergänzende Literatur

Beck-Bornholdt, H.-P. und H.-H. Dubben (2004): *Unausgewogene Berichterstattung in der medizinischen Wissenschaft - publication bias.* Hamburg: Institut für Allgemeinmedizin des Universitätsklinikums Hamburg-Eppendorf.

Begley, C. G.: »In cancer science, many ›discoveries‹ don't hold up«. Reuters, 28. März 2012 (abgerufen unter http://www.reuters.com).

Gigerenzer, G., St. Kraus und O. Vitouch (2004): »The Null Ritual. What You Always Wanted to Know About Significance Testing but Were Afraid to Ask«. In: Kaplan, D. (Hrsg): *The Sage Handbook of Quantitative Methodology for the Social Sciences* (Thousand Oaks), S. 391-408.

Krämer, W. (2008): »Verhindert die Statistikausbildung den Fortschritt der Wirtschafts- und Sozialwissenschaften?«. In: *Wirtschafts- und Sozialstatistisches Archiv,* S. 41-50.

Krämer, W. und G. Arminger (2011): »The Cult of Statistical Significance - What Economics Should and Should Not Do to Make their Data Talk«. In: *Schmollers Jahrbuch* 131, S. 455-468.

Kruskal, W. (1968): »Tests of statistical significance«. In: David Sills et al. (ed.): *International Encyclopdedia of the Social Sciences,* New York: McMillan, S. 238-250.

Lovell, M.C. (1983): »Data Mining«. In: *Review of Economics and Statistics* 65, S. 1-12.

7. Die verlorenen Mädchen von Gorleben

»Häufige Leukämie-Erkrankungen in der Nähe von Radio Vatikan.«

Frankfurter Allgemeine Zeitung

Die folgende Meldung der ARD-*Tagesschau* vom 11. März 2013 ist typisch für die oft faktenarme, dafür aber umso ideologiegeladenere Berichterstattung über Strahlengefahren, die vor allem in deutschen Medien zu finden ist: »Japan gedenkt heute der Opfer der verheerenden Erdbeben- und Tsunamikatastrophe von vor zwei Jahren. Ein Erdbeben der Stärke neun hatte damals den Nordosten des Landes erschüttert und eine bis zu 20 Meter hohe Tsunamiwelle ausgelöst. In der Folge kam es zu einem Reaktorunfall im Kernkraftwerk Fukushima. Dabei kamen ungefähr 16 000 Menschen ums Leben. Tausende gelten immer noch als vermisst.«

Diese Meldung suggeriert, durch den Reaktorunfall wären 16 000 Menschen ums Leben gekommen. In Wahrheit sind durch den Reaktorunfall bisher zwei Menschen ums Leben gekommen. Und das auch nicht durch die Strahlenbelastung: Die beiden Mitarbeiter starben zwar auf dem Gelände der Atomanlage, kamen aber durch das Beben oder den Tsunami um.

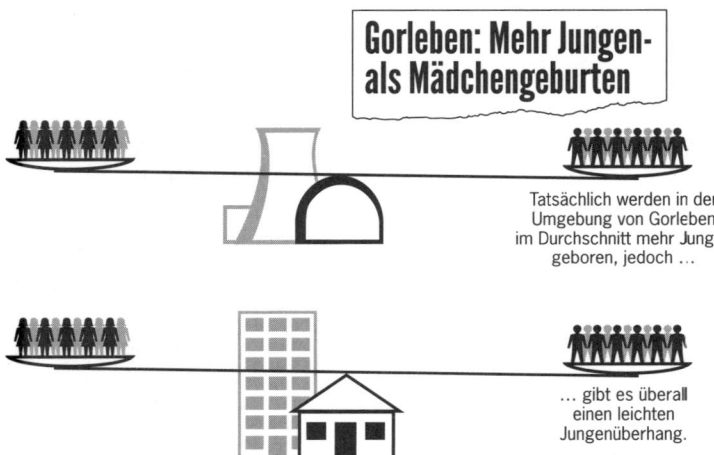

Gorleben: Mehr Jungen- als Mädchengeburten

Tatsächlich werden in der Umgebung von Gorleben im Durchschnitt mehr Jungen geboren, jedoch ...

... gibt es überall einen leichten Jungenüberhang.

Bereits ein Jahr vorher ist ein anderer Fehlalarm, betreffend die »verlorenen Mädchen von Gorleben«, unsere Unstatistik des Monats gewesen. Da hatten vermeintliche Defizite von Mädchengeburten rund um deutsche Atomanlagen die Medien bewegt. Besonders in der Nähe des Atomzwischenlagers Gorleben sei das Jungen-Mädchen-Verhältnis mit 109 zu 100 deutlich gestört. Eine Arbeitsgruppe um den Münchner Epidemiologen Hagen Scherb behauptet, daran sei die von diesen Atomanlagen ausgehende Strahlenbelastung schuld. Insbesondere käme die hohe Jungenquote durch tote Mädchen zustande, die ihre Geburt nicht erlebten.

Diese Behauptung wird aber durch die Fakten nicht belegt. Diese Fakten sagen: Weltweit kommen auf 100 geborene Mädchen zwischen 102 und 109 Jungen (von gewissen ostasiatischen Ländern abgesehen, wo Mädchen systematisch abgetrieben werden und der Jungenanteil nochmals höher ist, in China etwa 112 Jungen auf 100 Mädchen). In den meisten Ländern schwankt diese Zahl über die Jahre zwischen 104 und 107. Am höchsten war sie in Deutschland nach dem Krieg (alte Bundesländer) im Jahr 1950 mit 107,4, am niedrigsten im Jahr 1985 mit 104,9. Auch ist der Jungenanteil nicht für alle sozialen Schichten und Regionen gleich. So steigt etwa der Jungenanteil leicht mit dem Einkommen der Eltern oder dem Körpergewicht der Mutter. Dagegen nimmt die Wahrscheinlichkeit einer Jungengeburt mit dem Alter der Mutter, der Zahl der Geschwister oder einer Umweltbelastung durch Pestizide ab.

Daneben gibt es zahlreiche weitere Theorien, die mit den geringfügigen Schwankungen der Jungenquote gut vereinbar sind. In den Ländern Europas etwa korreliert der Jungenanteil positiv mit der Nähe zum Mittelmeer. In den meisten Fällen dürfte aber eine Variation der Jungenquote ein Produkt des Zufalls sein.

Das gilt umso mehr bei regional begrenzten und daher kleineren Gesamt-Geburtenzahlen, hier tobt sich der Zufall ganz besonders aus. So schwankte etwa die Anzahl Jungen pro 100 Mädchen in einem 40-km-Umkreis um Gorleben in den Jahren von 1970 bis 2010 zwischen 81 und 119 wild hin und her; das Maximum von 119 Jungen auf 100 Mädchen wurde zehn Jahre vor dem ersten Castor-Transport nach Gorleben erreicht. Aber auch Jahre mit mehr Mädchen- als Jungengeburten kamen vor. Und auch nach Beginn der Castor-Transporte gab und gibt es in vielen Gemeinden um Gorleben (Lanz, Cumlosen, Karstädt, Gartow, Luckau, Neu Kaliß usw.) mehr Mädchen- als Jungengeburten. In dieses Chaos ein Muster hineinzulegen ist eine der leichtesten Übungen der Welt.

Schon ein Jahr zuvor war die Scherb'sche Arbeitsgruppe durch einen wissenschaftlich angreifbaren Artikel zu Mädchendefiziten und Strahlenbelastung als Folge von Atomtestversuchen aufgefallen.[33] In dieser Studie wurde unter anderem behauptet, dass der Jungenanteil in Zeiten hoher Belastung durch Atomtests oder Atomunfälle steige, mit unten stehender Grafik als »Beweis«.

Und zwar gebe es hier »Trends«, abgegrenzt durch die senkrechten Linien, die offenbar zu Perioden vermehrter und verminderter Atomtesttätigkeit zu passen scheinen. Insbesondere ginge nach Tschernobyl der Trend in den USA nach unten, in Europa dagegen nach oben.

Aber das Erzeugen von Trends in zufällig erzeugten Zeitreihen ist für einen Statistiker eine der leichtesten Übungen überhaupt. Die folgende Zeitreihe wurde als sogenannter *autoregressiver Prozess erster Ordnung* erzeugt, alle Elemente sind

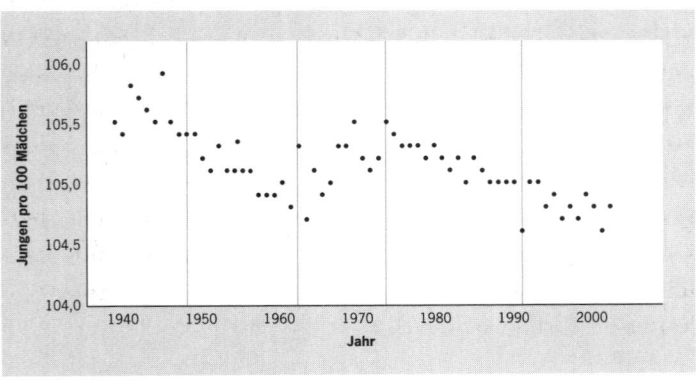

Jungen pro 100 Mädchen in den USA, 1950–2002.

106

rein zufällig, hängen aber positiv von den Vorangängerelementen ab. Und wie leicht zu sehen ist, gibt es auch hier ganz prächtige »Trends«:

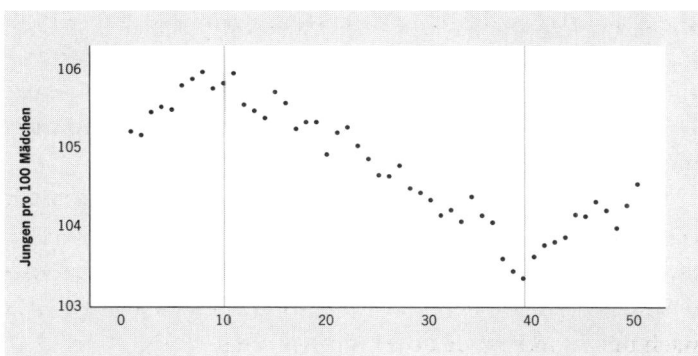

Zufällige »Trends« in einer Zufallsfolge

Was Scherb und andere ferner konsequent missachten, ist die weitaus höhere Belastung durch natürliche ionisierende Strahlen, der die meisten Menschen ständig ausgesetzt sind: Höhenstrahlung, Radon, Röntgenstrahlen usw. Nach Ansicht der Vereinten Nationen übertrifft diese Belastung bei Weitem diejenige aus künstlichen Quellen (»For most individuals, this exposure exceeds that from all man-made sources combined«)[34]. Nach Scherb und anderen müssten also unsere Körperzellen wissen, wo die ionisierende Strahlung herkommt. Kommt sie aus dem Weltall oder aus Felsspalten mittels Radon, ist sie unschädlich, kommt sie aus einem Atomkraftwerk, bringt sie uns um.

Das große Rätsel Leukämie

Damit fügen sich diese Studien nahtlos in eine unrühmliche Reihe pseudowissenschaftlicher Attacken gegen die friedliche Nutzung der Atomkraft ein. Neben dem erst neuerdings ins Zentrum gerückten vermeintlichen Defizit von Mädchengeburten dient dabei vor allem das angeblich gehäufte Vorkommen von Leukämie-Erkrankungen in der Nähe von Atomanlagen als ein Argument.

Wahr ist: Jedes Jahr sterben in Deutschland tatsächlich mehr als 7000 und weltweit mehr als 250000 Menschen an dem bösartigen Blutkrebs Leukämie. Diese Krankheit wurde erstmals im Jahr 1845 von Rudolf Virchow beschrieben und hat ihren Namen von dem griechischen »leukos« = weiß und »haima« = Blut. Denn Leukämien zeichnen sich durch die vermehrte Bildung von weißen Blutkörperchen (Leukozyten) und ihren funktionsuntüchtigen Vorstufen aus, die durch ihr Übermaß die gesunden Zellen derart an der Arbeit hindern, dass man daran stirbt. Die Krankheit beginnt durch Entartung einer einzigen Zelle, deren Erbgut sich schlagartig verändert. Alle Abkömmlinge dieser Zelle entarten dann ebenfalls, verbreiten sich im Knochenmark und behindern dort die normale Blutbildung, können aber auch die Leber, die Milz und weitere Organe befallen und deren Arbeit stören.

Die reduzierte Anzahl gesunder Zellen macht den Patienten anfällig für Infektionen, die Lymphknoten schwellen an, Milz und Leber vergrößern sich, auch Knochenschmerzen treten auf. Unbehandelt führen akute Leukämien in wenigen Monaten zum Tod. Heute wird versucht, der Krankheit mit Chemotherapie und Knochenmarktransplantationen beizukommen, die Erfolgsquote liegt bei knapp 50 Prozent. Einer der prominentesten Patienten der letzten Zeit war Raissa Gorbatschowa, die Frau des ehemaligen russischen Staatpräsidenten. Leider blieb die Therapie erfolglos, Frau Gorbatschowa ist im September 1999 in der Universitätsklinik in Münster an Leukämie gestorben. Ein anderes prominentes Opfer, der Tenor José Carreras, hat dagegen erfolgreich gegen die Erkrankung gekämpft.

Dennoch ist natürlich jeder vermeidbare Fall von Leukämie ein Fall zu viel. Und zugleich ein Appell an die Wissenschaft, nach den Ursachen zu suchen. Und damit sind wir auch schon mitten im Problem. Denn zu den unmittelbaren Ursachen der Leukämie weiß man bisher nicht viel. Als mögliche Verursacher werden Viren, eine genetische Vorbelastung, Chemikalien wie etwa Benzol oder extreme Dosen ionisierender Strahlung diskutiert. So tritt etwa Leukämie bei den Überlebenden der Atombombenabwürfe in Hiroshima und Nagasaki häufiger auf als im Durchschnitt der japanischen Bevölkerung. Auch bei den Überlebenden von Tschernobyl ist die Leukämierate erhöht. Und Gleiches ist möglicherweise auch in der Region Fukushima zu erwarten.

Und damit steht für einen großen Teil der Medien und der Öffentlichkeit der Schuldige - die Kernkraft - auch schon fest. Und wird gegen alle Regeln der Vernunft gegen Gegenargumente abgeschirmt. Denn wenn es eine von nun wirklich *allen* Fachleuten als unbestritten angesehene Erkenntnis der weltweiten Leukämieforschung gibt, dann die, dass die im Normalbetrieb (!) von kerntechnischen Anlagen emittierte Strahlung weit unterhalb jeder Gefahrengrenze liegt, sie wird von der Belastung durch natürliches Radon oder durch medizinische Diagnostik bei Weitem übertroffen.

Krümmel und kein Ende

Der Zusammenhang zwischen Kernkraftwerken und Leukämie geriet vor allem durch die bekannten Häufungen von Leukämiefällen bei Kindern um das Kraftwerk Krümmel an der Unterelbe in die deutschen Medien. Kinder sind anfälliger gegen Strahlenschäden als Erwachsene. Wenn also kerntechnische Anlagen tatsächlich Leukämie erzeugen, sollte das als Erstes bei Kindern auffallen. Und tatsächlich sind von 1990 bis 2009 in der Elbmarsch nahe Krümmel 19 Kinder an Leukämie erkrankt, dreimal mehr als zu erwarten. Für sich alleine gesehen ist das kaum durch Zufall zu erklären. Die Wahrscheinlichkeit, dass um ein gegebenes Kernkraftwerk eine derartige Häufung allein durch Zufall auftritt, ist so klein, dass man im Umkehrschluss behaupten darf: Der Zufall war es nicht, da muss eine andere Ursache dahinterstecken. Genau das ist ja auch die Logik statistischer Signifikanztests, die in Kapitel 6 behandelt worden sind.

Aber um diese immer wieder kolportierte minimale Wahrscheinlichkeit geht es gar nicht! Was wir brauchen, ist die Wahrscheinlichkeit, dass um *irgendein* Kernkraftwerk in *irgendeinem* Zeitraum dreimal mehr Leukämiefälle auftreten als anderswo, und die ist so gut wie 100 Prozent.

Die Wahrscheinlichkeit, dass eine bestimmte Person nächsten Samstag im Lotto mit einem einzigen Tipp den Hauptgewinn erzielt, ist 1 zu 24 Millionen, also so gut wie null. Trotzdem gewinnt fast jeden Samstag irgendwer den Hauptgewinn im Lotto.

Der Krümmel-Cluster beweist also recht wenig. Er ist einer von insgesamt 240, die im Rahmen der sogenannten EUROCLUS-Studie bei der Erhebung von 13 351 Fällen kindlicher Leukämie in insgesamt 17 Ländern gefunden worden sind. Nur bei vier der 240 identifizierten Cluster ist ein Kernkraftwerk in der Nähe.[35]

Mit der gleichen Logik könnten wir auch beweisen, dass Kernkraft Schweißfüße oder Haarausfall erzeugt - mit einer Wahrscheinlichkeit nahe 1 gibt es irgendwo auf der Welt ein Kernkraftwerk, in dessen Nähe Kahlköpfe besonders häufig sind. Wer sucht, der findet. In den USA z. B. findet man signifikant mehr Leukämie in der Nähe von katholischen Kirchen.

Die Greiser-Studie

Der vorläufig letzte Versuch zur politisch motivierten Konstruktion von Schuldindizien ist eine von der Partei Bündnis 90/Grüne in Auftrag gegebene Studie des Bremer Epidemiologen Eberhard Greiser.[36] Darin wird zum x-ten Mal unter Missachtung fast aller Regeln der mathematischen Statistik »nachgewiesen«, dass in der Nähe von Kernkraftwerken »signifikant« mehr Leukämiefälle bei Kindern auftreten als anderswo. Die wichtigsten Indizien dafür sind Tabellen wie die folgende; sie stellt für Kinder unter 5 Jahren und für insgesamt 69 Kraftwerke die Zahl der in der Nähe aufgetretenen Leukämiefälle den erwarten Fällen gegenüber, wenn dort die Leukämiehäufigkeit die gleiche wäre wie im Rest des jewei-

111

Land	Kernkraftwerke	Erwartete Fälle	Tatsächliche Fälle
Kanada	2	47,7	58
Frankreich	19	108,0	114
Deutschland	15	524,8	593
UK	9	43,8	50
US	24	1 244,4	1 312
insgesamt	69	1 968,7	2 127

Tatsächliche und erwartete Fälle von Leukämie bei Kindern unter fünf Jahren

ligen Landes. Für England zählt Greiser dabei nur Fälle von akuter myeloischer Leukämie. Und siehe da: In der Nähe von Kernkraftwerken gibt es 159 Fälle mehr.

Aber wo bleiben die übrigen potenziellen Strahlenemittenten? Derzeit gibt es über 1000 Nuklearanlagen auf der Welt; weniger als 80 davon gehen in die Greiser-Analyse ein (in die obige Tabelle sogar nur 69). Was ist mit den anderen? Selbst wenn man sich wie Greiser nur auf Kernkraftwerke beschränkt, also Wiederaufbereitungsanlagen, Atombombenfabriken oder Urananreicherungsanlagen weglässt, bleiben immer noch über 150 Kraftwerkstandorte übrig, wo man über Leukämie und Kernkraft nicht viel weiß. Und das vermutlich deshalb, weil nichts vorgefallen ist. In Deutschland etwa liegen die Erkrankungsraten für Kinder bis 14 Jahre in der Nähe der Kraftwerke Brokdorf, Brunsbüttel, Grohnde, Gundremmingen, Stade, Phillipsburg, Lingen und Würgassen unter dem Landesdurchschnitt. Lägen sie darüber, wären die

Panikmeldungen schon programmiert. Deswegen ist es auch kaum vorzustellen, dass eine Leukämiehäufung in der Nähe von Kernkraftwerken in Spanien, Finnland, der Schweiz oder Japan in den Medien unbemerkt geblieben wäre. Diese Länder kommen in der Greiser-Studie aber überhaupt nicht vor. Und wenn, wie etwa in Schweden, tatsächlich einmal eine Studie mit dem Befund »nichts aufzufinden« den Weg in die Journale findet, wird sie in aller Regel ignoriert.

Aber bis zu einer Publikation in einem Fachjournal bringen es viele befundlose Studien überhaupt nicht erst. Für diese sind vor allem Ergebnisse außerhalb des erwarteten interessant. In der wissenschaftlichen Fachliteratur ist das als »Publikationsverzerrung« bekannt (»publication bias«); dieses Thema kam in Kapitel 6 schon einmal vor. In Kanada etwa sind seit der Uralt-Studie zum Zeitraum 1964 bis 1986, auf die Greiser sich bezieht, keine weiteren Häufungen bekannt geworden.

Der größte Fehler der Greiser-Studie wie auch vieler anderer zum Thema »Leukämie und Kernkraft« ist aber die teilweise oder gar völlige Missachtung weiterer Faktoren, die mit Kinderleukämie in enger Verbindung stehen. Einer zum Beispiel ist die Ethnizität. In den USA hat sich bei weißen Kindern eine mehr als doppelt so hohe Leukämieanfälligkeit als bei farbigen Kindern herausgestellt; am stärksten verbreitet ist Leukämie bei Latinos, am wenigsten bei Ureinwohnern. Weitere unstreitig etablierte Risikofaktoren sind das Geschlecht (amerikanische Jungen erkranken um 30 Prozent häufiger als Mädchen) oder auch der soziale Status der Eltern – je höher, desto riskanter für die Kinder.[37] Als Ursache wird vermutet, dass Kinder aus begüterten Verhältnissen

113

isolierter aufwachsen und damit in frühen Jahren weniger Kontakte mit Altersgenossen und damit weniger Möglichkeiten zur Entwicklung von Antikörpern haben. In Schottland etwa beträgt die Differenz der Leukämieraten zwischen den reichsten und den ärmsten Gegenden unabhängig von Atomkraftwerken an die 50 Prozent.

Auch scheinen abnormale Bevölkerungsbewegungen die Kinderleukämie zu fördern. Nach einer englisch-chinesischen Studie etwa hat die Kinderleukämie in Hongkong nach dem jüngsten Zuzug von Millionen Neubürgern spürbar zugenommen. Und in den USA gehen oft die lokalen Leukämieraten sofort in die Höhe, wenn irgendwo ein neuer Luftwaffenstützpunkt eingerichtet wird. So wäre also auch bei Kraftwerken, in deren Nähe tatsächlich erhöhte Leukämieraten festgestellt worden sind, zunächst einmal festzustellen, ob dort auch andere Faktoren aus dem Rahmen fallen.

Besonders auffällig ist dies bei dem Kraftwerk San Onofre im San Diego County in Südkalifornien, mit dem die ganze von uns kritisierte Studie steht oder fällt – hier ist der Überhang der beobachteten über die erwarteten Fälle von allen betrachteten Kraftwerken mit großem Abstand am größten: Käme Leukämie bei Kindern in der Umgebung – gemeint ist damit das San Diego County – genauso häufig vor wie im Rest der USA, wären dort laut Greiser von 2001 bis 2006 insgesamt 177 Fälle zu erwarten. Tatsächlich gab es aber 281.

Nun sind aber alle bekannten Risikofaktoren für Kinderleukämie in San Diego County höher, zum Teil sogar weitaus höher als normal. In der dem Kraftwerk am nächsten gelegenen Stadt San Clemente z. B. beträgt der Anteil der weniger leukämieanfälligen Afroamerikaner an der Gesamtbevölkerung weniger als 1 Prozent. Dagegen leben dort überdurchschnittlich viele reiche Menschen – San Diego ist die viertreichste Stadt der USA – oder solche hispanischer Abstammung, deren Kinder als besonders leukämieanfällig ausgewiesen sind. Außerdem ist San Diego auch noch die größte Marinebasis auf der ganzen Welt mit einer überdurchschnittlich hohen Zahl von Menschen, die dort jährlich hin- und wegziehen. Und wem das alles noch nicht reicht: Das Kraftwerk ist mehr als 200 km von den Menschen entfernt, die es angeblich mit Strahlen verseuchen soll.

Schließt man aber das Kraftwerk San Onofre von der Analyse aus, zählen für England *alle* Fälle von akuter Leukämie, nicht nur wie von Greiser die Fälle von akuter myeloischer Leukämie. Fügt man dann einige von Greiser missachtete neuere Daten aus Deutschland ein, treten in der Nähe von Kernkraft-

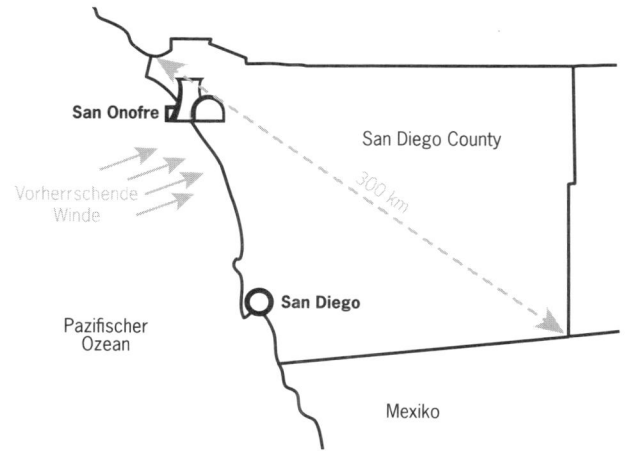

San Diego County und das San-Onofre-Kernkraftwerk

Land	Kernkraftwerke	Erwartete Fälle	Tatsächliche Fälle
Kanada	2	47,7	58
Frankreich	19	108,0	114
Deutschland	15	623,7	619
U.K.	13	374,9	360
U.S.	23	1 067,9	1 031
Zusammen	**72**	**2 222,2**	**2 182**

Tatsächliche und erwartete Fälle von Leukämie bei Kindern unter fünf Jahren, Version 2

werken nicht *mehr* Leukämiefälle auf als zu erwarten wären, sondern 40 Fälle *weniger* (siehe Abbildung oben). Kann sich jemand die ARD-*Tagesthemen* vorstellen mit der Meldung: »Entwarnung, falscher Alarm, Kernkraft schützt vor Leukämie«?

Das wäre die gleiche unbestätigte Wackelhypothese wie das Gegenteil. Nur: Die eine wird gesendet, die andere nicht.

Ergänzende Literatur
Krämer, W. (2012): »The human sex odds at birth after the atmospheric atomic bomb tests, after Chernobyl, and in the vicinity of nuclear facilities: Comment«. In: *Environmental Policy and Pollution Research* 19 (4), S. 1332–1334.
Krämer, W. und G. Arminger (2011): »True believers or: Numerical terrorism at the nuclear power plant«. In: *Jahrbücher für Nationalökonomie und Statistik* 213, S. 608–620.
UNSCEAR (2000): *Report on Sources and Effects of Ionizing Radiation to the General Assembly* (2 Bände). Wien: Vereinte Nationen.

8. Polen sind fleißiger als Deutsche

»Während einer nur Zahlen und Zeichen im Kopf hat, kann er nicht dem Kausalzusammenhang auf die Spur kommen.«

Arthur Schopenhauer

Viele unserer Unstatistiken sind zu solchen geworden, nicht weil die Zahlen lügen, sondern weil man sie falsch interpretiert. Könnte das auch unserem Bundespräsidenten passiert sein? Anlässlich eines Treffens mit den Staatsoberhäuptern Italiens und Polens sagte Gauck unter anderem (vermutlich als Höflichkeitsgeste den polnischen Teilnehmern gegenüber, aber vielleicht auch, um eine gewisse Überheblichkeit deutscher Werktätiger ihren Kollegen östlich der Oder gegenüber etwas zu dämpfen): »Polen sind fleißiger als Deutsche.«

Und tatsächlich: Laut OECD-Statistik leisten Polinnen und Polen pro Jahr im Durchschnitt 1937 Stunden Erwerbsarbeit, die in dieser Statistik erfassten Deutschen dagegen nur 1413 Stunden. Das sind mehr als 500 Stunden weniger. Auf den ersten Blick scheint Gauck also Recht zu haben.

Auf den zweiten Blick ist diese Sicht der Dinge aber nicht zu halten. Einmal ist gerade diese Statistik besonders messfehleranfällig. Viele Überstunden und ein großer Teil der

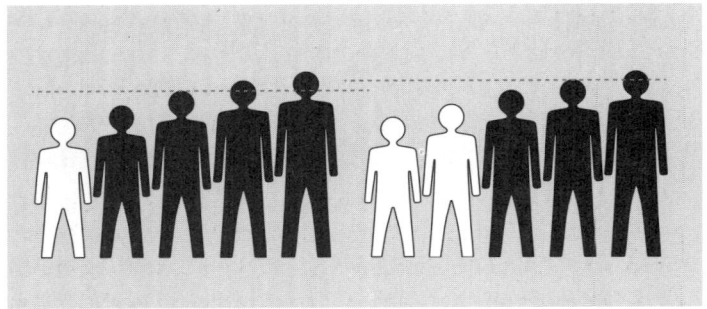

Unterschiedliche Durchschnitte? In Wirklichkeit ist der Durchschnitt in beiden Populationen gleich, wird aber nur die Teilmenge der schwarzen Männchen betrachtet, ist der Durchschnitt links kleiner.

Arbeit aller Selbstständigen etwa fallen aus dieser Statistik schon einmal komplett heraus. Zudem erfasst sie nur Personen, die auch tatsächlich einer Erwerbsarbeit nachgehen. Das waren etwa im Jahr 2011 in Deutschland 76 Prozent, in Polen jedoch nur 65 Prozent aller Bürger im Alter zwischen 20 und 64 Jahren. Insbesondere gehen in Deutschland viel mehr Menschen als in Polen einer Teilzeitarbeit nach, bringen also nur wenige Stunden pro Woche in diese Statistik ein. Würde man also nur die Vollzeitarbeitskräfte vergleichen oder die geleisteten Arbeitsstunden durch *alle* Bürger im erwerbsfähigen Alter teilen, ergäbe sich ein völlig neues Bild.

Vergleichen wir zur Veranschaulichung dieses Effektes statt der geleisteten Arbeitsstunden einmal etwas anderes, etwa die durchschnittliche Körpergröße. In Polen nehmen alle Menschen größer als 180 cm daran teil, in Deutschland alle Menschen größer als 170 cm. Wo ist die durchschnittliche Körpergröße höher?

Man muss nicht lange überlegen: Selbst bei identischen

118

Verteilungen in den beiden Populationen wäre der gemessene Durchschnitt in Polen größer.

Völlig außer Acht bleiben bei dem Gauck-Vergleich auch die private Kinderbetreuungs-, Haus- und Gartenarbeit sowie der Wert der tatsächlich während der Arbeitszeit produzierten Güter und Dienstleistungen. Laut OECD erzeugte hier im Jahr 2011 ein polnischer Arbeitnehmer in einer Stunde Waren und Dienstleistungen im Wert von durchschnittlich 26,20 Euro, ein deutscher Arbeitnehmer im Wert von 55,30 Euro. Man sollte also nicht wie unser Bundespräsident die Arbeit nur an der Zeit messen, die man arbeitet, sondern auch an dem Produkt, das während dieser Zeit entsteht.

Stress in der Lehre?

Eine ähnliche Fehlinterpretation solcher durchaus korrekten Zahlen liegt auch einer weiteren Unstatistik zugrunde, der Aussage: »Jeder vierte Azubi schmeißt seine Ausbildung hin«, die so oder ähnlich in vielen deutschen Zeitungen und Zeitschriften zu lesen war.

In Wahrheit schmeißt längst nicht jeder vierte Lehrling seine Ausbildung hin. Wahr ist: Jedes vierte Ausbildungsverhältnis wird vorzeitig aufgelöst. Laut einer Befragung des Bundesinstituts für Berufsbildung[38] verbleiben jedoch mehr als 60 Prozent dieser Lehrlinge im Bildungssystem, etwa durch einen Wechsel auf eine andere Lehrstelle, den Beginn einer neuen Ausbildung oder die Aufnahme eines Studiums. Insbesondere wird von den 25 Prozent Auszubildenden mit vorzeitig gelöstem Ausbildungsvertrag noch nicht einmal jeder Fünfte arbeitslos. Insgesamt wirft also nur etwa jeder 20. Azubi seine Ausbildung hin in dem Sinne, dass er oder sie dann in die Arbeitslosigkeit abgleitet.

Die hohe Kunst des Interpretieren von Statistiken, speziell jener zur Pünktlichkeit, beherrscht auch die Deutsche Bahn AG. Diese hatte einmal im Rahmen einer »Transparenzoffensive« in ihrem Internetportal ein Pünktlichkeitsmaß von 96,5 Prozent publiziert. Denn schließlich, so die Bahn, liefen in dem fraglichen Monat tatsächlich 96,5 Prozent aller Züge inklusive S-Bahnen ihre Haltepunkte des Nah- und Fernverkehrs pünktlich an.

Regelmäßige Bahnfahrer können sich darüber nur die Augen reiben. So wie wir. Was ist hier faul?

Als Erstes die Definition von Pünktlichkeit. In Japan gilt ein Zug als pünktlich, wenn er einen Haltepunkt mit weniger als 2 Minuten Verspätung erreicht. In der Schweiz sind 3 Minuten erlaubt, aber die Deutsche Bahn AG zählt einen Zug auch dann noch als pünktlich, wenn er mit 5 Minuten Verspätung ankommt. Erst ab der 6. Verspätungsminute ist ein Zug nicht pünktlich angekommen.

Aber selbst mit dieser Konzession an den Pünktlichkeitsbegriff erscheint eine Zahl von 96,5 Prozent pünktlicher Züge den meisten Bahnreisenden immer noch wie ein Märchen. Und ein Märchen ist es in gewisser Weise auch. Denn die Bahn verwechselt pünktliche Zugankunft mit pünktlich angekommenen Zuginsassen. Einen Wert von 96 Prozent pünktlicher Züge erreicht man bereits, wenn beispielsweise die Züge der Bahn durchschnittlich 25 Haltestellen anfahren und alle diese Züge zwar am Zielbahnhof um mehr als 6 Minuten zu spät ankommen, unterwegs aber immer unter dieser Grenze bleiben. Nur bei einem von 25 Haltepunkten, also bei 4 Prozent, würde nach den Kriterien der Deutschen Bahn Verspätung angezeigt.

Aber dieser eine Haltepunkt ist für viele Passagiere der entscheidende, und vor allem darauf kommt es an.

Den Prozentsatz der Züge, die pünktlich (d. h. mit einer Verspätung von weniger als 6 Minuten) ihren Zielbahnhof erreichten, sucht man bei der Bahn vergebens. Darüber hinaus zählen Totalausfälle nicht als verspätet mit. Ferner sagt diese Statistik nichts über die Zahl der Fahrgäste, die pünktlich ihr Ziel erreichten, und über deren durchschnittliche Verspätung. Bei verpassten Anschlüssen addiert sich zu den Zugverspätungen hier noch die Wartezeit hinzu.

Ein Vorbild hierzu ist die Schweizer Bahn. Sie legt nicht nur im Vergleich zur Deutschen Bahn härtere Kriterien an, sie weist auch die Anteile der pünktlich angekommenen Züge und Reisenden sowie die jährlichen Verspätungsminuten aller Reisenden aus. Täte die Deutsche Bahn das Gleiche, sähe ihre Statistik wahrscheinlich bei Weitem nicht so rosig aus.

Antibiotika in der Hähnchenmast

Auch Johannes Remmel, Umweltminister des Landes Nordrhein-Westfalen, ist vor Fehlinterpretationen nicht gefeit, auch wenn uns sein Pressesprecher versichert hat, der Minister könne sich nicht irren. Dieser ließ in einer Pressemitteilung verlautbaren, dass 96,4 Prozent aller in NRW verkauften Hähnchen mit Antibiotika behandelt wurden. Dies besagte eine Studie des Landesamts für Natur, Umwelt und Verbraucherschutz NRW.

Hier ist Umweltminister Remmel, und mit ihm viele andere, die diese Zahl verbreitet haben, einem Irrtum aufgesessen, bei dem Masttiere und Mastbetriebe verwechselt werden. Wahr ist vermutlich, dass nur 3,6 Prozent der Hähnchen in Betrieben aufgezogen wurden, die grundsätzlich auf Antibiotika verzichten. Es gibt aber viele Mastbetriebe, die einmal bei einem Mastdurchgang Antibiotika einsetzen und beim nächsten Durchgang nicht. Der Prozentsatz von 96,4 Prozent antibiotikabehandelten Masthähnchen zählt also fälschlicherweise alle gemästeten Hähnchen dieser Betriebe als antibiotikakontaminiert. In Wahrheit war dieser Prozentsatz kleiner.

Um wie viel genau, hängt davon ab, in welchen Mastdurchgängen Antibiotika verabreicht wurden. Nach einer genaueren Betrachtung der dieser Zahl zugrunde liegenden Studie ist dies bei 83 Prozent der untersuchten Mastdurchgänge der Fall. Aber auch diese Zahl liefert keinen Hinweis, wie viele Hähnchen tatsächlich mit Arzneimitteln behandelt wurden, da sich die Anzahl der Hähnchen je Mastdurchgang stark unterscheidet.

Mehr Aufschluss liefert eine Untersuchung des Niedersächsischen Ministeriums für Ernährung, Landwirtschaft, Verbraucherschutz und Landesentwicklung, die auch die tatsächliche Anzahl der behandelten Masthühner ausweist. Demnach wurden 76 Prozent der Masthühnchen in Niedersachsen mit Antibiotika behandelt. Das mag man immer noch als exzessiv beklagen, aber von den fast 100 Prozent in Nordrhein-Westfalen ist das doch noch um einiges entfernt.

Aufgrund unserer Unstatistik hat das Landesamt für Natur, Umwelt und Verbraucherschutz NRW noch einmal nachgerechnet und kommt zu dem Ergebnis, dass nicht 96,4 Prozent, sondern nur 92,5 Prozent der Hähnchen in der Stichprobe mit Antibiotika behandelt wurden.[39] Diese Zahl haben wir jedoch nicht noch einmal geprüft. Unser einschlägiges Angebot hat das Landesamt abgelehnt.

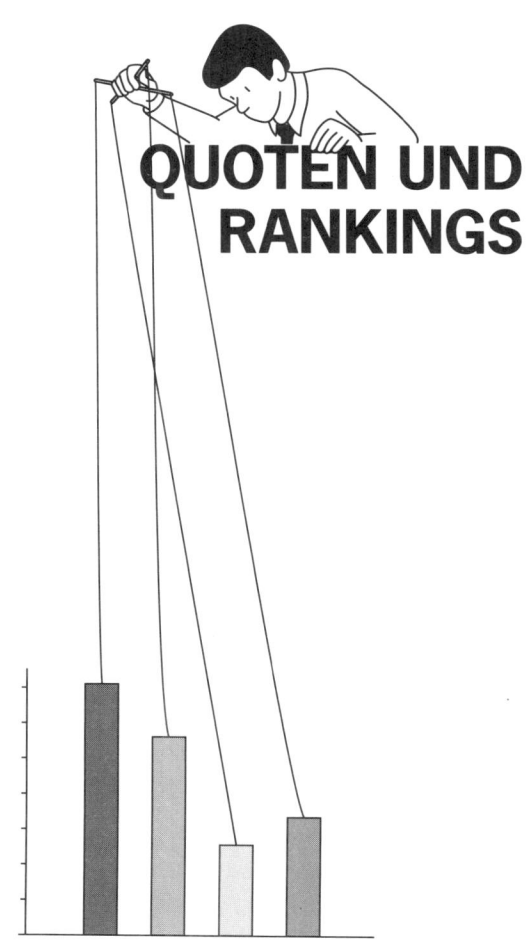

QUOTEN UND RANKINGS

9. Arbeitslosenquoten leicht gemacht

»Nur mit Statistik-Tricks lässt sich die
Arbeitslosenzahl verringern.«
Die Welt

Wie viele Menschen sind in Deutschland arbeitslos? Die Antwort scheint grundsätzlich einfach zu sein, wenn auch das konkrete Zählen Schwierigkeiten macht. Wie in der Schule, wenn der Lehrer nachzählt: Wer ist heute krank?, werden die Arbeitslosen abgezählt, Bezirk für Bezirk aufaddiert und einmal im Monat in Nürnberg einer erschrockenen oder erfreuten Öffentlichkeit bekannt gegeben. Dann heißt es, wie etwa zur Jahreswende 2013/2014: Im Dezember 2013 waren 2 872 783 Menschen in Deutschland arbeitslos.

Man muss nicht Statistiker von Beruf sein, um die Fallstricke hinter dieser Zählerei zu sehen. Wer ist eigentlich arbeitslos, und wer wird hier gezählt? Warum ist ein nur marginal an Arbeit interessierte Hartz-IV-Empfänger arbeitslos, der verzweifelt nach Arbeit suchende Akademiker, der gerade eine Umschulung zum Gartenbautechniker absolviert, dagegen nicht? Und warum sind in Griechenland mehr als

60 Prozent aller jungen Menschen arbeitslos, in Deutschland dagegen weniger als 10 Prozent?

Hier kommen fast alle Aspekte des sogenannten *Adäquationsproblems* zusammen, auf die man beim Datensammeln stoßen kann: Der Begriff »Arbeitslosigkeit« als solcher lässt verschiedene Ausdeutungen zu, selbst Profis streiten, wie das Ganze eigentlich zu messen sei, und die Versuchung, zum eigenen Vorteil an dieser Zahl herumzudoktern, ist wegen der Bedeutung des Themas ganz besonders groß. Kommt dann noch eine hoffnungslose Überlastung einer einzigen Zahl mit allzu vielen, zum Teil unvereinbaren Informationspflichten hinzu, ist die Katastrophe perfekt. Denn die Arbeitsmarktstatistik »ist eine Dienerin vieler Herren und entsprechend manipulierbar«, so Claudia Bröll einmal in der *FAZ*. »So dient sie einmal der Regierung, um ihre Politik zu rechtfertigen, und gleichzeitig der Opposition, um Versäumnisse der Regierung anzukreiden. Sie ist den Verbandsvertretern zu Diensten, die Reformen anmahnen, und den Gewerkschaften, die sich schon im Vorfeld gegen diese Reformen wehren wollen. Wozu sie allerdings zu wenig dient, ist ihrem eigentlichen Zweck, nämlich ein möglichst exaktes Bild der Wirklichkeit widerzuspiegeln.«

Spielball der Politik

Zu Zeiten der vorläufig letzten schwarz-gelben Koalition zählte man in Deutschland rund 3 Millionen Arbeitslose. Wie nicht anders zu erwarten, meinte die da noch in der Opposition befindliche SPD, assistiert von der Partei Die Linke, es seien in Wahrheit weitaus mehr. Im August 2012 etwa 3,7 Millionen statt der amtlich gemeldeten 2,9 Millionen, wie in einem Papier der Linken nachzulesen. Die Regierung rechne sich systematisch die Arbeitslosenzahlen klein.

Drei Jahre zuvor, zur Zeit der damaligen großen Koalition, stritt dagegen der damalige Bundesarbeitsminister Olaf Scholz (SPD) dergleichen Effekte kategorisch ab: »Alles, was an Effekten durch arbeitsmarktpolitische Maßnahmen entsteht, wird jedes Mal zusammen mit der Arbeitsmarktstatistik veröffentlicht. (...) Ich glaube, dass man sich auf die Seriosität dieses Prozesses verlassen kann.« Könne jemand andere Zahlen errechnen, so könne dieser ja ein Flugblatt drucken.

Wiederum einige Jahre zuvor, als die SPD noch mit den Grünen regierte, war der damals oppositionellen CDU kein Argument zu billig, um der Regierung eine Beschönigung der Arbeitslosenzahlen vorzuwerfen. »Kanzler Schröder hat rund 6 Millionen Arbeitslose zu verantworten: 4 Millionen offiziell gezählte und rund 1,8 Millionen statistisch nicht erfasste Arbeitslose«, klagte die CDU. Die amtliche Arbeitslosenzahl sei also viel zu niedrig.

Die SPD dagegen hielt damals die amtliche Arbeitslosenzahl für viel zu hoch: Bis zu 1,2 Millionen Menschen, so SPD-Bundestagsfraktionschef Struck im März 2002, die in der aktuellen Arbeitslosenstatistik enthalten seien, suchten weder einen Job noch wollten sie vermittelt werden. Diese Menschen müssten also von den amtlichen Arbeitslosenzahlen abgezogen werden.

Ganz allgemein treffen alle Versuche, durch Verwaltungstricks die Arbeitslosenzahlen zu senken, stets auf den Widerstand der jeweiligen Opposition. »Amtsärzte fälschen bei den

Arbeitslosen«, klagte 1992 die SPD-nahe Gewerkschafterzeitung *Metall*. In den vergangenen Jahren seien Tausende von Arbeitslosen durch falsche amtsärztliche Gutachten als arbeitsunfähig eingestuft und so dem Arbeitsmarkt entzogen worden. Zu Zeiten der rot-grünen Koalition hörte man dergleichen Töne eher von der CDU, zu Zeiten der schwarz-gelben Koalition dann wieder von der SPD.

Während diese Zeilen entstehen, regiert in Berlin Schwarz-Rot. Wir sind gespannt, was die Opposition aus einem Bericht des *Spiegel* unter dem Titel »Mit allen Mitteln« macht. Da wird unter anderem auf Basis eines Berichts des Bundesrechnungshofs behauptet, die Bundesagentur für Arbeit vermittele Arbeitslose in sinnlose Maßnahmen, angeheizt auch durch Leistungsprämien für die Mitarbeiter, die an die Erreichung bestimmter Vorgaben geknüpft sind.

Die Statistik hat das Wort

Ausgangspunkt aller dieser Debatten sind die »offiziellen« deutschen Arbeitslosenzahlen, so wie allmonatlich von der Nürnberger Bundesanstalt für Arbeit ermittelt und bekannt gegeben. Nach dieser Statistik zählt als arbeitslos, wer (i) mindestens 15 Stunden in der Woche gegen Entgelt arbeiten will, (ii) nicht nur vorübergehend Arbeit sucht, (iii) älter als 15 und jünger als 66 Jahre ist, (iv) dem Arbeitsmarkt unmittelbar zur Verfügung steht sowie (v) bei einem Arbeitsamt offiziell als arbeitssuchend gemeldet ist. Jedes dieser fünf Kriterien ist zu erfüllen. Wer etwa die obligatorische Drei-Monats-Meldung versäumt, fällt sofort, obwohl weiterhin ohne Arbeit, aus der

Statistik heraus. In aller Regel holen Arbeitslose diese Meldung später nach, aber in der Zwischenzeit wird man nicht mehr gezählt.

Es ist also gar nicht so einfach, hierzulande amtlich arbeitslos zu sein. Wer nur eine Teilzeitarbeit von weniger als 15 Stunden oder eine Ferienstelle sucht, wer wegen Krankheit oder Umschulung dem Arbeitsmarkt vorübergehend nicht zur Verfügung steht oder die Suche per Arbeitsamt ganz einfach aufgegeben hat, der oder die ist damit auch nicht arbeitslos. So gesehen sind die amtlichen Zahlen tatsächlich viel zu niedrig.

Anderswo ist man sogar noch restriktiver. In Spanien zählen Arbeitslose, die nur eine Teilzeitstelle von weniger als 20 Stunden pro Woche suchen, überhaupt nicht mit, und in England und Irland zählt man nur die Menschen offiziell als arbeitslos, die auch Arbeitslosenunterstützung erhalten.[40] Mit anderen Worten, wenn die Unterstützung ausläuft, ist man nicht mehr arbeitslos.

Aber auch weiter gehende Definitionen kommen vor. In den USA ist auch ein 70-jähriger Rentner, der vergeblich für einige Stunden in der Woche nach einer gering bezahlten Stelle sucht, im Sinne der Statistik arbeitslos. Dort ist die Statistik also viel umfassender.

Ein Begriff, der unserer intuitiven Vorstellung von »arbeitslos« vermutlich noch am nächsten kommt, ist die sogenannte Erwerbslosigkeit. Er liegt z. B. den Zahlen von Eurostat (dem Statistischen Amt der Europäischen Gemeinschaft) oder der Internationalen Arbeitsorganisation ILO zugrunde. Erwerbslos im Sinne dieser Statistik ist jede Person im arbeitsfähigen Alter, die gegen Entgelt arbeiten will, ganz

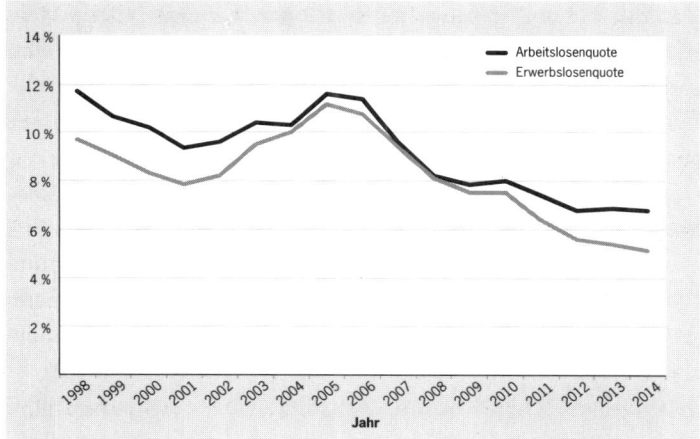

Erwerbslosenquote und Arbeitslosenquote in Deutschland. Quelle: Statistisches Bundesamt

gleich, wie lange, und unabhängig davon, ob beim Arbeitsamt gemeldet oder nicht, und der oder die bei diesem Bemühen nicht erfolgreich ist.

Auch diese Zahlen werden in Deutschland amtlich erhoben; sie sind im Statistischen Jahrbuch nachzulesen, führen dort aber nur ein Schattenleben. Ihre vergleichsweise bescheidene Rolle in der politischen Debatte erklärt sich vor allem aus der fehlenden Erhebungsdichte - die Erwerbslosen werden monatlich vom Statistischen Bundesamt im Rahmen des Mikrozensus stichprobenartig erfasst, die Arbeitslosen von der Bundesanstalt für Arbeit dagegen komplett. Letztere sind daher auch leichter regional oder nach Personengruppen aufzugliedern: »Im Bezirk des Arbeitsamtes Dortmund betrug der Anteil arbeitsloser Ausländer ohne Hauptschulabschluss im November 17,8 Prozent« usw. Dergleichen regionale Aufgliederungen sind leider für Erwerbslose nicht (oder nur mit einem erheblichen zusätzlichen Aufwand) möglich. Vor allem deshalb werden vorzugsweise die Zahlen aus Nürnberg und nicht die aus Wiesbaden zitiert.

Auf den ersten Blick scheinen die Erwerbslosen die Arbeitslosen zu umfassen. Denn für den Status der Erwerbslosigkeit ist es unerheblich, ob man als arbeitssuchend gemeldet ist; auch die Hausfrau/der Hausmann, der oder die gerne wieder ins Berufsleben zurückkehren möchte, Studenten, die nur mangels Berufsaussichten noch studieren, oder Langzeitarbeitslose, die aus Hoffnungslosigkeit oder wegen Wegfall ihrer Leistungsansprüche die Meldung beim Arbeitsamt zurückgezogen haben, gehören hier dazu. Die Gesamtheit dieser »heimlichen Arbeitslosen« heißt auch »Stille Reserve«. Sie umfasst in Deutschland je nach Zählweise zwischen einer und drei Millionen Menschen und steht hinter der These der jeweiligen Opposition, die offiziellen Arbeitslosenzahlen wären viel zu klein.

Auf den zweiten Blick schließen aber die Erwerbslosen auch viele »offizielle« Arbeitslose aus, die heute noch in der Statistik erscheinen. Nämlich alle diejenigen, die in Wahrheit keine Arbeit suchen und nur zum Abschöpfen verschiedener Vergünstigungen beim Arbeitsamt gemeldet sind. Um noch einmal den seinerzeitigen SPD-Bundestagsfraktionschef Struck zu zitieren: Bis zu 1,2 Millionen Menschen, die in der aktuellen Arbeitslosenstatistik enthalten seien, suchten weder einen Job noch wollten sie vermittelt werden. Diese Menschen müssten also von den amtlichen Arbeitslosenzahlen abgezogen werden.

Diese Menschen sind zwar amtlich arbeitslos, aber nicht erwerbslos, da an legal bezahlter Arbeit wenig interessiert. Die folgende Grafik stellt diese Sachlage bildlich dar:

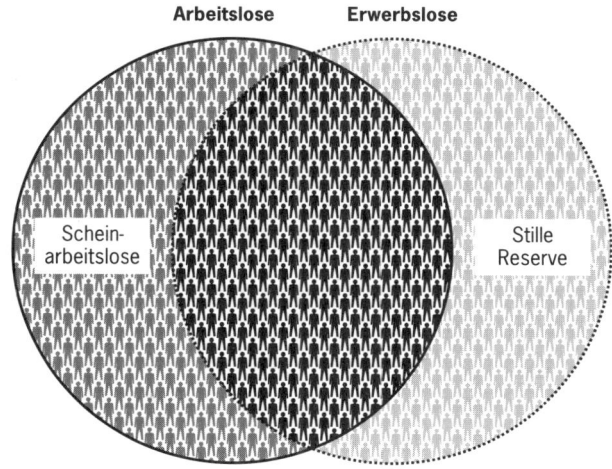

Viele Arbeitslose sind auch erwerbslos. Aber es gibt auch Arbeitslose, die nicht erwerbslos, und Erwerbslose, die nicht arbeitslos sind.

Dass die linke und die rechte Sichel existieren, ist unbestritten, auch wenn viele davor die Augen schließen. Traditionell bestreiten etwa die Gewerkschaften, dass es Scheinarbeitslose gibt. So empörte sich einmal ein stellvertretender IG-Metall-Vorsitzender über einschlägige Debatten als eine »Beleidigung von Arbeitslosen«. Dass Arbeitslose sich nur zum Kassieren von Sozialleistungen meldeten, sei eine üble Unterstellung.

Aber die Indizien sprechen gegen ihn. Schon seit jeher mussten Arbeitsämter wegen Ablehnung zumutbarer Arbeitsverhältnisse sogenannte Sperrzeiten verhängen, in denen wegen erwiesener Arbeitsunwilligkeit keine Unterstützung stattfindet. Diese Zahlen bewegen sich traditionell zwar nur im unteren fünfstelligen Bereich, zeigen aber, dass es solche Scheinarbeitslosen wirklich gibt.

In Wahrheit ist deren Zahl wahrscheinlich beträchtlich größer. Einmal fehlt es in Zeiten knapper Stellen an dergleichen Tests der Arbeitswilligkeit, und zum anderen kennt, wie jeder Arbeitgeber gerne bestätigen wird, die Erfindungsgabe beim Ausdenken von Unzumutbarkeitsgründen keine Grenzen. In einem Artikel in der Hamburger *Welt* mit dem bezeichnenden Titel »... sah die Arbeit und flüchtete« schildert der Leiter einer mittelständischen Gebäudereinigungsfirma seine Erfahrungen bei der Einstellung eines Fensterputzers: Zwei Bewerber wollten nicht für Tariflohn arbeiten, einer konnte nicht auf Leitern stehen, einer prahlte mit seinem Vorstrafenregister. Von den vier letztendlich doch Eingestellten meldeten sich zwei am ersten Tag der Arbeit krank, zwei kündigten nach kurzer Zeit mit der Begründung, die Arbeit sei zu schwer. Kein einziger von mehr als einem Dutzend »Arbeitslosen« war wirklich an Arbeit interessiert.

Kann das wahre Ausmaß dieser Arbeitsunwilligkeit höher sein, als die Sperrzeiten vermuten lassen? Nach einer Umfrage des Bonner infas-Instituts suchen nur die Hälfte aller beim Arbeitsamt gemeldeten Personen tatsächlich eine Stelle. Die wichtigsten wahren Gründe für den Gang zum Arbeitsamt waren (Mehrfachnennungen möglich): »Ich möchte sicherstellen, dass die Zeit der Arbeitslosigkeit später bei der Rentenberechnung berücksichtigt wird« (83 Prozent). »Ich bin auf Leistungen des Arbeitsamtes angewiesen« (76 Prozent). »Ich überbrücke die Zeit bis zum Beginn meiner neuen Stelle bzw. Ausbildung« (57 Prozent). »Ich überbrücke die Zeit bis zum Ruhestand« (21 Prozent). »Das Sozialamt verlangt, dass ich mich arbeitslos melde« (16 Prozent). »Ich muss mich arbeitslos melden, um ausreichend Unterhalt von meinem geschiedenen Ehepartner zu bekommen« (4 Prozent). »Ich überbrücke die Zeit bis zum Zivil- oder Wehrdienst« (2 Prozent). Mit anderen Worten, das Arbeitsamt ist für viele eine Sozialbehörde und keine Arbeitsplatzvermittlungsstelle.

Andere Umfragen kommen zu nicht ganz so dramatischen Ergebnissen. Eine Auswertung des sozioökonomischen Panels, einer vom DIW durchgeführten jährlichen Umfrage, zeigt, dass 37 Prozent der befragten Arbeitslosen zwar eine Erwerbstätigkeit anstreben, aber in den letzten 4 Wochen nicht aktiv nach einer Arbeit gesucht haben. Rund 11 Prozent der Arbeitslosen erklärten, dem Arbeitsmarkt nicht mehr zur Verfügung zu stehen.[41]

Mit jeder Übernahme der Regierung, spätestens seit Gerhard Schröders berühmtem Frühjahrs-Interview in der *Bild* im Jahr 2001, in welchem er »kein Recht auf Faulheit in unserer Gesellschaft« zugestand, sieht das auch die SPD so. Das vormalige Abstreiten der Existenz von Scheinarbeitslosen kehrt sich in eine regelrechte Jagd auf diese um. »Wir werden eine international vergleichbare Arbeitsmarktstatistik schaffen, in der nur Personen, die auch tatsächlich dem Arbeitsmarkt zur Verfügung stehen, erfasst werden«, hieß es in der Koalitionsvereinbarung von 2002. Denn die Möglichkeiten des Kriteriums »steht dem Arbeitsmarkt unmittelbar zur Verfügung« sind nahezu unerschöpflich. Durch das Verlängern des Erziehungsurlaubs von 6 auf 10 Monate im

Jahr 1986 ließ die damalige CDU/FDP-Regierung auf einen Schlag 100 000 arbeitslose Frauen aus der Statistik verschwinden. Umschulungsmaßnahmen, ABM-Stellen, Frühpensionierung, Beschäftigungsbrücken: das alles macht vormalige Arbeitslose nicht mehr kurzfristig verfügbar und lässt damit die Arbeitslosenzahlen schrumpfen.

Unter anderem durch das kreative Auslegen dieser Bestimmung, dass man nur dann als Arbeits- oder Erwerbsloser zählt, wenn man dem Arbeitsmarkt auch zur Verfügung steht, haben es etwa die Niederländer in den 1970ern geschafft, ihre international bewunderte niedrige Arbeitslosenquote von 6 Prozent zu produzieren. In kaum einem anderen Land war es damals einfacher, eine Erwerbunfähigkeitsrente zu erhalten. Die Folge: Von einer Kündigung bedrohte Arbeitnehmer ließen sich kurz vor der Entlassung erwerbsunfähig schreiben (kooperationswillige Ärzte waren offensichtlich leicht zu finden). Die Arbeitslosenversicherung wurde damit teilweise durch die »Erwerbsunfähigkeitsversicherung« ersetzt und die Arbeitslosigkeit stark verringert. Würden all diese Erwerbsunfähigen als Arbeitslose erfasst, würde sich die Arbeitslosenquote in den Niederlanden mehr als verdoppeln. Ähnliches gilt im Übrigen auch für Schweden.[42]

Damit sind wir wieder zurück beim Kern der ganzen Konfusion: dass die jeden Monat aus Nürnberg vorgeführte Zahl ein armer Lastenesel ist, der unter dem Gewicht der vielen Frachten, die man ihm ohne Rücksicht auf Verluste aufbürdet, zusammenbricht. Mit der Zahl der Arbeitslosen meinen die einen das eine und die anderen das andere, und keiner meint das, was die Nürnberger Bundesanstalt für Arbeit damit meint. Oder um auf das eingangs zitierte Bild von Claudia Bröll zurückzukommen: Eine einzige Arbeitslosenstatistik als Dienerin so vieler verschiedener Herren – das kann nur Ärger geben.

Der Quote zweiter Teil

Verbleibt der zweite Teil der Arbeitslosenquote, der Nenner. Insbesondere bei internationalen Vergleichen sagt die reine Zahl der Arbeitslosen wenig. In den USA z. B. zählt man gegenwärtig mehr als dreimal so viele Arbeitslose wie in Deutschland. Aber dennoch ist dort die Arbeitslosigkeit kein größeres Problem als hierzulande. Denn die wie auch immer gezählten Arbeitslosen sind zu einer geeigneten Globalgröße in Bezug zu setzen.

Als ob wir nicht schon mit dem Zähler genug Probleme hätten, kommt hier noch eine verbreitete Unkenntnis dazu, was bei der Arbeitslosenquote eigentlich im Nenner steht. »Schock! Jeder Zehnte arbeitslos!«, verkündete etwa die *Bild*-Zeitung vor einigen Wintern in großen Lettern und dokumentierte damit, dass sie es auch nicht weiß. Jeder zehnte von 80 Millionen Bundesbürgern ergibt acht Millionen Arbeitslose, und so viele hatten wir noch nie.

In Wahrheit werden die Arbeitslosen durch die Erwerbspersonen geteilt. Erwerbspersonen sind »alle Personen mit Wohnsitz im Bundesgebiet, die eine unmittelbar und mittelbar auf Erwerb gerichtete Tätigkeit ausüben oder suchen (Selbstständige, mithelfende Familienangehörige, abhängig Beschäftigte), unabhängig von der Bedeutung des Ertrages für ihren Lebensunterhalt und ohne Rücksicht auf die von ihnen tatsächlich geleistete oder vertragsmäßig zu leistende Arbeitszeit« (aus dem Statistischen Jahrbuch für die Bundesrepublik Deutschland). Sämtliche sogenannten Nichterwerbspersonen fallen damit aus dem Nenner heraus.

Ganz allgemein macht jedes Verkleinern des Nenners die Arbeitslosenquote größer, und jedes Vergrößern des Nenners macht die Arbeitslosenquote kleiner. Mit anderen Worten, durch eine kräftige Erweiterung des Nenners, die weit weniger auffällt als ein Herumdoktern an den Arbeitslosenzahlen selbst, würde die deutsche Arbeitslosenquote schlagartig reduziert. So hat etwa Margaret Thatcher 1986 in Großbritannien von einem Tag auf den anderen die vorher nicht

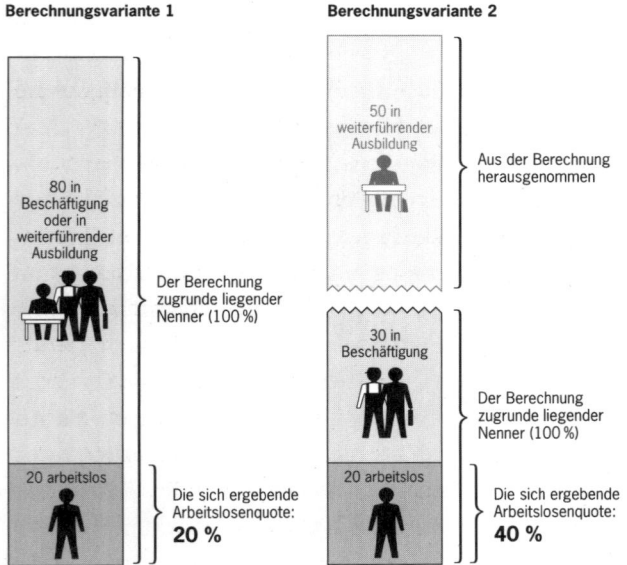

Zwei Beispielrechnungen für eine Gruppe von 100 Jugendlichen bei gleich hoher Zahl von Arbeitslosen: Nimmt man die Jugendlichen in weiterführender Ausbildung aus der Rechnung heraus, ist die resultierende Arbeitslosenquote höher.

138

im Nenner mitgezählten Staatsbediensteten auf einmal mitgezählt. Die englische Arbeitslosenquote sank daraufhin über Nacht von 13,6 auf 12,2 Prozent.

Manche Medien haben das tatsächlich als Erfolg gefeiert.

Genauso wird aber durch ein Verkleinern des Nenners die Arbeitslosenquote erhöht. Das kommt immer dann zupass, wenn man mit hohen Quoten Stimmung machen will, und war Anlass für eine unserer Unstatistiken im Sommer 2013, als viele Medien und Politiker jeglicher Couleur mit einer vermeintlich abnorm hohen Jugendarbeitslosigkeit in den von der Staatsschuldenkrise gebeutelten Ländern der EU für weitere Hilfen warben. So erreichten nach Angaben von Eurostat die Arbeitslosenquoten der 15- bis 24-Jährigen in Griechenland 60 Prozent, in Spanien 57 Prozent und in Italien und Portugal jeweils 42 Prozent (verglichen mit einer Arbeitslosenquote dieser Altersgruppe in Deutschland von knapp 8 Prozent).

Diese Quoten sind in Südeuropa u. a. auch wegen eines vergleichsweise kleinen Nenners so groß, sie lassen alle Jugendlichen außen vor, die sich in der Ausbildung oder im Studium befinden. Wenn von 100 Jugendlichen alle mit 15 Jahren die Ausbildung abgeschlossen haben und dem Arbeitsmarkt zur Verfügung stehen, aber nur 80 von diesen Jugendlichen einer Arbeit nachgehen, liegt die Arbeitslosenquote bei 20 Prozent. Gehen jedoch 50 der 100 Jugendlichen auf eine weiterführende Schule und sind 20 der verbleibenden 50 Jugendlichen arbeitslos, liegt die Arbeitslosenquote bei 40 Prozent, da die Jugendlichen auf der weiterführenden Schule nicht in die Berechnung der Arbeitslosenquote eingehen.

Dieser Anteil der Nicht-Erwerbspersonen an allen Jugendlichen hatte sich in allen Krisenländern stark erhöht; vom ersten

Quartal 2006 bis zum ersten Quartal 2013 stieg dieser Anteil in Griechenland von 66 auf 71 Prozent, in Spanien von 53 auf 63 Prozent, in Italien von 66 auf 72 Prozent und in Portugal von 58 auf 64 Prozent. In Deutschland hingegen blieb er im selben Zeitraum konstant bei 50 Prozent. Offensichtlich führt die angespannte Arbeitsmarktlage in den Krisenländern dazu, dass besonders viele Jugendliche eine Ausbildung machen oder studieren. Allein dadurch würde bei konstanten Arbeitslosenzahlen die Arbeitslosenquote größer. Würde man aber nun den Anteil der arbeitslosen Jugendlichen an *allen* Jugendlichen berechnen, erhielte man für Griechenland eine alternative Quote von 17 Prozent (statt 60), für Spanien eine Quote von 21 Prozent (statt 57), für Italien eine Quote von 12 Prozent und für Portugal eine Quote von 15 Prozent (statt jeweils 42). Und in Deutschland läge die so berechnete Quote bei 4 Prozent. Damit überträfen die Quoten der Südländer immer noch die deutschen, aber längst nicht mehr so dramatisch wie von manchen Panikmachern gerne dargestellt.

Der durch übertreibende Statistiken ausgelöste politische Aktionismus hilft nichts und schadet nur; er verschleiert den Blick auf die wahren Probleme des Arbeitsmarkts in nahezu allen Krisenländern (das ist meist nicht das Alter der Arbeitslosen, sondern deren mangelnde Qualifikation), und durch die dadurch ausgelösten Programme verschwindet der Anpassungsdruck für dringend nötige Reformen.

Ergänzende Literatur
Krämer, W. (2003): »Der Nürnberger Trichter oder Wer zählt die Arbeitslosen«. In: *Kursbuch* 152, S. 93-102.

10. Die Hauptstadt der Kriminalität: der Vatikan

»Sie tanzt Flamenco, arbeitet als Fernsehmoderatorin – und ist die schönste Frau des Universums: Die Venezolanerin Gabriela Isler ist zur ›Miss Universe‹ 2013 gekürt worden. Die 25-Jährige setzte sich bei der Wahl am Samstag gegen 84 Konkurrentinnen durch. Bademode, Abendkleider, spontane Antworten: Isler machte unbestreitbar eine gute Figur.«

Spiegel Online

Wer ist die Schönste, der Schnellste, die Beliebteste und der Reichste im ganzen Land? Die Sehnsucht, ja Sucht nach Ranglisten aller Art ist allgegenwärtig – von Amazon-Rankings von Digitalkameras und Universitäts-Rankings bis hin zu den Medaillen-Rankings von Ländern bei den Olympischen Spielen.

Dieser Sehnsucht kommen Produzenten von Statistiken gerne nach. Und produzieren dabei oft nur inhaltsleeren Zahlenschaum. Das muss gar nicht so weit gehen, dass sie den Sieger – so wie der ADAC das Auto des Jahres – quasi nach Gusto selbst bestimmen. Es reicht oft schon, dass es überhaupt einen Sieger gibt. Wer ist der größte deutsche Feldherr aller Zeiten? Nach Ansicht des amerikanischen Militärmagazins *The Quarterly Journal of Military History:* Friedrich der Große (gefolgt von Helmuth v. Moltke dem Älteren, dem Sieger von Sedan). Welches ist die attraktivste europäische Einkaufsstadt? Die englische Wochenzeitschrift *The Economist* meint: London, knapp vor Madrid und Barcelona, dann folgen Paris, Rom und Berlin. In welchem Land der Erde leben die Menschen am glücklichsten? Der Happy-Planet-Index der englischen Beratungsfirma The New Economics Foundation sagt: in Costa Rica (Deutschland belegt hier unter 178 Staaten den Platz 81). Oder wie heißen die zehn besten Fußballspieler aller Zeiten? Laut Netzportal www.fussball-geschichte.com (in dieser Reihenfolge): Pelé, Cruyff, Maradona, Di Stefano, Beckenbauer, Platini, Eusebio, Best und Zidane.

Die Fallstricke solcher Ranglisten, insbesondere deren Abhängigkeit von subjektiven Einschätzungen aller Art, liegen offen zutage. Bei einer dieser Ranglisten, der von dem Netzportal *tripadvisor* zusammengetragenen Top Ten der schönsten europäischen Badestrände, war einer von uns sogar passiv als Beobachter beteiligt.[43] Der schönste Strand Europas ist demnach die Spiaggia dei Conigli (der Kaninchenstrand) auf der Mittelmeerinsel Lampedusa. »Goldfarbener Sand, kristallklar und unzählige Fische, die man beim Schnorcheln beobachten kann.« Das lassen wir einmal auf sich beruhen, hier können wir nicht mitreden. Aber bei dem siebtschönsten Strand Europas schon. Das ist der Woolacombe Beach an der Nordküste der englischen Grafschaft Devonshire, in dessen Nähe Walter Krämer mit seiner Familie ein Gastsemester verbrachte (und mehr als einmal mit Frau und Kindern dort spazieren ging). Denn der Strand ist wirklich wunderschön. Wer aber denkt, Badestrände sind zum Baden da, sieht sich schnell enttäuscht. Ins Wasser geht man da allenfalls mit einem Neopren-Anzug. Oder wie das ein anderer Besucher so schön im Netz formuliert:

>Woolacombe ist ein Strand, leider begann es kurz nach unserer Ankunft zu regnen und der schöne Sandstrand verwandelte sich in eine Schlammwüste. Also schauten wir uns das Städtchen an, aßen in einem Café zu Mittag und versuchten, die Zeit totzuschlagen. Ich interessierte mich besonders für die RAF-Tornados und Typhoons, die in den Valleys Tiefflüge übten.«

Wo leben die meisten Kriminellen?

Aber auch Ranglisten, die auf objektiven Zahlen beruhen, haben ihre Tücken. Nehmen wir die Liste der kriminellsten deutschen Städte. Die beruht anscheinend völlig objektiv auf der jedes Jahr im Mai publizierten »Polizeilichen Kriminalstatistik« und liefert in der Regel Frankfurt als den Spitzenreiter: »Frankfurt/Main, deutsche Hauptstadt des Verbrechens«, die so oder ähnlich von zahlreichen deutschen Medien verbreitete Schlagzeile ist denn auch eine unserer Unstatistiken des Monats gewesen. Denn diesen Spitzenplatz erhält das arme Frankfurt – vermutlich – unverdient. Zumindest sind die publizierten Statistiken kein Beweis, dass Frankfurt in einem nachvollziehbaren Sinn tatsächlich die kriminellste deutsche Großstadt ist.

Richtig ist: Die »Polizeiliche Kriminalstatistik« fasst die in den deutschen Städten und Gemeinden polizeilich erfassten Straftaten zusammen und ist als solche nicht zu beanstanden.

Falsch dagegen ist wie so oft die Interpretation. Das beginnt mit dem unschuldigen Beiwort »polizeilich erfasst«. Denn bei der Interpretation dieser Statistik wird häufig übersehen, dass insbesondere Kleinkriminelle wie etwa Ladendiebe in einigen Städten aggressiver verfolgt und angezeigt werden als in anderen. Dies bläht bei identischer »wahrer« Kriminalität die offiziell erfasste Kriminalität dieser Städte natürlich mehr oder weniger deutlich auf. Denn längst nicht jede begangene Straftat wird statistisch auch erfasst.

Im Fachjargon der Kriminalstatistik spricht man hier auch vom Dunkelfeld. Damit sind alle tatsächlich verübten, aber nicht polizeilich erfassten Straftaten gemeint. Dieses Dunkelfeld ist von Gemeinde zu Gemeinde unterschiedlich hoch. Wie wir uns etwa vom Polizeipräsidenten von Düsseldorf haben sagen lassen, geht man dort seit einiger Zeit entschlossener als anderswo gegen Schwarzfahrer in den öffentlichen Verkehrsbetrieben vor. Und prompt rückt Düsseldorf im Medaillenspiegel der kriminellen deutschen Städte einige Plätze vor. Auch die konsequentere Verfolgung von Rauschgiftdelikten hat der Kriminalitätsstatistik von Düsseldorf alles andere als gutgetan. »Statistisch gesehen ist es für uns besser, wir schauen weg, und schon stehen wir in der Polizeistatistik besser da«, erklärte uns der Polizeipräsident.

Am bedenklichsten aus statistischer Sicht ist jedoch die Ermittlung von Rangfolgen durch Bezug der gemeldeten Fälle auf jeweils 100 000 Einwohner. Danach liegen regelmäßig Frankfurt am Main, Düsseldorf und Köln auf den ersten Plätzen, Augsburg und München auf den letzten. Aber das ist nicht gerecht. Eine seriöse Rangfolge müsste neben den Einwohnern auch alle anderen Menschen zählen, die in der jeweiligen Stadt Straftaten verüben wie erleiden könnten. Das sind etwa Einpendler, Messebesucher, Touristen, umsteigende Reisende am Hauptbahnhof oder Fluggäste in den Städten, die einen Flughafen besitzen. Die Stadt Frankfurt beispielsweise hat fast so viele Einpendler wie Einwohner, am Flughafen Frankfurt - dem verkehrsreichsten der Bundesrepublik - fliegen jedes Jahr rund 30 Millionen Menschen an und ab. Und jede dort verübte Straftat - in der Regel Diebstähle - fällt statistisch der Stadt Frankfurt zur Last (während laut Auskunft der Pressestelle der Polizeidirektion etwa die Kriminalität am Flughafen München eigens erfasst und nicht der Stadt München aufgebürdet wird). Ähnliches gilt für Düsseldorf, mit ebenfalls überdurchschnittlich vielen Einpendlern, Messebesuchern und Fluggästen. Würde man die Zahl der verübten Straftaten durch die Zahl sämtlicher potenzieller Opfer und Täter teilen, käme natürlich eine ganz andere Rangfolge heraus.

Zu welch absurden Ergebnissen die Kriminalstatistik auf Basis von Einwohnerzahlen führen kann, zeigt der Vatikanstaat. Dieser ist nach konventioneller Lesart der mit großem Abstand kriminellste Staat der Erde. Laut Radio Vatikan gab es dort etwa im Jahr 2011 insgesamt 640 Zivil- und 226 Strafverfahren - deutlich mehr als eines pro Vatikanbürger (492). An diese Statistik kommt kein anderes Land der Erde auch nur annähernd heran. In 99 Prozent der (gemeldeten) Fälle waren jedoch nicht die Landesbürger, sondern einer der jährlich rund 18 Millionen Besucher als Opfer oder Täter involviert.

Der mit großem
Abstand kriminellste
Staat der Erde

Kriminalstatistik des Vatikanstaats im Jahr 2011

492 Bürger

866 Zivil- und Strafverfahren

Verkehrsopfer im Ruhrgebiet

Eine weitere von uns als Unstatistik eingestufte Rangliste ist der »Städtecheck« des Verkehrsclubs Deutschland (VCD); dieser reiht die deutschen Großstädte hinsichtlich der Verkehrssicherheit für Kinder und Jugendliche auf. Auf die mangelnden Rechenkünste des Clubs haben wir ja bereits in Kapitel 1 hingewiesen. Hier hatte der VCD das arithmetische Mittel von Wachstumsraten gebildet – eine statistische Todsünde, die ein falsches Ergebnis zur Folge hat. So hat sich etwa in Deutschland die Zahl der im Straßenverkehr getöteten Kinder allen Horrormeldungen des VCD zum Trotz in den vergangenen Jahren mehr als halbiert.

Konsequenterweise gingen daher auch die ausführlichen Medienberichte über den Städtecheck 2012, der uns auf die Fährte dieses Unfugs brachte, an den wahren Tatsachen vorbei. So titelte die *Westdeutsche Allgemeine Zeitung:* »Im Ruhrgebiet verunglücken mehr Kinder auf den Straßen«. In Wahrheit ist das Gegenteil der Fall. So verunglückten nach Angaben des VCD bundesweit, also unter Einbezug der ländlichen Gebiete, im Jahr 2010 rund 260 von 100 000 Kindern. Dabei lagen nur 8 der untersuchten 76 Städte am oder unter diesem Bundesdurchschnitt, darunter Bochum, Hagen und Herne. Betrachtet man nur Städte, waren 320 von 100 000 Kindern an Unfällen beteiligt. Mit Ausnahme von Moers, Recklinghausen und Krefeld lagen alle Ruhrgebietsstädte unter diesem Wert. Im Vergleich zu anderen deutschen Städten leben Kinder im Ruhrgebiet also vergleichsweise sicher.

Auch die vom VCD angeführten internationalen Vergleiche hinken. Demnach verunglückten in Deutschland im Jahr 2009 277 von 100 000 Kindern im Straßenverkehr, in den Niederlanden dagegen nur 52. Das ist auf den ersten Blick durchaus bedenklich, entpuppt sich bei näherem Hinsehen aber als Artefakt von unterschiedlichen Definitionen: In den Niederlanden werden - anders als in Deutschland - kleinere Unfälle mit Kindern statistisch nicht erfasst, nur Krankenhausfälle gehen in die Statistik ein. In Deutschland dagegen wird jedes Kind gezählt, auch wenn es sich nur das Knie aufgeschürft hat und direkt nach Hause gehen kann.

Auch das Statistische Bundesamt hat im Kielwasser unserer Unstatistik die Erfassung von Unfällen mit Kindern neu recherchiert. Und dabei bestätigt, dass in Holland und Dänemark im Straßenverkehr verletzte Kinder nur bei einer Krankenhausbehandlung erfasst werden. Das Bundesamt will diese Zahlen deshalb mangels Vergleichbarkeit in Zukunft nicht mehr publizieren.

Krösus oder nicht?

Sehr beliebt und von vielen frei nach Gusto kolportiert sind auch Ranglisten zu Einkommen, Reichtum und Vermögen aller Art. Ein Beispiel ist das von vielen Medien verbreitete und von uns als Unstatistik des Monats prämierte »Reichen-Ranking« aus dem »Global Wealth Report« der Allianz AG.[44] »Deutsche sind Europas Sparmeister – Schweizer auf Platz 1 im Reichen-Ranking«, las man etwa in der *Bild*.

Grundlage dieser und ähnlicher Meldungen ist in der Regel eine Statistik des durchschnittlichen Netto-Geldvermögens pro Kopf, so, wie sie auch von der Allianz verbreitet wird. Die folgende Grafik zeigt die in diesem Sinne 20 reichsten Länder dieser Erde (Stand 2012).

Wenig überraschend führt die Schweiz diese Liste an, Deutschland mit einem durchschnittlichen Geldvermögen von rund 40 000 Euro pro Kopf liegt abgeschlagen auf Platz 16, noch hinter Italien, Frankreich oder Österreich. Aber was viele übersehen: Hier ist nur vom Netto-*Geld*vermögen die Rede, also von Aktien, Bankeinlagen, Bargeld oder Ansprüchen gegenüber Versicherungen. Aber das macht für viele Menschen nur einen kleinen Teil ihres Vermögens aus. Nicht enthalten sind dabei z. B. Immobilien, Kraftfahrzeuge oder Schmuck. Die Aufteilung des Gesamtvermögens auf diese beiden Komponenten variiert dabei beträchtlich von Land zu Land. So werden Haushalte in Ländern mit hohen Steuern auf Kapitaleinkommen tendenziell weniger Geldvermögen halten. Auch die staatliche Förderung von Immobilienbesitz wirkt sich auf das Geldvermögen aus.

Und dann natürlich der größte Brocken von allen: die

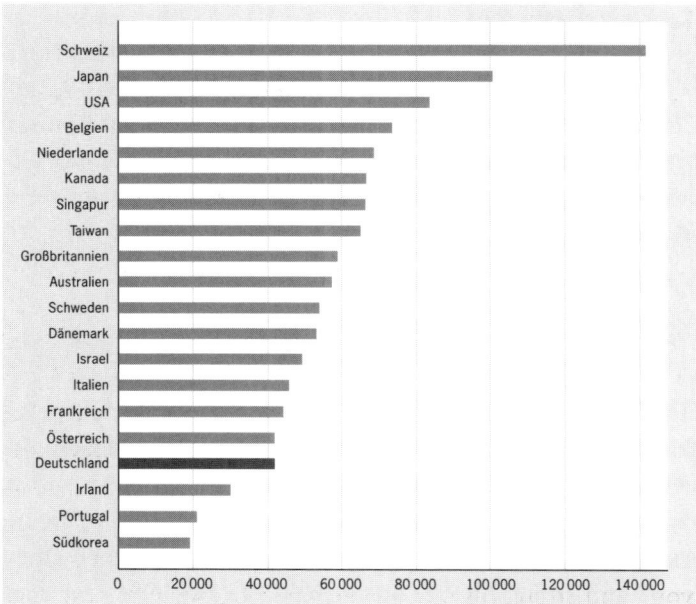

Top 20 des Netto-Geldvermögens pro Kopf (in Euro) im Jahr 2012

Ansprüche an das Renten- und Pensionssystem. Für viele Bundesbürger ist das der größte, wenn auch nirgends offiziell erfasste Teil des Vermögens überhaupt. Anderswo dagegen spart man eher selbst für das Alter an und weist diese Ersparnisse auch im statistisch erfassten Geldvermögen aus. So mag es wenig wundern, dass unter den im »Reichen-Ranking« führenden Ländern insbesondere Länder mit einem kapitalgedeckten Rentenversicherungssystem zu finden sind. Für Deutschland und andere Länder mit einer großteils auf dem Umlageverfahren basierenden Altersvorsorge fallen diese Vermögensteile aus der Statistik heraus.

149

Wir wollen nicht bestreiten, dass der »Global Wealth Report« der Allianz interessante und wirtschaftspolitisch hoch relevante Einblicke vermittelt, besonders die zeitliche Veränderung des Geldvermögens betreffend: Wer steigt hier auf, wer ab? Für ein »Reichen-Ranking« zu einem Stichtag eignet sich der Report aufgrund seines begrenzten Vermögensbegriffs jedoch nur sehr bedingt.

Wie macht man eines aus vielem?

Aber auch jenseits solcher Mess- und Interpretationsprobleme werfen Rangfolgen von Objekten gleich welcher Art eine Reihe grundsätzlicher Probleme auf. Und zwar immer dann, wenn die zu reihenden Objekte mehr als eine Eigenschaft besitzen, die für die Reihung von Interesse ist. Nehmen wir zum Beispiel eine auf den ersten Blick einfache Frage, der sich der ADAC vor einiger Zeit gewidmet hat: Auf welchem deutschen Bahnhof ist das Umsteigen für Zugpassagiere am einfachsten? Da wurde dann nachgesehen, ob es Gepäckträger gibt, ob auf den Bahnsteigen Sitzplätze für Wartende existieren, ob genug Aufzüge vorhanden sind, ob die auch funktionieren, wie es mit Warteräumen aussieht und so weiter.

Für Interessenten: Es gewann mit großem Abstand der Hauptbahnhof von Hannover. Schlusslicht war Dortmund. Dort gibt es zu wenige Aufzüge, und man muss auf den Bahnsteigen oft im Stehen auf die Züge warten.

Gern werden solche Listen auch von hinten aufgezäumt: Welches sind die passagierunfreundlichsten Flughäfen der Welt? Laut dem amerikanischen Fernsehsender CNN ist der schlimmste (lange Wartezeiten, schmutzige Toiletten, unhöfliches Personal, fehlende Informationen für Umsteiger usw.) der Flughafen Paris-Charles de Gaulle. Es folgen Los Angeles und London-Heathrow. Der benutzerfreundlichste Flughafen ist dagegen Hongkong International.

Das Problem bei solchen Ranglisten ist offensichtlich: Wie die einzelnen Dimensionen zu einer einzigen aggregieren? Das heißt, wie wichtig sind die einzelnen Komponenten für das Gesamtresultat? Um das zu verdeutlichen, hier ein Paradebeispiel aus dem Sport, die Sportart Zehnkampf in der Leichtathletik. Wer ist hier besser?

	Sportler 1	Sportler 2
100 m	10,5 sec	10,9 sec
Kugelstoßen	16,50 m	18,00 m

Leistungen im Zehnkampf. Für Experten: Im aktuellen System erhält Sportler 1 für seine Leistung 1 857 Punkte und Sportler 2 erhält 1 858 Punkte. Damit ist Sportler 2 »besser«.

Dieses Problem verschiedener Qualitätskriterien ist von der Sache her das gleiche wie das Problem verschiedener Bewerter. Jedes Kriterium und jeder Bewerter hat eine eigene Rangfolge. Wie produziert man daraus das Endresultat? Dieses Problem entsteht alle vier Jahre bei den Olympischen Spielen.

Während der Sommerspiele in Peking 2008 gab es einen politisch und emotional angeheizten Wettbewerb zwischen dem Gastgeber China und den USA. Wer wird gewinnen? Das Internationale Olympische Komitee weigert sich zwar beständig, eine Rangordnung zu erstellen, aber die teilnehmenden Länder und deren Medien wollen wissen, wer der Beste ist. Die folgende Tabelle zeigt die gewonnenen Medaillen am Ende der Spiele. Die *New York Times* gab den USA den ersten Platz; die chinesische *People's Daily* aber gab China den ersten Platz.

Wie kann das sein? Die *New York Times* zählte die Anzahl aller Medaillen - Gold, Silber und Bronze. Die USA hatten 110 und damit mehr als China mit 100. *People's Daily* dagegen zählte nur die Goldmedaillen, und da hatte China mit 51 mehr als die USA mit nur 36. Nur wenn die Anzahl der Goldmedaillen gleich gewesen wäre, hätte die Zahl der Silbermedaillen entschieden - man nennt dies eine »lexikografische« Methode. Selbst bei den Olympischen Spielen kann man also verschiedene Sieger aus ein und derselben Anzahl von Gold, Silber und Bronze berechnen.

Land	Gold	Silber	Bronze	Total	New York Times	People's Daily
USA	36	38	36	110	1	2
China	51	21	28	100	2	1
Russland	23	21	28	72	3	3

Medaillen und Rankings bei der Sommer-Olympiade 2008 in Beijing. Die *New York Times* erklärte die USA als Sieger, die *People's Daily* erklärte China als Sieger.

Auf die Frage, wie man aus vielen Kriterien eine einzige Rangordnung konstruiert, gibt es keine eindeutige und erst recht keine optimale Antwort. Viele Ranglisten, vor allem, wenn nur der erste Platz interessiert, entstehen etwa durch *einfache Mehrheitswahl:* Das Objekt mit den meisten ersten Plätzen gewinnt. So wird man etwa zum Fußballer des Jahres oder gewinnt den Oscar. Aber auch von hinten lässt sich das Feld auf diese Art und Weise aufrollen: Der mit den wenigsten Stimmen fliegt raus, dann geht das Ganze weiter. So funktioniert etwa die bekannte Fernsehshow *Deutschland sucht den Superstar.*

Eine Variante davon ist die *qualifizierte Mehrheitswahl:* Das Objekt mit mehr als 50 Prozent der Stimmen gewinnt. Ansonsten gibt es eine Stichwahl zwischen den Plätzen 1 und 2. So funktioniert etwa die Präsidentenwahl in Frankreich oder die Bürgermeisterwahl in den meisten Städten der Bundesrepublik. Experten präferieren dagegen die sogenannte Condorcet-Regel (benannt nach dem französischen Marquis de Condorcet): Jeder spielt gegen jeden, der mit den meisten Siegen gewinnt. So funktioniert etwa die Fußballbundesliga. An dergleichen Regeln und Varianten davon herrscht kein Mangel, und damit ergibt sich sofort die Frage: Welche nehmen?

Die wichtigste Antwort darauf hat der amerikanische Wirtschaftsprofessor Kenneth Arrow gegeben und u. a. dafür im Jahre 1972 den Nobelpreis bekommen. Und zwar hat Arrow gewisse Minimalanforderungen an eine vernünftige Regel formuliert:

1. *Uneingeschränkter Geltungsbereich:* Für alle denkbaren Vorlieben aller Beteiligten muss die Regel zu einem Ergebnis führen.
2. *Transitivität:* Wenn A besser ist als B und B besser ist als C, dann ist A auch besser als C. Diese Bedingung ist dermaßen offensichtlich, dass kaum jemand noch darüber nachdenkt. Was ist von einem Juroren bei einem Schönheitswettbewerb zu halten, der meint, Dolores sei schöner als Maria und Maria schöner als Christine, und dann am Schluss behauptet, Christine ist die Schönste? Da würde doch jeder sagen: Ab in die Nervenklinik!
3. *Unabhängigkeit von irrelevanten Alternativen:* Auch diese Bedingung erscheint auf den ersten Blick mehr als plausibel. Wenn die Mehrheit A gegenüber B präferiert, dann darf eine dritte Alternative C nicht dazu führen, dass die Mehrheit auf einmal B vor A platziert.
4. *Einstimmigkeit:* Das ist ebenfalls unmittelbar einsichtig. Reihen alle Juroren A vor B, steht auch am Ende A vor B.
5. *Diktaturfreiheit:* Es darf nicht vorkommen, dass die letztendliche Rangordnung immer mit der Rangordnung eines bestimmten Jurors übereinstimmt, ganz egal, was die anderen Juroren denken.

Jetzt mal ehrlich: Bei diesen Bedingungen ist doch eine so plausibel wie die andere. Und nun der große Knalleffekt: Arrow konnte zeigen, dass kein Wahlmechanismus existiert, der alle diese vernünftigen Bedingungen gleichzeitig erfüllt. Mit anderen Worten: Egal was wir machen, wir machen immer etwas falsch. Oder noch mal anders ausgedrückt: Wenn wir aus verschiedenen individuellen Rangfolgen eine aggre-

154

gierte Rangfolge erstellen, hängt das Endergebnis entscheidend davon ab, wie man die verschiedenen Rangfolgen aggregiert.

Diese Erkenntnis geht weit über den akademischen Elfenbeinturm hinaus. Sie hat sowohl Konsequenzen für das weltweite Universitätsranking (wo deutsche Universitäten vielleicht auch deswegen so schlecht abschneiden, weil systematisch Kategorien hoch bewertet werden, in denen angelsächsische Universitäten brillieren), aber auch für die Ranglisten der besten deutschen Speiselokale, der besten Fußballstadien oder der besten Kontaktbörsen für Partnersuche. Da hatte das ZDF im Jahr 2013 einmal Hobbys und Vereine als die besten Möglichkeiten zum Kennenlernen ausgemacht. Mal sehen, was nächstes Jahr ganz oben auf der Liste steht.

Bonn oder Berlin?

Und auch die deutsche Bundeshauptstadt hieße heute nicht Berlin, hätte man damals, an jenem denkwürdigen 20. Juni 1991 in Bonn, auf andere Weise abgestimmt. Unserem Dortmunder Kollegen Wolfgang Leininger verdanken wir den Nachweis, dass allein die Art und Weise der Abstimmung seinerzeit dazu führte, dass in der Schlussabstimmung Berlin den Sieg davongetragen hat.

Im Wesentlichen standen damals drei Möglichkeiten zur Debatte:

A: Parlament bleibt in Bonn, Regierung zieht nach Berlin,
B: Parlament und Regierung ziehen beide nach Berlin, und
C: Parlament und Regierung bleiben beide in Bonn.

Von den 662 Abgeordneten in dieser Legislaturperiode haben im Rahmen der Abstimmung 659 Abgeordnete gültige Stimmen abgegeben. Jeder Abgeordnete hatte seine persönliche Rangordnung zwischen diesen drei Möglichkeiten. Von diesen Rangordnungen alias Profilen gibt es insgesamt sechs Stück:

Profil I	Profil II	Profil III	Profil IV	Profil V	Profil VI
A > B > C	A > C > B	B > A > C	B > C > A	C > A > B	C > B > A

Nun ist es Wolfgang Leininger gelungen, aus dem Abstimmungsverhalten der Abgeordneten die Verteilung der Präferenzprofile für 657 Abgeordnete zu rekonstruieren (2 Abgeordnete hatten keine eindeutigen Präferenzen).[45] Die folgende Tabelle zeigt das Ergebnis dieser mühsamen Rekonstruktion:

Profil I	Profil II	Profil III	Profil IV	Profil V	Profil VI
116	30	81	140	140	150

Und damit ist klar: Bei einer Mehrheitswahl hätte Bonn gewonnen. Für Variante A hätten 146 Abgeordnete gestimmt, für Variante B hätten sich 221 entschieden und für Variante C insgesamt 290. Das wäre dann das Ende der Geschichte. Die meisten ersten Plätze entfallen auf die Variante »Parlament und Regierung bleiben in Bonn«.

Der tatsächliche Wahlmechanismus funktionierte aber anders: Zunächst wurde abgestimmt: A oder nicht A? Variante A hat nur 146 erste Plätze, der Rest stimmte dagegen. Damit ist A aus dem Spiel. Es verbleiben die Varianten B und C. Hier sehen die Abgeordneten mit dem Profil I, III und IV die Variante B vor C, insgesamt 337. C vor B wird dagegen nur von den Abgeordneten mit den Profilen II, V und VI gesehen, insgesamt 320. Damit ist Berlin vor Bonn. Und so geschah es dann.

Ergänzende Literatur

Arrow, K. J. (1951): *Social Choice and Individual Values.* New York: Wiley.

Krämer, W. und M. Schmidt (1998): *Das Lexikon der populären Listen.* München: Piper.

Leininger, W. (2004): »Die Mehrheit entscheidet – Wirklich?«. In: *aviso – Zeitschrift für Wissenschaft und Kunst in Bayern,* Ausgabe 1/2004.

11. Ist Deutschland auf dem Weg ins Armenhaus?

»Ist es auch Wahnsinn,
so hat es doch Methode.«

Hamlet, 2. Akt, 2. Szene

So sicher wie das Amen in der Kirche mischen gegen Ende jedes Jahres diverse Armutsstudien das deutsche Medienleben auf. Der Deutsche Gewerkschaftsbund, verschiedene Wohlfahrtsverbände, die Kirchen und immer wieder auch universitär besoldete Armutsforscher rechnen den verstörten Bürgern vor, dass wir Deutsche von Jahr zu Jahr stets ärmer werden. Und alle vier Jahre gibt auch noch die jeweilige Bundesregierung mit ihren Armuts- und Reichtumsberichten ihren eigenen Senf dazu.

Aus Sicht der seriösen Statistik sind diese Berichte oft kaum zu verstehen; nicht ohne Grund haben wir einige davon auch schon zur Unstatistik des Monats gekürt. Unsere allererste Unstatistik überhaupt, vom Januar 2012, hatte etwa den im Dezember 2011 vorgestellten »Armutsbericht 2011« des Paritätischen Wohlfahrtsverbandes zum Gegenstand, in dessen Kielwasser sich etwa das Ruhrgebiet als neues Armenhaus der Republik wiederfand.[46] So wäre z. B. die Armutsgefährdungsquote in Dortmund zwischen 2005 und 2010 von 18,6 auf 23 Prozent angestiegen, verglichen mit 14,5 Prozent in Gesamtdeutschland. Aber auch NRW-landesweit ließe der wirtschaftliche Aufschwung die Armen außen vor.

Beide Aussagen verfälschen aus mindestens zwei Gründen den wahren Sachverhalt. Einmal steht und fällt hier alles – wie bei allen Armutsstudien – mit der Definition von »arm«. Und wie bei fast allen Armutsstudien geht diese Definition auch in der Studie des Paritätischen Wohlfahrtsverbandes dermaßen an den wahren Problemen der Armutsmessung vorbei, dass man sich unwillkürlich mit Polonius aus Hamlet fragt, ob dieser Wahnsinn nicht vielleicht doch auch Methode hat.

Als arm bzw. »armutsgefährdet« gilt nämlich hier wie in vielen anderen Studien dieser Art, wer weniger als 60 Prozent des durchschnittlichen Einkommens, genauer des Medianeinkommens, zur Verfügung hat. Das Medianeinkommen ist das Einkommen in der Mitte: Die ein Hälfte hat mehr, die andere weniger.

Aber was heißt das in letzter Konsequenz? Wenn sich unser aller Einkommen verdoppelt oder verzehnfacht, der Anteil derjenigen unterhalb der 60-Prozent-Grenze bleibt der gleiche wie zuvor. So wie der Teil eines Schiffes, der unter der Wasseroberfläche liegt, immer unverändert bleibt, ganz gleich, wie hoch das Wasser in einer Schleuse steigt, genauso bleibt auch die so gemessene »Armut« bei noch so hohem Wohlstand immer gleich.

Falsch ist auch die Behauptung des Paritätischen Wohlfahrtsverbandes, der wirtschaftliche Aufschwung ginge an den Armen vorbei. Nach Angaben des Statistischen Bundesamts ist das Einkommen, ab dem ein Haushalt als armutsgefährdet bezeichnet wird, zwischen 2005 und 2010 von 1545 auf 1735 Euro gestiegen.[47] Die Armutsgefährdungsquote verringerte sich jedoch im gleichen Zeitraum leicht von 14,7 Prozent auf 14,5 Prozent, d. h. alle Haushalte haben in gleichem Maße vom wirtschaftlichen Aufschwung profitiert, die »Armen« sogar leicht überproportional.

Und irreführend ist auch die These vom Ruhrgebiet als neuem Armenhaus. Entscheidend ist in diesem Zusammenhang der Vergleichsmaßstab. Für die Armut im Ruhrgebiet verwendet der Paritätische Wohlfahrtsverband das (leicht gestiegene, aber hier irrelevante) Medianeinkommen der Bundesrepublik Deutschland als Bezug. Wird dagegen das Medianeinkommen der jeweiligen Großstadt als Bezugsgröße benutzt, hatte etwa Dortmund 2010 eine geringere Armutsgefährdungsquote als Düsseldorf, Hannover, München oder Stuttgart. Duisburg hatte mit 13,9 Prozent sogar die geringste Armutsgefährdungsquote aller ausgewiesenen deutschen Großstädte überhaupt.

Kurz nach dem Paritätischen Wohlfahrtsverband reihte sich auch das Statistische Bundesamt in die lange Reihe der Armuts-Falschberichterstatter ein. »15,8 Prozent der Bevölkerung waren 2010 armutsgefährdet«, meldete man aus Wiesbaden.[48] Als »armutsgefährdet« gilt auch hier, wer jährlich netto weniger als 60 Prozent vom Median, im Jahr 2010 waren das 11426 Euro für Alleinstehende und 23994 Euro für eine Familie mit 2 Erwachsenen und 2 Kindern unter 14 Jahren, zur Verfügung hat. Damit ist aber in armen Ländern die Armutsgrenze niedriger als in reichen. Zieht also ein Gastarbeiter aus Portugal, der hier im Jahr nur 11000 Euro zur

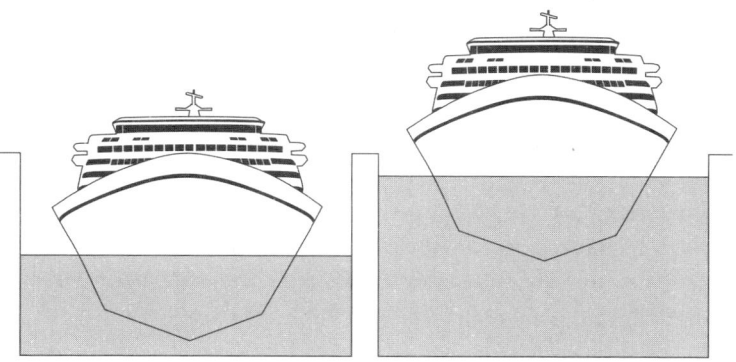

Armut = Teil des Schiffes unterhalb der Wasseroberfläche. Wie hoch auch immer das Wasser in der Schleuse steigt, der Teil des Schiffes unter Wasser bleibt immer gleich.

Verfügung hat, in seine Heimat zurück, nimmt die kollektive Armut in Deutschland und Portugal gleichermaßen ab. Denn in Deutschland ist man mit 11000 Euro jährlich arm, in Portugal dagegen nicht. Der Rückkehrer bewirkt, dass in Deutschland die Armen weniger werden, in Portugal die Reichen mehr.

Die Problematik des Einkommens als zentrale Einflussgröße

Im Wesentlichen sind die Defizite dieser von uns kritisierten Berichte immer gleich. Sie lassen sich in kleinere handwerkliche Fehler und grobe statistische Todsünden unterteilen. Die erste Todsünde - das mechanische Festmachen der Armutsgrenze alleine am (relativen) Einkommen - hatten wir gerade, weiter unten dazu mehr. Die kleineren handwerklichen Fehler betreffen vor allem die korrekte Definition und

Erfassung von zentralen Größen wie Einkommen, Vermögen oder »Bedarfsgemeinschaft«, die allen diesen Berichten zugrunde liegen. Mit dem unschönen Begriff »Bedarfsgemeinschaft« ist in aller Regel ein Haushalt gemeint, es können aber auch zwei oder mehr aus sonstigen Gründen zusammenlebende Menschen sein. Wenn einer von beispielsweise zweien dann im Monat 10000 Euro verdient und der andere nichts, dann ist nicht der eine arm und der andere reich, sondern beide sind einkommensmäßig überdurchschnittlich gut dabei.

Dazu kommt auch noch, dass die pro Kopf gerechneten Fixkosten des Lebens bei größeren Bedarfsgemeinschaften abnehmen. Ob ich allein lebe, zu zweit oder zu fünft, ich brauche auf jeden Fall nur eine Waschmaschine. Diesem Effekt tragen die meisten Armutsstudien durch sogenannte Äquivalenzskalen durchaus Rechnung. Die aktuelle Praxis der bundesdeutschen Sozialhilfe etwa bewertet den Haushaltsvorstand mit dem Gewicht 1, weitere Erwachsene mit 0,9 und Kinder je nach Alter mit 0,6 bis 0,8. Die OECD dagegen bewertet jede Person nach dem Haushaltsvorstand im Alter von 15 und mehr mit 0,5 und alle anderen mit 0,3.

Diese Frage der Bewertung zusätzlicher Familienmitglieder ist mehr als eine rein akademische Fingerübung: Werden die Extra-Lebenshaltungskosten für zusätzliche Familienmitglieder eher niedrig eingeschätzt wie in den USA, braucht eine große Familie weniger für menschenwürdiges Leben. Dann reicht bei großen Haushalten schon ein vergleichsweise geringes Haushaltseinkommen für das Überschreiten der Armutsgrenze aus. Werden die Extra-Lebenshaltungskosten für zusätzliche Familienmitglieder dagegen höher eingeschätzt, so wie in der Bundesrepublik, so finden sich allein schon wegen der hohen Äquivalenzziffern für weitere Haushaltsangehörige viele Mehrpersonen-Haushalte, die anderswo nicht als »arm« gerechnet würden, in Deutschland unterhalb der Armutsgrenze wieder.

Sofern am Einkommen festgemacht, ist für die Armut ferner noch die zugrunde liegende Periode relevant. Ein Saisonarbeiter, der als Kellner in einem Luxushotel pro Sommermonat 6 000 Euro und im Winter nichts verdient, ist nach allgemeiner Sichtweise nicht arm. Soll nun das Monatseinkommen, das Jahreseinkommen oder vielleicht sogar das Lebenseinkommen als Indikator für die Armut zählen? Die meisten deutschen Studenten und Studentinnen sind während ihres Studiums nach offizieller Sichtweise der Bundesregierung arm. Aber natürlich verdienen sie hinterher oft so viel mehr, dass ein durchschnittlicher Akademiker im Lebenseinkommen über eine Million Euro oberhalb des Durchschnitts aller anderen Bundesbürger liegt.

Einkommen versus Vermögen

Aber warum denn Armut nur am Einkommen festmachen? Zu anderen Zeiten und an anderen Orten war oder ist in erster Linie das Vermögen und nicht das Einkommen für den Armutsstatus eines Menschen interessant. »Wer sechs Roß im Stall stehen hat, ist ein Bauer und sitzt im Wirtshaus beim Bürgermeister und beim Ausschuß«, lesen wir bei Ludwig Thoma. »Wenn er das Maul auftut und über die schlechten Zeiten schimpft, gibt man acht auf ihn... Wer fünf Roß und weniger hat, ist ein Gütler und schimpft auch. Aber es hat nicht das Gewicht und ist nicht wert, daß man es weitergibt. Wer aber kein Roß hat und seinen Pflug von ein paar mageren Ochsen ziehen läßt, der ist ein Häusler und muß das Maul halten.«

In seinem Buch *Sozialpolitik* berichtet Hans Achinger:

»Ein Professor aus Tübingen hatte in den achtziger Jahren [des 19. Jahrhunderts] das Bedürfnis, zu den vielen Mode gewordenen Untersuchungen zur Armenfrage beizutragen. ... Der Professor fand bald heraus, dass über die Armut in den Städten bereits unübersehbar viel geschrieben sei, deshalb schickte er die Teilnehmer seines Seminars aufs Land, und zwar auf die schwäbische Alb, um dort nach ›Ursachen der Armut‹ zu suchen. Es gelang einem seiner Schüler, in diesem Dorf mit dem Bürgermeister, dem größten Bauern des Ortes, und seiner Frau in ein ausführliches Gespräch zu kommen. Aber beide wußten mit der Frage nach der Armut nichts anzufangen. Sie wiederholten immer: ›Hier gibt's keine Armen, hier hat jeder sein Sach.‹ Schließlich und endlich und weil der Student noch immer keine Ruhe gab, verfiel die Frau auf eine Auskunft, die sie ihrem Mann ins Ohr flüsterte, weil sie sich genierte, sie vorzubringen. Dann aber faßte sie Mut und sagte: ›Sie meinen vielleicht den Pfarrer und den Lehrer - die haben kein' Sach.‹ Der Student zog sehr enttäuscht ab.«

Heute würde die Lage eher umgekehrt gesehen - der Lehrer und der Pfarrer mit ihren gesicherten Gehältern und Pensionen als die Reichen, die Bauern trotz allen Viehs und Grundbesitzes als die »Armen«.

Aber selbst wenn man beim Einkommen bleibt: Wie misst man diese zentrale Größe überhaupt? Diese Unbestimmtheit des Einkommensbegriffs wird schon aus der Vielzahl der Umschreibungen deutlich, die das deutsche Steuerrecht für »Einkommen« verwendet: Einnahmen, Summe der Einkünfte, Gesamtbetrag der Einkünfte (unterscheidet sich von der Summe der Einkünfte durch Abzug des Altersentlastungsbetrags und des Freibetrags für Land- und Forstwirtschaft), Einkommen, zu versteuerndes Einkommen und Einkommen nach Steuer. Von diesen Begriffen wiederum ist kein einziger identisch mit den Vorstellungen von »Einkommen«, die den verschiedenen Sozialgesetzen zugrunde liegen.

Diese Willkür bei der Festsetzung des Individualeinkommens beeinträchtigt auch die internationale Vergleichbarkeit: In Deutschland etwa zählen die sogenannten Arbeitgeberbeiträge zur Pflege-, Kranken- und Rentenversicherung, obwohl ökonomisch gesehen Teil des Arbeitslohns, *nicht* zum Einkommen des Arbeitnehmers. Das internationale LIS-Projekt (Luxembourg Income Study) dagegen rechnet sämtliche zu welchen Zwecken auch immer geleisteten Arbeitgeberbeiträge dem »idealen« Einkommen des Arbeitnehmers zu. Denn ob der Arbeitgeber das Geld für die Kranken- und Rentenversicherung seiner Beschäftigten direkt oder per Umweg über die Arbeitnehmer an die jeweiligen Kassen überweist, ist aus Sicht aller Beteiligten absolut irrelevant, das Insistieren deutscher Sozialversicherungs»experten«, das mache einen Unterschied, ruft international nur Heiterkeit hervor.

Oder man betrachte den großen grauen Sektor der monetären und realen Staatstransfers. In den USA z. B. zählen Zuschüsse des Staates zu den Ausbildungskosten der Kinder zum Familieneinkommen; in Deutschland werden diese Zuschüsse quasi als »Sachleistungen« am Markt vorbei geleistet, sie zählen im statistisch offiziell erfassten Einkommen der Nutznießer nicht mit. Sollten sie aber. Vor allem diese international inkonsistente und in Deutschland völlig fehlende Anrechnung von geldwerten Staatstransfers ist für eine seriöse Messung der Armut von größter Bedeutung. Zusammen mit der Schattenwirtschaft und der Schwarzarbeit liegen hier gerade für arme Haushalte bedeutsame, aber in vielen Armutsstudien völlig übergangene Einkommensquellen vor.

Insbesondere die geradezu dramatische, durch »kostenlose« Hochschulbildung induzierte Umverteilung fällt hier deutlich ins Gewicht: Ein Haushalt mit einem Einkommen an der Sozialhilfegrenze und einem einzigen Kind auf einer unserer öffentlichen Universitäten wird damit Teil des materiell recht gut versorgten Mittelstandes; nach internationalen Maßstäben ist kein einziger deutscher Haushalt mit studierenden Kindern arm.

Auf der anderen Seite sind viele wohlsituierte Haushalte in den USA mit einem Einkommen weit oberhalb der Armutsgrenze nach deutscher Sicht der Dinge arm: Minus der Kosten für die Universitätsausbildung der Kinder liegt ihr Einkommen oft unterhalb der Armutsgrenze.

Armut ist nicht nur materiell

Davon unabhängig sind jedoch weder Einkommen noch Vermögen optimal geeignet, das zu messen, was Armut eigentlich bedeutet. Wenn wir etwa die Grimm'sche Ausgangsbedeutung des deutschen Wortes »arm« zugrunde legen, als Ableitung des lateinischen »miser« = elend, unglücklich, so ist derjenige arm zu nennen, der aus welchen Gründen auch immer Mitleid auf sich zieht, der keinen Mann bzw. keine Frau bekommt, der krank oder behindert ist, der ohne Kinder bleibt, der nicht lesen oder schreiben kann, die falsche Religion besitzt, keine Arbeit oder keine Freunde hat oder der irgendwelche anderen von der Gesellschaft geschätzten materiellen oder immateriellen Güter nicht besitzt. Arm wäre also der, den andere als arm erachten. Wieder andere sehen Armut zunächst als einen Mangel an Einfluss und Gestaltungsmöglichkeiten oder als eine reine Geisteshaltung, als einen ganz bestimmten »way of life«. Nach dieser »Subkultur-Theorie« der Armut sei diese weniger durch das Einkommen oder das Vermögen als vielmehr durch das Verhalten und den persönlichen Charakter der Armen festgelegt:

»Die Menschen in der Kultur der Armut sind provinziell oder sogar lokal orientiert; sie sind nur sehr partiell integriert in die nationalen Institutionen; sie stellen ausgesprochene Marginalgruppen dar, selbst wenn sie im Herzen einer Landeshauptstadt wohnen; sie weisen eine schlechte oder sehr schlechte Schulbildung auf, gehören nicht Gewerkschaften oder anderen formalen Organisationen an; sie sind nicht politisch interessiert und engagiert; sie kennen kaum oder gar keine ärztliche Versorgung, keinen Mutterschutz, keine Altersversorgung, die offiziell sogar in der betreffenden Gesamtgesellschaft existieren mag; sie haben keinen Kontakt zu Banken, Kaufhäusern, Hospitälern, Museen und sonstigen kulturellen Einrichtungen der dominanten Gesellschaft; sie führen einen ständigen Kampf um ihre wirtschaftliche Existenz, gegen Arbeitslosigkeit, Unterbeschäftigung, niedrigste Löhne, in einer Vielzahl von ungelernten Berufen, ohne Ersparnisse anlegen zu können, mit chronischem Bargeldmangel, ohne geringste Lebensmittelvorräte, mit Verpfändung persönlicher Güter, Kreditaufnahme bei lokalen Geldverleihern zu Wucherzinsen, und sie neigen selbst zu spontanen informellen Kreditgewährungen unter Bekannten, sofern sie einmal selbst Geld haben.«[49]

Diese Merkmale der Armen und der Armut würden begleitet von:

»Leben in äußerst beengten Quartieren ohne jede Privatsphäre; notorische Überbelegung der Wohnungen; hohe Raten von Alkoholismus; häufiges Auftreten von Gewalttätigkeiten bei Auseinandersetzungen; häufige Anwendung physischer Strafen bei der Kindererziehung; Prügeln der Ehefrauen; früher Beginn sexueller Betätigung; »Onkelehen« über lange Zeiträume mit ausgesprochener Tendenz des Mannes zu »außerehelichen« sexuellen Beziehungen; hohe männliche Desertionsraten; Prävalenz Mutter-zentrierter Familien; Vorherrschen der Kernfamilie; starke Disposition zu Autoritarismus und großer Nachdruck auf Familiensolidarität... eine ausgesprochene Gegenwartsorientierung mit gering ausgeprägter Fähigkeit, Gratifikationen aufzuschieben oder für die Zukunft zu planen; ein Gefühl der Resignation und des Fatalismus... der Glaube an die Überlegenheit des Mannes... letztlich eine hohe

Toleranz gegenüber psychologischen Pathologien aller Art.«[50]

Mit anderen Worten, Armut wäre demnach im Wesentlichen gleichbedeutend mit einem Mangel an dem, was man gemeinhin als »gesunden Menschenverstand« bezeichnet, als ein Unvermögen, sich selbst aus Zwangslagen herauszuhelfen.

Diese an eher mentalen Defiziten festgemachte Begriffsbestimmung überlappt sich natürlich mit den materiellen Aspekten unseres Lebens: Die »Subkultur der Armut« gedeiht vorzugsweise auf dem Boden eines niedrigen Einkommens, wie auch sonst die »Elenden und Unglücklichen« dieser Erde oft mit den Menschen ohne großes Einkommen identisch sind. »Arm am Beutel, krank am Herzen«, schrieb schon Goethe, und so ist es vielfach auch noch heute.

Aber die Kriterien »Einkommen bzw. Vermögen« auf der einen und »subjektive Lebensfreude« auf der anderen Seite können sich auch widersprechen: In welche Schublade ist die rauschgiftsüchtige Produzentengattin, der impotente Playboy, der blinde Multimillionär einzuordnen? Wohin gehört der wegen Steuerbetrugs einsitzende Großverdiener oder die gutbürgerliche, aber einkommensarme Familie eines kleinen Beamten, der seine Kinder auf Kosten irdischer Genüsse jeden Morgen in die Schule, zuweilen auch ins Theater schickt, im Vergleich etwa mit einem finanziell weit besser gestellten »asozialen« Haushalt, der sich aus Dosen ernährt, nie wählen geht und viel Geld in Spielhallen und Pornohefte investiert? Der eine Haushalt ist zwar am Einkommen gemessen arm, aber sozial integriert und auf Aufstieg programmiert; seine Kinder werden voraussichtlich einmal mehr verdienen. Der zweite Haushalt verfügt zwar über mehr Ressourcen als der erste, ist aber sozial marginalisiert und wird über Generationen hinweg sein Milieu wohl kaum verlassen.

Hier zeigt sich ganz besonders deutlich die zweifelhafte Rolle von Einkommen und Vermögen als Indikator für die Armut. Denn oft sind Haushalte des zweiten Typus allein mit Geld aus ihrer Lage nicht zu befreien. In einer umfangreichen Studie armer Kinder aus Chicago hat sich gezeigt, dass es nicht in erster Linie der Mangel an finanziellen Mitteln ist, der die Kinder von Slum-Bewohnern zu schlechten Schülern und jungen Kriminellen macht.[51] Vielmehr sind es der Mangel an elterlicher Aufsicht, das ungeordnete Zuhause, das Fehlen des Familienvaters. Würde man das Einkommen der Familien dieser Kinder von jährlich 15 000 Dollar auf jährlich 30 000 Dollar verdoppeln, gingen Kriminalität und Abbruchraten in der Schule (»drop-out rates«) kaum zurück; die zusätzlichen Gelder würden wahrscheinlich für Geschirrspüler, Zweitautos und Diskothekenbesuche der Eltern ausgegeben, die meisten Kinder hätten davon nichts und wären hinterher genauso arm wie zuvor.

Aus alledem wird klar, dass es weder das Einkommen noch das Vermögen sind, die über Arm und Reich bestimmen, sondern was man aus dem Einkommen und aus dem Vermögen macht, der »Nutzen«, im Jargon der Ökonomen, den das Einkommen erzeugt. Und hier zeigen zahlreiche Beispiele aus der Romanliteratur wie aus dem wahren Leben, dass Zufriedenheit und Glück nicht notwendig mit Geld zu kaufen sind. »Auch Mack und die Jungens drehen sich freischwebend in ihren Bahnen«, schreibt John Steinbeck in der *Straße der Ölsar-*

dinen über eine Bande obdachloser, aber glücklicher Zeitgenossen, die dem Treiben und der Hektik ihrer besser verdienenden Zeitgenossen nur mit einem gewissen Mitleid folgen können:

> »Sie sind die Grazien, die Reize, die Tugenden in dem verrückten Kosmos von Monterey, im Kosmos und Chaos der Staaten, darinnen Menschen in Hunger und Angst sich im Kampf um Nahrung und Sicherheit ihren Magen verderben und Leute, hungernd nach Liebe, alles rings um sich zerstören, was liebenswert ist. Mack und die Jungens sind Grazien, Reize und Tugenden. In einer Welt, die beherrscht ist von schwärenbedeckten Panthern, benagt von Aaskäfern und blinden Schakalen, von brünstigen Bullen mißbraucht, speisen Mack und die Jungens köstlich mit Tigern, liebkosen die tollen Färsen und wickeln Brosamen ein, um die Seemöven von Cannery Row zu füttern. Was hülfe es dem Menschen, wenn er die ganze Welt gewänne und säße in derem Besitz, mit einem Magenkrebs, Sodbrennen und Prostataschwellung!«

Wegen dieser prinzipiellen Unbestimmtheit der Armut - hier Geld, da Prostataschwellung - haben die Vereinten Nationen inzwischen das Einkommen als alleinigen Indikator für die Armut aufgegeben: In ihrem *Human Development Report 1997* werden insgesamt vier Dimensionen der Armut unterschieden, wie im folgenden Schaubild dargestellt. Diese Aspekte können sich überlappen und verstärken, sie können aber auch isoliert und einzeln auftreten. Das Generaldilemma, wer nun arm ist und wer nicht, bleibt in aller Regel weiter offen.

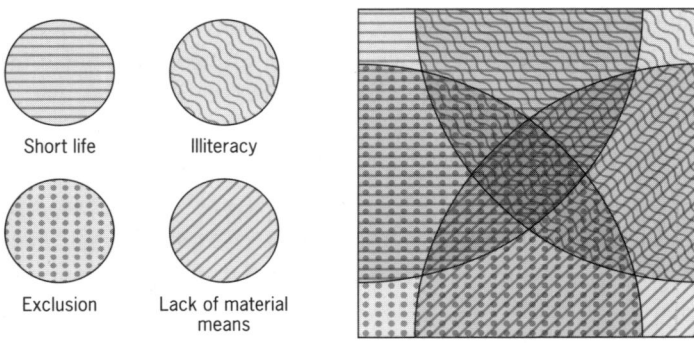

Die vier Dimensionen der Armut im »Human Development Report« der Vereinten Nationen. Die vier Dimensionen der Armut können sich auf viele verschiedene Weisen überlappen. »Short life« = geringe Lebenserwartung; »Illiteracy« = Analphabetismus; »Exclusion« = Ausschluss von Teilhabe; »Lack of material means« = Mangel an materiellen Gütern.

Noch einmal: Die Todsünde

Das waren bis jetzt nur die handwerklichen Fehler. Was man auch macht, es ist immer nicht ganz richtig und leicht falsch. Die eigentliche Todsünde, welche die meisten Armutsstudien zu reinen Papierkorbfüllern macht, ist das bereits eingangs beklagte mechanische Festmachen der Armutsgrenze am Durchschnittseinkommen einer wie auch immer definierten Vergleichsgruppe. Derzeit ist diese Vergleichsgruppe EU-weit der jeweilige Staat, und die länderspezifische Armutsgrenze ist, wie bereits gesagt, bei 60 Prozent des Medians des Nettoäquivalenzeinkommens eines Landes angesetzt. Diese 60 Prozent vom Median beliefen sich für eine alleinlebende Person in Deutschland im Jahr 2010 auf 11 426 Euro und für Familien mit zwei Erwachsenen und zwei Kindern auf 23 994 Euro. Nach dieser Rechnung waren dann im Jahr 2010 genau 15,8 Prozent aller in Deutschland lebenden Menschen arm (bzw. »armutsgefährdet«, wie es im Jargon der Amtsstatistik heißt).

Aber man kann nicht oft genug betonen: Wenn sich unser aller Einkommen verdoppelt oder verzehnfacht oder auch halbiert, der Anteil derjenigen unterhalb der 60-Prozent-Grenze bleibt der gleiche wie zuvor. Eine derartige atheoretische, rein politisch-willkürliche Definition der »Armut« macht also das Bekämpfen dieser »Armut« zu einem wenig erfolgversprechenden Unterfangen (es sei denn, jeder bekommt staatlich festgelegt dasselbe – dann ist die Armut verschwunden). Dergleichen an allgemeinen Durchschnitten angelehnte Armutsmaße messen also weniger die Armut als die Ungleichheit; sie kümmern sich weniger um *Defizite* als um *Unterschiede*, und diese Dinge meinen nicht das Gleiche.

Die dennoch ungebrochene Popularität der 60-Prozent-Grenze ist nicht wissenschaftlich, nur politisch zu erklären: So bleibt die Existenzberechtigung unserer professionellen Armutsfeuerwehren in alle Ewigkeiten festgeschrieben (man kann immer Vergleichsgruppen bestimmen, sodass die eigene Klientel weniger als 60 Prozent des Durchschnitts der Vergleichsgruppe bekommt), und die Jammerlobby in der deutschen Presse kann auch noch in 100 Jahren Artikel über Armut hierzulande schreiben.

Echte Armut entsteht nie nur dadurch, dass es anderen besser geht. Auch wenn so das subjektive Wohlbefinden der Zurückbleibenden sinkt. Wir nennen das den »Babbitt-Effekt« (nach dem gleichnamigen Roman des amerikanischen Literaturnobelpreisträgers Sinclair Lewis): Immobilienhändler George F. Babbitt schwimmt in Geld (so glaubt er) und schaut stolz auf seine weniger erfolgreichen Schulfreunde herab. Bis er die wirklich reichen McKelveys zum Abendessen eingeladen hat:

»Wahrscheinlich werden Sie jetzt bald wieder nach Europa fahren?«, fragte er versuchsweise [Babbit versucht verzweifelt, Frau McKelvey ins Gespräch zu ziehen].

»Ich möchte furchtbar gerne auf ein paar Wochen nach Rom hinüber.«

»Ich denke mir, Sie sehen eine Menge Bilder und Antiquitäten und hören Musik und solche Sachen dort.«

»Nein, was mich wirklich lockt, ist folgendes [entgegnet Mrs. McKelvey]: Auf der Via della Scrofa gibt es eine kleine *Trattoria*, und dort bekommt man die besten *Fettucini* der ganzen Welt.«

»Ach, ich - na ja [sagt Babbitt]. Es muß sehr schön sein, die mal zu kosten. Ja.«

Dann verabschieden sich die McKelveys; Frau Babbitt, die gehofft hatte, mit dieser Einladung zu den wirklich feinen Leuten vorzudringen, setzt eine tapfere Miene auf. »Aber von seinem Feldbett auf der Schlafveranda aus hörte er sie weinen - langsam, hoffnungslos.«

Der Armutsbegriff von Sen

Wie man Armut vernünftig misst, zeigt der Nobelpreisträger für Wirtschaftswissenschaften des Jahres 1998, Amartya K. Sen, geboren im indischen Shantiniketan im Jahre 1933, heute Professor für Volkswirtschaftslehre an der Harvard University. Sen geht zum einen davon aus, dass das Anbinden einer Armutsgrenze an den allgemeinen Durchschnitt wissenschaftlich nicht zu halten ist; allenfalls per Zufall können 60 Prozent vom Durchschnittseinkommen ein erster grober Indikator für die Armut sein. Bei einem festen Prozentsatz vom Durchschnitt, ganz gleich, wie groß, ob 40, 50 oder 60, wäre ein und dieselbe Person einmal arm und einmal reich, je nachdem, auf welche Grundgesamtheit der Durchschnitt sich bezieht, und die Armen würden auch dann die Armut nicht verlassen, wenn alle Bundesbürger Lottomillionäre würden. Ein Armutsmaß, das derart extrem von statistischen Zufällen wie der Abgrenzung der Vergleichsgruppe abhängt und den absoluten Wohlstand völlig ignoriert, ist für seriöse Vergleiche der Armut über Raum und Zeit hinweg ganz einfach nicht zu brauchen.

Auf der anderen Seite sieht Sen aber auch die Schwächen der sogenannten »nutritional poverty line«, des Geldes, das man zum reinen Überleben braucht. Denn der Mensch lebt eben nicht vom Brot allein, und die am reinen physischen Existenzminimum festgemachte Armutsgrenze blendet wichtige Dimensionen des Menschseins völlig aus, sie ist vielleicht für Kühe, aber nicht für Menschen relevant.

Das wurde schon von Adam Smith im 18. Jahrhundert so gesehen:

»Unter lebenswichtigen Gütern verstehe ich nicht nur solche, die unerlässlich zum Erhalt des Lebens sind, sondern auch Dinge, ohne die achtbaren Leuten, selbst der untersten Schicht, ein Auskommen nach den Gewohnheiten des Landes nicht zugemutet werden sollte. Ein Leinenhemd ist beispielsweise, genau genommen, nicht unbedingt zum Leben nötig, Griechen und Römer lebten, wie ich glaube, sehr bequem und behaglich, obwohl sie Leinen noch nicht kannten. Doch heutzutage würde sich weithin in Europa jeder achtbare Tagelöhner schämen, wenn er in der Öffentlichkeit ohne Leinenhemd erscheinen müßte.«[52]

Dieses Leinenhemd von 1776 war 1976 ein Fernsehgerät, war 2010 ein Mobiltelefon und wird im Jahr 2200 vielleicht ein Apartment auf dem Boden des Pazifik sein – Dinge, die jeder »achtbare Tagelöhner«, um sich nicht zu schämen, für sein Leben braucht.

Diese Notwendigkeiten des Lebens, obwohl natürlich über Raum und Zeit variabel und zum Teil kulturbedingt, sind dennoch kurz- bis mittelfristig fest und absolut. »Die natürlichen Bedürfnisse... wie Nahrung, Kleidung, Heizung, Wohnung usw. sind verschieden je nach den klimatischen und anderen natürlichen Eigentümlichkeiten eines Landes«, schreibt Karl Marx im *Kapital* (Band 1). Aber »für ein bestimmtes Land, zu einer bestimmten Periode... ist der Durchschnitts-Umkreis der notwendigen Lebensmittel gegeben«.

Dieser »Durchschnitts-Umkreis der notwendigen Lebensmittel« ist nach Sen der »harte, absolute Kern der Armutsgrenze«. Er setzt sich nicht aus Dingen zusammen, die man gerne hätte (das würde nur wieder das Phänomen der

Ungleichheit in die Armutsmessung einführen), sondern aus Dingen, die man für das Funktionieren als soziales Lebewesen nach absoluten Maßstäben braucht. Zum Beispiel braucht eine Familie auf Hawaii keine Heizung in der Wohnung, genauso wenig wie dicke Mäntel und Winterstiefel für die Kinder; auch ohne diese Dinge ist sie niemals arm. Eine Familie in Stockholm dagegen schon. Diese unverzichtbaren Grundbedürfnisse hängen also einmal von der natürlichen, aber auch von der sozialen Umwelt ab. In einer mobilen, räumlich verteilten Gesellschaft ohne öffentlichen Personennahverkehr kann ein eigener Pkw durchaus zu den Notwendigkeiten des Lebens zählen; ein Haushalt ohne Pkw wäre vom sozialen Leben der Gemeinschaft ausgeschlossen und damit in einem durchaus absoluten Sinne »arm«. In einer eng vernetzten Dorfgemeinde dagegen ist ein eigener Pkw zur Teilnahme am sozialen Leben überflüssig, ein Haushalt ohne Auto ist hier *nicht* in absoluter Weise »arm«.

Auch Güter wie Radio, Fernseher und Telefon sind je nach sozialem und kulturellem Umfeld einmal zum Leben nötig und einmal nicht. Wo Nachrichten traditionell per Ausrufer, Extrablatt oder Schwatz an der Haustür weiterfließen, ist ein Telefon nicht zum Leben nötig und ein Haushalt ohne Telefon daher auch nicht absolut gesehen »arm«. Haben dagegen fast alle Haushalte einer Gemeinschaft Telefon, verändert sich die Kommunikationsstruktur (Telefonkette: Heute fällt die Schule aus), ein Haushalt ohne Telefon ist dann auch absolut gesehen »arm«.

Damit fließt der allgemeine Wohlstand auch in die Sen'sche Armutsgrenze ein. Anders als in der schematischen x-Prozent-vom-Median-Grenze wirkt dieser allgemeine Wohlstand aber *indirekt*: Nehmen wir einen Kühlschrank, ein ehemaliges »Luxusgut«, das man in einer Gesellschaft, wo an jeder Straßenecke frische Lebensmittel feilgeboten werden, tatsächlich auch kaum braucht. Wird aber die Gesellschaft insgesamt gesehen reicher, mit Kühltruhen in jedem Supermarkt, welche die einstmaligen Frischkostanbieter vom Markt verdrängen, wird der Kühlschrank zur Notwendigkeit - je nach sozialer Umwelt ist ein und dasselbe Gut einmal ein Luxus, den man eigentlich nicht braucht, und einmal für ein menschenwürdiges Dasein zwingend nötig. Heute gehört z. B. der Zugriff auf einen PC mit Internetanschluss noch nicht unbedingt zum Leben, ein Haushalt ohne diesen Zugriff ist nicht arm. Aber es ist durchaus vorstellbar und nach aktueller Sachlage sogar wahrscheinlich, dass eines Tages Bankgeschäfte oder Briefkontakte nur noch elektronisch angeboten werden; dann wäre ein menschenwürdiges Leben ohne PC und Internet nicht mehr zu führen, und Menschen ohne diese Güter wären demnach »arm« (und zwar nicht nur relativ zu anderen, sondern durchaus absolut: Ohne Internet-PC wäre eine Teilnahme am sozialen Leben nicht mehr möglich).

Der zentrale Punkt ist dabei, dass diese Notwendigkeit eines Gutes für ein menschenwürdiges Dasein nicht unmittelbar davon abhängt, ob auch mein Nachbar dieses Gut besitzt. Die Notwendigkeit eines Gutes für ein menschenwürdiges Leben hängt einzig *von meinen eigenen* Entfaltungsmöglichkeiten ab, etwa eine Nachricht zu versenden oder in vertretbarer Zeit von A nach B zu reisen. Diese Möglichkeit ist Teil eines menschenwürdigen Lebens, und zwar unabhängig davon, ob meine Nachbarn ebenfalls von A nach B zu reisen in der Lage sind.

Der Wohlstand meiner Nachbarn wirkt also auf meine Armut, falls überhaupt, nur indirekt: Wenn sich in meinem Vorort alle Nachbarn dicke Autos kaufen und deshalb der Bus zur Arbeit nicht mehr fährt, macht mich der Wohlstand meiner Nachbarn arm. Allein der Umstand jedoch, dass links und rechts von meiner Wohnung Luxusschlitten parken, ich selber aber nicht einmal das Geld für einen Kleinwagen besitze, hat für sich selbst gesehen mit Armut nichts zu tun; vielleicht mit Neid, mit Unzufriedenheit, mit dem Gefühl der Benachteiligung, aber nicht mit Armut in der Sichtweise von Sen.

Armut und Reichtum hängen nach dieser Sicht der Dinge nicht von Geld und Einkommen als solchen ab, weder dem eigenen noch dem der Nachbarn, sondern davon, was man für sich selbst mit Geld und Einkommen bewirkt, den von Sen so genannten »capabilities«, was man am besten mit »Entfaltungsmöglichkeiten« übersetzt. Diese Entfaltungsmöglichkeiten umfassen mehr als Essen und Schlafen und den Schutz vor Wind und Wetter; dazu gehört auch, in einer Gemeinschaft als akzeptiertes Mitglied aufzutreten (bzw. auftreten zu können; siehe das Leinenhemd von Adam Smith), über Neuigkeiten informiert zu sein und mit entfernten Freunden und Bekannten im Bedarfsfall in Kontakt treten zu können - kurz gefasst: als soziales Wesen vollwertig zu funktionieren (bzw., wenn man wollte, funktionieren zu können). Und wer von diesen Entfaltungsmöglichkeiten ausgeschlossen ist, gilt als arm.

Ohne Einfluss auf die Armut ist nach der Sen'schen Sicht der Dinge der Nutzen, den die Menschen aus der Entfaltung dieser Möglichkeiten ziehen. Ob jemand sich in einer Zwei-Zimmer-Wohnung subjektiv beengt vorkommt oder nicht, ob jemand seine Kleider mit Freude oder Widerwillen trägt, beim Essen Freude oder Überdruss, beim Besuch einer Kunstaustellung Langeweile oder Begeisterung empfindet, die Lektüre seiner Tageszeitung als Pflicht oder als angenehme Abwechslung betrachtet, eine Autofahrt genießt oder als lästige Zeitverschwendung ansieht, alle diese subjektiven Gefühle spielen für die Armut keine Rolle. Armut ist nicht das Gegenteil von Glück. Vielleicht sind die einen oder anderen obdachlosen Straßenkinder in Rio de Janeiro weit glücklicher als gelangweilte Millionärswitwen auf Golfplätzen in Florida; aber trotzdem sind die Straßenkinder arm, die Millionärswitwen dagegen nicht. Für die Armut ist allein entscheidend, ob ein Mensch zu gewissen Dingen wie einem ungestörten Schlafen mit einem Dach über dem Kopf in der Lage ist oder nicht, unabhängig davon, welchen Nutzen (welches Glücksgefühl bzw. welche Befriedigung) er oder sie dabei verspürt.

Der Sen'sche Armutsbegriff in der Praxis

Ein Maß, das dem Sen'schen Armutsbegriff wohl noch am nächsten kommt, ist die sogenannte Mindestsicherungsquote. Diese Quote wird ebenfalls in der amtlichen Sozialberichterstattung ausgewiesen, aber üblicherweise von den Medien ignoriert. Sie zeigt den Anteil der Empfänger und Empfängerinnen von Sozialleistungen an der Gesamtbevölkerung, wobei folgende Sozialleistungen berücksichtigt werden: Arbeitslosengeld II und Sozialgeld nach dem SGB II, Sozialhilfe (Hilfe zum Lebensunterhalt und Grundsicherung im Alter und bei Erwerbsminderung) nach dem SGB XII, Regelleistungen nach dem Asylbewerberleistungsgesetz sowie laufende Leistungen der Kriegsopferfürsorge. Diese sollen ein soziokulturelles Existenzminimum im Sen'schen Sinn gewährleisten, sie definieren nach Ansicht des Gesetzgebers denjenigen Geldbetrag, den man bei sparsamem Wirtschaften nicht nur für das reine Überleben, sondern darüber hinaus für eine Teilnahme am gesellschaftlichen Leben braucht.

Die folgende Abbildung zeigt die Entwicklung der Mindestsicherungsquote zusammen mit der Armutsgefährdungsquote. In der öffentlichen Diskussion steht dabei überwiegend die Armutsgefährdungsquote, die seit 2006 von 14 Prozent auf 15,2 Prozent zugenommen hat. Im gleichen Zeitraum ist die Mindestsicherungsquote von 10,1 Prozent auf 8,8 Prozent gesunken. Oder anders gesagt: Die Einkommensungleichheit in Deutschland ist gestiegen, die Armut aber ist gesunken.

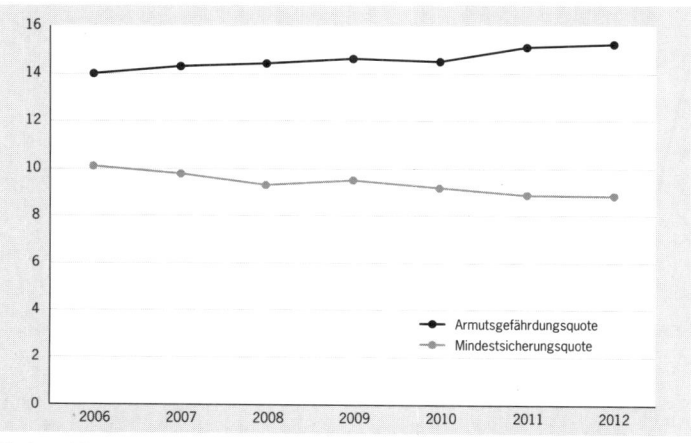

Mindestsicherungs- und Armutsgefährdungsquote, 2006–2012 (in Prozent). Quelle: Statistisches Bundesamt, Amtliche Sozialberichterstattung (www.amtliche-sozialberichterstattung.de/index.html)

181

Ergänzende Literatur

Albrecht, G. (1969): »Die ›Subkultur der Armut‹ und die Entwick-lungsproblematik«. In: König, R.: *Aspekte der Entwicklungs-soziologie*, Opladen, S. 430-471.

Boulding, K. (1961): »Reflections on Poverty«. In: Nat. Con-ference on Social Welfare: *The Social Welfare Forum*, New York, S. 45-58.

Burkhauser, R., T. Smeeding und J. Merz (1996): »Relative inequality and poverty in Germany and the United States using alternative equivalence scales«. In: *Review of Income and Wealth* 42, S. 381-400.

Davies, H., H. Joshi und L. Clarke (1997): »Is it cash that the deprived are short of?«. In: *Journal of the Royal Statistical Society* A, S. 107-126.

Friedman, J. (1996): »Rethinking poverty: empowerment and citizen rights«, *International Social Science Journal* 48, S. 161-172.

Krämer, W. (2001): *Armut in der Bundesrepublik. Zur Theorie und Praxis eines überforderten Begriffs*. Frankfurt: Campus.

Sen, A. K. (1979): »Issues in the measurement of poverty«. In: *Scandinavian Journal of Economics* 81, S. 285-307.

EINFACHE UND BEDINGTE WAHR-SCHEINLICHKEITEN

12. Je älter, desto glücklicher?

»Einer der großen Vorteile der Wahrscheinlichkeitsrechnung ist der, dass man lernt, dem ersten Anschein
zu misstrauen.«

Pierre Simon de Laplace (1745-1827): Philosophischer
Versuch über die Wahrscheinlichkeit

In den 70er-Jahren des letzten Jahrhunderts stand in der deutschen Stadt Wuppertal ein Schornsteinfeger wegen Mordes
vor Gericht. Er sollte eine junge Frau erstochen haben, und
um ein Haar wäre er auch verurteilt worden: Ein Sachverständiger hatte völlig richtig festgestellt, dass die am Tatort vorge-
fundenen Blutspuren nur von einem verschwindend kleinen
Teil der Bevölkerung stammen konnten, darunter auch der
Schornsteinfeger. Der Richter zog daraus den Schluss, dass
mit an Sicherheit grenzender Wahrscheinlichkeit der Schornsteinfeger auch der Mörder war. Und in vielen Prozessen -
wir wollen gar nicht spekulieren, in wie vielen - wäre das
dann das Ende der Geschichte.

In diesem Fall brachte der Angeklagte jedoch ein wasserdichtes Alibi herbei und musste freigesprochen werden.[53]
Aber nicht alle Angeklagten haben so viel Glück. Derzeit
sitzen auf der Welt vermutlich mehrere Tausend Menschen

unschuldig hinter Gittern, wenn ihnen nicht gar Schlimmeres widerfahren ist, die dieses Schicksal einem falschen Verständnis sogenannter *bedingter Wahrscheinlichkeiten* zu verdanken haben. Die Wahrscheinlichkeit p(A|B), dass ein Angeklagter unschuldig ist (A), gegeben, dass sein Blut mit den am Tatort gefundenen Spuren übereinstimmt (B), ist nicht dieselbe wie die Wahrscheinlichkeit p(B|A), dass sein Blut übereinstimmt, wenn er unschuldig ist.

Was also macht diese bedingten Wahrscheinlichkeiten zu einem solchen Minenfeld?

Zunächst einmal deren reine Berechnung. Was normale Wahrscheinlichkeiten sind, weiß jeder mehr oder weniger intuitiv: Beim Würfeln etwa ist die Wahrscheinlichkeit für eine 6 genau ⅙, und die Wahrscheinlichkeit einer geraden Zahl ist ½: Denn es gibt 6 Möglichkeiten, alle gleich wahrscheinlich, eine davon ist die 6, also beträgt die Wahrscheinlichkeit für 6 gerade ⅙. Entsprechend gibt es 3 Möglichkeiten für eine gerade Zahl: 2, 4 und 6, also ist die Wahrscheinlichkeit dafür ³⁄₆ = ½.

Bei bedingten Wahrscheinlichkeiten kommt dann noch eine Zusatzinformation dazu. Etwa die, dass eine Zahl größer als 3 gefallen ist. Und damit ändert sich die Wahrscheinlichkeit für eine gerade Zahl. Ohne diese Info ist die Wahrscheinlichkeit ½, mit dieser Extrainformation ist die Wahrscheinlichkeit ⅔: Es bleiben 3 Zahlen übrig, 4, 5, und 6, darunter 2 gerade, also ist die Wahrscheinlichkeit für gerade, gegeben eine Zahl größer als 3 ist gefallen, jetzt größer, nämlich ⅔.

Diese neue Wahrscheinlichkeit heißt auch *bedingte Wahrscheinlichkeit*, und die Zusatzinformation heißt auch das *bedingende Ereignis.* Und sowohl bei der Berechnung als auch bei der Interpretation solcher bedingten Wahrscheinlichkeiten häufen sich zahlreiche Fallstricke und Fehlermöglichkeiten, die vor allem deswegen so tückisch sind, weil man sie nur sehr schwer sieht.

Die Bedeutung der Zusatzinformation

Fangen wir mit einem harmlosen Trugschluss an. Sie treffen einen Bekannten mit zwei Kindern. Mit welcher Wahrscheinlichkeit hat er zwei Mädchen?

Nichts einfacher als das. Es können die folgenden vier Fälle auftreten:

$$(M, M) \quad (M, J) \quad (J, M) \quad (J, J)$$

Einmal unterstellt, dass alle Möglichkeiten gleich wahrscheinlich sind (in Wahrheit ist dies nicht ganz exakt der Fall, siehe dazu auch Kapitel 7), so beträgt die Wahrscheinlichkeit für zwei Mädchen ¼. Das hätte jeder intuitiv vermutlich auch aus dem Bauch heraus genauso gesagt.

Ist jetzt noch zusätzlich bekannt, dass der Bekannte mindestens ein Mädchen hat, so ändert sich diese Wahrscheinlichkeit für zwei Mädchen, sie wird jetzt natürlich größer. Und man kann auch sehr leicht ausrechnen, um wie viel: Sie ist nicht mehr ein ¼, sondern ⅓. Die Kombination (J, J) fällt weg, von den verbleibenden Möglichkeiten ist eine (M, M), und eine von drei bedeutet eine Wahrscheinlichkeit von ⅓.

Jetzt ändern wir die Zusatzinformation ganz minimal,

wir werden präziser: Das *erste* Kind ist ein Mädchen. Durch diese unschuldige Zusatzinformation ändert sich die bedingte Wahrscheinlichkeit für zwei Mädchen, sie ist nicht mehr ⅓, sondern nochmals größer, sie ist jetzt ½. Mit anderen Worten, die Zusatzinformationen »er hat mindestens ein Mädchen« und »das erste Kind ist ein Mädchen« sind nicht identisch, und sie haben unterschiedliche Konsequenzen! Im ersten Fall fällt durch die Zusatzinformation nur die *letzte* Kombination weg, im zweiten Fall fallen durch die Zusatzinformation die letzten *beiden* Kombinationen weg. Und das ist nicht das Gleiche.

Mit einem ähnlichen Trugschluss gelingt es immer wieder kleinen Kriminellen, mit dem folgenden Kartenspiel ihre Mitmenschen zu übertölpeln. Es soll auf Jahrmärkten und wo immer sich Interessenten dafür finden, schon manchen um viel Geld erleichtert haben: Der Bankhalter präsentiert drei Karten, alle beidseitig bemalt, die erste auf beiden Seiten schwarz, die zweite auf beiden Seiten rot, und die dritte auf der einen Seite rot und auf der anderen Seite schwarz; er wirft die Karten in einen Hut, zieht eine davon zufällig heraus (noch besser: lässt uns selber eine ziehen), wobei alle nur die Oberseite sehen. Er wettet dann 10 Euro, dass die unsichtbare Unterseite dieselbe Farbe hat wie die Oberseite: Ist die Oberseite rot, so wettet er auf rot, und ist die Oberseite schwarz, so wettet er auf schwarz.

Angenommen, die Oberseite ist schwarz. Soll man bei dieser Wette 10 Euro dagegenhalten oder nicht?

»Warum nicht?«, denkt jetzt so mancher. »Die Karte mit den zwei roten Seiten liegt ja noch im Hut. Also muss die Karte auf dem Tisch entweder die Rot-Schwarz-Karte oder die Schwarz-Schwarz-Karte sein. Bei der ersten liegt die rote Seite unten, bei der zweiten liegt eine schwarze Seite unten. Beide Karten sind gleich wahrscheinlich, also sind auch die beiden Farben gleich wahrscheinlich. Die Wette ist fair, ich kann 10 Euro dagegenhalten.«

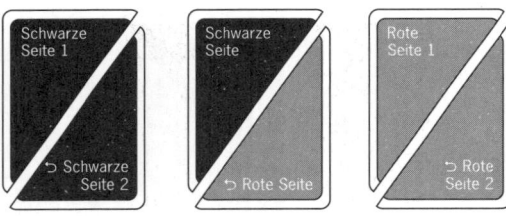

Drei Spielkarten, auf Rück- und Vorderseite rot bzw. schwarz

Das ist aber falsch – diese Wette ist nicht fair (wie die meisten Wetten, die uns von anderen angeboten werden). Auch hier gewinnt auf lange Sicht die Bank, denn schwarz ist viel wahrscheinlicher als rot.

Die beiden möglichen Karten, von denen eine vor uns auf dem Spieltisch liegt, sind zwar gleich wahrscheinlich – entweder liegt da die Rot-Schwarz-Karte oder die Schwarz-Schwarz-Karte, jede mit Wahrscheinlichkeit ½ –, aber die beiden Farben sind nicht gleich wahrscheinlich. Denn Rot kann nur auf eine Weise unten liegen – als Rückseite von Schwarz-Rot. Schwarz dagegen kann auf zwei Weisen unten liegen: als Rückseite von Schwarz-Schwarz, aber auch als Vorderseite von Schwarz-Schwarz, so wie in der folgenden Abbildung, wo die drei Möglichkeiten nochmals aufgelistet sind. Die obere Seite der Karte ist dabei diejenige, die beim Ziehen aus dem Hut tatsächlich oben liegt – also in unserem Beispiel

188

immer schwarz. Aber diese schwarze Seite kann auf drei verschiedene Arten oben liegen: als Vorderseite von Schwarz-Rot, als Vorderseite von Schwarz-Schwarz und als Rückseite von Schwarz-Schwarz. Aber nur in einem dieser drei Fälle zeigt die Rückseite eine andere Farbe als die Vorderseite!

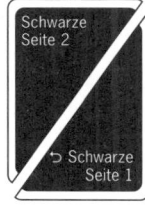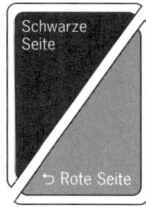

Diese drei gleich wahrscheinlichen Möglichkeiten gibt es, eine Karte mit einer schwarzen Oberseite zu ziehen.

Dieser Kartentrick ist eine Variante des berühmten Bertrand'schen Schachtelparadoxons (nach dem französischen Mathematiker Joseph Bertrand, 1822–1900): Von drei Schachteln enthält eine zwei Goldmünzen (die erste Schachtel), eine zwei Silbermünzen (die zweite Schachtel) und eine je eine Gold- und eine Silbermünze (die dritte Schachtel). Jetzt entnehmen wir einer Schachtel eine Münze und stellen fest: Sie ist aus Gold. Mit welcher Wahrscheinlichkeit ist die andere Münze in der Schachtel auch aus Gold?

Hier argumentieren viele wie der Wettgegner des Bankhalters bei unserem Kartenspiel: »Die Silber-Silber-Schachtel ist es nicht. Also habe ich entweder die Gold-Gold- oder die Gold-Silber-Schachtel erwischt, und da beide gleich wahrscheinlich sind, sind mit Wahrscheinlichkeit ½ beide Münzen aus Gold.«

In Wahrheit sind natürlich mit Wahrscheinlichkeit $\frac{2}{3}$ beide Münzen aus Gold, aus dem gleichen Grund, warum auch mit Wahrscheinlichkeit $\frac{2}{3}$ beide Farben auf der Spielkarte unseres Jahrmarktgauklers identisch sind: Weil in zwei von drei Fällen sowohl die beiden Seiten der Spielkarte als auch die beiden Münzen in der Schachtel die gleiche Farbe haben.

Wechseln oder nicht: Die berühmte Ziegentür

Das bekannteste Beispiel für das falsche Berechnen solcher bedingten Wahrscheinlichkeiten ist die berühmte Ziegentür, dem einen oder anderen deutschen Fernsehzuschauer auch als »Zonk« in der Sendung *Geh aufs Ganze* bekannt. Angenommen, ich habe in einem Fernsehquiz gewonnen – entweder ein teures Luxusauto oder aber eine Ziege (bzw. den Zonk). Der Moderator führt mich vor drei Türen, hinter einer steht das Auto und hinter zwei anderen jeweils eine Ziege, und ich wähle aufs Geratewohl die erste Tür von links. Um die Spannung zu erhöhen, gibt der Moderator das Ergebnis nicht sofort bekannt; er öffnet zuerst eine der beiden anderen Türen, sagen wir die erste Tür von rechts; dahinter wartet eine Ziege. Und dann fragt er: Willst du wechseln?

Soll ich oder soll ich nicht? An dieser Frage sind angeblich schon Freundschaften zerbrochen und Ehen gescheitert. Soll ich statt der ersten Tür von links die noch geschlossene dritte Tür nehmen, in diesem Fall also die mittlere? Soll ich nun wechseln oder nicht?

»Natürlich!«, sagen die einen. »Mit Wahrscheinlichkeit $\frac{2}{3}$ ist das Auto hinter einer der anderen, nicht gewählten

190

Türen. Fällt eine davon aus, so muss die andere mit Wahrscheinlichkeit ⅔ das Auto verstecken. Also verdopple ich durch einen Wechsel die Wahrscheinlichkeit, das Auto zu gewinnen.«

»Was für ein Blödsinn!«, sagen die anderen. »Ganz gleich, was man als Erstes selber wählt – der Moderator kann immer eine Tür mit einer Ziege öffnen. Deshalb erfährt man dadurch auch nichts Neues, das hat man vorher schon gewusst. Und deshalb bleiben auch die Wahrscheinlichkeiten dieselben; ob ich die Tür wechsle oder nicht, ich wähle mit Wahrscheinlichkeit ⅔ eine Ziege und mit Wahrscheinlichkeit ⅓ das Auto. Und deshalb kann ich auch genauso gut bei meiner ersten Wahl bleiben.«

»Das verstehe ich nicht«, sagt noch ein anderer. »Wenn der Moderator eine Tür mit einer Ziege öffnet, bleiben noch zwei Türen übrig, eine mit einer Ziege und eine mit einem Auto. Damit steigt die Wahrscheinlichkeit für »Auto« bei beiden Türen auf ½.«

Diese drei Sichtweisen haben auf Partys, wo man über dieses Thema diskutiert, in der Regel gleich viele Anhänger. Aber nur eine der Parteien hat recht.

Um die Antwort zu finden, ist es wichtig, erst ein paar Regeln zu klären. Erstens, der Moderator bietet jedem Kandidaten die Chance zu wechseln. Wenn er dies nur dann täte, wenn ein Kandidat die Tür mit dem Auto gewählt hat, um ihn in die Irre zu führen, dann wäre Wechseln falsch. Zweitens, wenn der Moderator eine Wahl zwischen zwei Türen mit Ziegen hat, dann wählt er zufällig eine davon aus. Jetzt kann man die Lösung finden. Zunächst ist klar: Über unsere zuerst gewählte Tür erfahren wir in der Tat nichts Neues. Denn ganz gleich, ob wir das Auto oder eine Ziege wählen - der Moderator kann immer eine Tür mit einer Ziege öffnen (wobei wir einmal unterstellen - und das ist ganz wichtig -, dass er das auch tatsächlich tut). Damit bleibt die Wahrscheinlichkeit, dass wir von Anfang an das Auto haben, die gleiche wie vorher, nämlich ⅓.

Aber dabei darf man nicht vergessen, dass die Auto-Wahrscheinlichkeiten für die beiden anderen Türen sich sehr wohl ändern. Für die vom Moderator geöffnete, die mit der Ziege dahinter, ist das sofort klar - die Wahrscheinlichkeit für »Auto« sinkt auf null. Und da das Auto mit Wahrscheinlichkeit eins hinter einer der Türen wartet, hinter einer, nämlich unserer ersten Wahl, mit Wahrscheinlichkeit ⅓, hinter einer anderen, nämlich der vom Moderator geöffneten, mit Wahrscheinlichkeit null, verbleibt für die letzte Tür nur noch die Wahrscheinlichkeit ⅔. Mit anderen Worten: Es ist äußerst lohnend, auf die Tauschofferte einzugehen.

Das sieht man aber auch ohne jede Wahrscheinlichkeitsrechnung. Denn wenn wir selbst in einem Drittel aller Fälle von Anfang an das Auto wählen, dann muss in den restlichen zwei Dritteln aller Fälle, d. h. immer dann, wenn wir nicht schon selbst das Auto geraten haben, dieses hinter der verbleibenden Tür stecken. Und damit lohnt es sich auf jeden Fall, sofern erlaubt, die Tür zu wechseln.

Dieses sogenannte *Ziegenproblem* kursiert in verschiedenen Ausgestaltungen schon seit Jahrhunderten in den Mathematikbüchern des Abendlandes. Am bekanntesten sind die drei Todeskandidaten: Zwei von dreien müssen sterben, mehr ist nicht bekannt. Jetzt fragt der erste Kandidat den Gefängniswärter. »Hör mal, kannst du mir verraten, wer

Sie können den großen Preis (ein Auto) in der Fernsehsendung *Geh aufs Ganze* gewinnen. Hinter einer von drei Türen steht es, hinter den anderen je eine Ziege. Sie wählen die linke Tür. Der Moderator, der weiß, wo das Auto steht, öffnet eine andere Tür mit einer Ziege und bietet Ihnen an, dass Sie zur dritten, noch verschlossenen Tür wechseln können. Würden Sie wechseln oder bleiben? Es gibt drei Möglichkeiten: Das Auto steht hinter Tür 1, 2, oder 3. *In zwei dieser drei Fälle (2 und 3) gewinnen Sie, wenn Sie wechseln.*

von den beiden anderen dran glauben muss? Einer ist auf jeden Fall an der Reihe, also verrätst du kein Geheimnis.« Der Wärter überlegt und sagt: »Irgendwie hast du recht. Also, X ist fällig.« Jetzt ist der erste Todeskandidat erleichtert, denn er denkt: »Bleiben zwei übrig, einer davon überlebt, also ist meine eigene Überlebenswahrscheinlichkeit von ⅓ auf ½ gestiegen.«

Das ist aber ein Trugschluss. Denn wenn der Wärter auf jeden Fall antwortet (entspricht dem Moderator, der immer eine Tür öffnet) und auf jeden Fall einen Todeskandidaten nennt (entspricht dem Moderator, der immer eine Ziegentür öffnet), erfährt der erste Todeskandidat über sich selbst nichts Neues: Seine Wahrscheinlichkeit zu überleben ist vorher die gleiche wie nachher, nämlich ⅓. Grund zur Freude hat allein der dritte Kandidat, denn seine Überlebenswahrscheinlichkeit hat sich durch die Indiskretion des Wärters von ⅓ auf ⅔ verdoppelt.

Wird man mit dem Alter glücklicher?

Das waren bisher alles eher Kuriositäten. Aber in anderen Zusammenhängen kommen durch solche mentalen Schnellschüsse auch gewichtigere Falschmeldungen zustande. Ein Beispiel ist die folgende aus den 70er-Jahren des letzten Jahrhunderts zum Thema »Selbstmord«. Hätte es die Unstatistik des Monats damals schon gegeben, diese Meldung wäre ein Kandidat gewesen: »Je älter, desto glücklicher«, hieß die Schlagzeile, und die Begründung war: Der Anteil der Selbstmörder unter allen Verstorbenen nimmt mit wachsendem Alter ab.

Das trifft tatsächlich zu. Wie der obere Teil der folgenden Abbildung zeigt, endet unter den verstorbenen 20- bis 25-Jährigen nahezu jeder Fünfte durch Selbstmord, unter den verstorbenen 70- bis 75-Jährigen noch nicht einmal jeder Neunte.

Aber das ist nicht die relevante Information. Die relevante Information sind die Selbstmörder – nicht unter den Verstor-

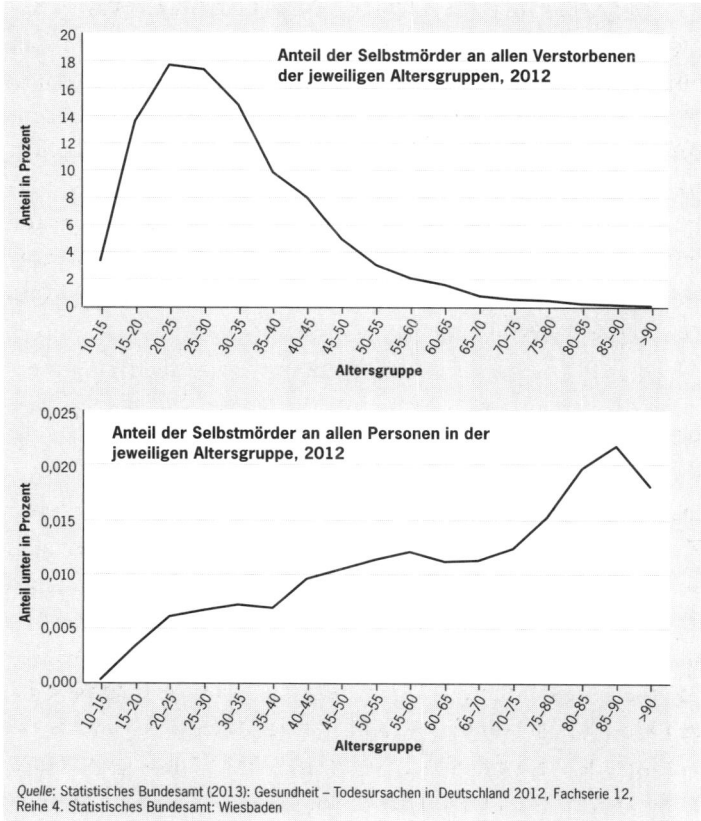

Quelle: Statistisches Bundesamt (2013): Gesundheit – Todesursachen in Deutschland 2012, Fachserie 12, Reihe 4. Statistisches Bundesamt: Wiesbaden

benen, sondern unter den Mitgliedern einer Altersgruppe insgesamt. Die entsprechenden Zahlen sind im unteren Teil der obigen Abbildung aufgelistet; wie man sieht, steigt die Selbstmordwahrscheinlichkeit mit wachsendem Alter an. Von den 20- bis 24-Jährigen begehen nur 6 von 100 000 Selbstmord, jedoch 12 von 100 000 70- bis 74-Jährigen. Nicht unbedingt ein

Zeichen, dass mit dem Alter die Zufriedenheit mit dem Leben steigt. Dass *unter den Verstorbenen* bei jungen Menschen die Selbstmörder so hervorstechen, liegt einfach daran, dass es in diesem Alter kaum andere Todesursachen gibt.

Im Fachjargon der Statistik: Die obere Abbildung vergleicht die bedingte Wahrscheinlichkeit, durch Selbstmord zu enden, gegeben, man ist 20 *und man stirbt*, verglichen mit der bedingten Wahrscheinlichkeit, durch Selbstmord zu enden, gegebenen, man ist 70 *und man stirbt*. Die untere Abbildung präsentiert die bedingte Wahrscheinlichkeit, durch Selbstmord zu enden, gegeben man ist 20 (unabhängig davon, ob man stirbt oder nicht), verglichen mit der bedingten Wahrscheinlichkeit, durch Selbstmord zu enden, gegeben man ist 70 (unabhängig davon, ob man stirbt oder nicht). Und da ist die letztere Wahrscheinlicheit beträchtlich größer. Eine ähnliche Fehlinterpretation hat vermutlich dem ehemaligen American-Football-Spieler O. J. Simpson eine lange Gefängnisstrafe oder Schlimmeres erspart. Er soll, so lautete die Anklage, seine Frau ermordet haben. Zudem war bekannt, dass O. J. Simpson sie des Öfteren geschlagen hatte. Die Verteidigung benutzte nun folgendes Argument: Nur in einem von 2 500 Fällen, in denen ein Mann seine Frau schlägt, bringt er sie dann auch später um. Oder anders ausgedrückt: Die bedingte Wahrscheinlichkeit, dass ein Mann seine Frau ermordet, gegeben, er hat sie vorher geschlagen, ist 1:2 500.

Diese Zahl basiert auf der amerikanischen Kriminalstatistik, sie sei hier einmal als richtig unterstellt. Worauf es ankommt, ist etwas ganz anderes. Nämlich dass die obige bedingte Wahrscheinlichkeit, wenn auch als solche korrekt, nicht die hier relevante ist. Denn man weiß ja noch mehr.

Nicht nur, dass Simpson seine Frau geschlagen hatte. Sondern auch, dass seine Frau tatsächlich ermordet worden ist. Und die bedingte Wahrscheinlichkeit, gegeben, ein Mann schlägt seine Frau und die Frau wird ermordet, dass dann der Mann der Täter ist, beträgt nicht 1:2 500, sondern 8:9.

Dieses Zahlenverhältnis spricht schon eine ganz andere Sprache. Und nicht wenige Prozessbeobachter führen den letztendlichen Freispruch Simpsons auf die Missachtung dieser bedingten Wahrscheinlichkeit zurück.

Hier ist das Grab von Jesus Christus

Die häufigsten Fehler kommen aber durch das Verwechseln von bedingtem und bedingendem Ereignis zustande. So kann man immer wieder in den Medien erfahren, die gefährlichste Sportart in Deutschland sei der Fußball. Laut ARAG Allgemeine Rechtsschutzversicherungs-AG entfallen 58 Prozent aller registrierten Sportunfälle bei den Männern auf Fußballspieler, das ist mit großem Abstand der Rekord. Sind also tatsächlich »Fußballer die größten Bruchpiloten«, wie das einmal in einer Schlagzeile zu lesen war?

Auf Fachchinesisch: Die bedingte Wahrscheinlichkeit, gegeben, es geschieht ein Unfall, dass ein Fußballer das Opfer ist, beträgt 58 Prozent. Das heißt aber doch nicht ohne Weiteres, dass die bedingte Wahrscheinlichkeit eines Unfalls, gegeben, ich spiele Fußball, ebenfalls rekordverdächtig ist. Da fallen uns aus dem Handgelenk ein gutes Dutzend weiterer Sportarten ein. Dass unter den verletzten Sportlern die Fußballer so dominieren, liegt vor allem daran, dass es in

Deutschland mehrere Millionen Fußballspieler gibt. Die Anzahl der Extremkletterer, Drachensegler oder Tiefseetaucher dagegen bewegt sich eher im Bereich der unteren Tausend.

Mit anderen Worten, aus einer hohen Wahrscheinlichkeit von A, gegeben B, ist nicht ohne Weiteres auf eine hohe Wahrscheinlichkeit von B zu schließen, gegeben A. Und schon gar nicht darf man unterstellen, diese Wahrscheinlichkeiten wären gleich. So sorgte etwa der bekannte Filmregisseur David Cameron vor einigen Jahren für Aufsehen mit der Meldung, er habe das Grab von Jesus Christus gefunden. »Es steht 600:1, dass dies das Grab von Jesus Christus ist«, war in verschiedenen Zeitungen zu lesen.

Als Beweis führte Cameron die Inschrift auf dem Grabstein an: Hier ruht Jesus mit seinem Vater Josef und seiner Mutter Maria. Das ist in der Tat bemerkenswert, die Wahrscheinlichkeit, dass eine solche Namenskombination allein durch Zufall zustande kommt, beträgt laut Cameron 1:601. Und das sei ihm auch einmal geglaubt. Also beträgt die bedingte Wahrscheinlichkeit, einen solchen Grabstein zu finden, gegeben, da liegt nicht »unser« Jesus, 1:601.

So weit, so gut. Aber das ist doch um Gottes willen nicht das Gleiche wie die bedingte Wahrscheinlichkeit, hier liegt nicht »unser« Jesus, gegeben diese Namen! Hätte es unsere Unstatistik damals schon gegeben, Cameron hätte den Preis bekommen.

Im Fachjargon der Statistik: Cameron hatte das bedingte und das bedingende Ereignis nicht scharf genug getrennt. Wenn ich weiß, die meisten Holländer sind gute Eisschnellläufer, heißt das dann auch, die meisten Eisschnellläufer sind Holländer? Laut deutscher Studierendenstatistik sind über

80 Prozent aller Maschinenbaustudenten männlichen Geschlechts. Aber natürlich studieren längst nicht 80 Prozent aller deutschen Männer Maschinenbau.

In den letzten Beispielen sind die Verwechslungen derart grotesk, kein Mensch käme auf eine solche Idee. Aber oft genug, so wie beim Wuppertaler Schornsteinfeger, irren sich selbst Spezialisten. Da war die bedingte Wahrscheinlichkeit, gegeben der Schornsteinfeger ist unschuldig, dass gewisse Blutspuren am Tatort gefunden werden, derart minimal, der Richter stand kurz vor einer Verurteilung.

Aber auf diese bedingte Wahrscheinlichkeit kommt es doch überhaupt nicht an! Was wir brauchen, ist die bedingte Wahrscheinlichkeit, der Schornsteinfeger ist unschuldig, gegeben die Blutspuren am Tatort. Und das ist etwas ganz anderes. Zum Glück hat ein wasserdichtes Alibi hier für die Verhinderung eines Fehlurteils gesorgt.

Aber nicht alle Angeklagten haben so viel Glück. Ein Paradebeispiel ist die berühmte Sally Clark, eine Rechtsanwältin aus Manchester, die im November 1999 wegen der Ermordung ihrer zwei Kinder zu zweimal lebenslänglich verurteilt wurde. Und mit großer Wahrscheinlichkeit zu Unrecht. Beide Kinder waren an plötzlichem Kindstod gestorben - der erste Sohn Christopher nach elf Wochen, der zweite Sohn Harry nach acht. Dieses Schicksal trifft jedes Jahr einen von rund 2000 gesund geborenen Säuglingen, die genauen Ursachen kennt man nicht. Aber dass dieses Schicksal zweimal in der gleichen Familie zuschlage, sei derart unwahrscheinlich, so ein Sachverständiger, hier müsse von einem Vorsatz der Mutter ausgegangen werden.

Oder anders ausgedrückt: Die bedingte Wahrscheinlichkeit, dass beide Kinder sterben, gegeben, Sally Clark sei unschuldig, sei minimal. Aber das heißt doch nicht, die bedingte Wahrscheinlichkeit, Sally Clark sei unschuldig, gegeben, beide Kinder sterben, ist gleichfalls minimal!

Nach drei Jahren hatte auch das Gericht dies eingesehen und Sally Clark kam wieder frei (ohne aber jemals wieder in ein normales Leben zurückzufinden; wenige Jahre später ist sie als Alkoholikerin gestorben).

Die Fallstricke der Repräsentationsheuristik

Der Wirtschaftsnobelpreisträger (im Hauptberuf Psychologe) Daniel Kahneman führt einen guten Teil dieser mentalen Trugschlüsse auf einen Mechanismus unseres Unterbewusstseins zurück, den er Repräsentationsheuristik nennt: Vor unserem inneren Auge machen wir uns von bestimmten Gruppen von Menschen - Fußballfans auf der Südtribüne von Borussia Dortmund, englischen Junggesellen auf Urlaub an der Costa Blanca, Studenten der Mathematik - ein ganz bestimmtes Bild. So gelten etwa Studenten der Mathematik als eher introvertiert, an ihrem Äußeren wenig interessiert und nicht gerade als Partylöwen. Jetzt stellen Sie einer geselligen Runde genau eine solche Person einmal vor: Andreas hat gerade sein Studium begonnen, ist schüchtern, noch nie in einer Disco gewesen und tüftelt in seiner Freizeit gern an Denksporträtseln herum. Und dann fragen Sie: Welches Studienfach ist für Andreas wahrscheinlicher, Mathematik oder BWL?

Mit großer Wahrscheinlichkeit sagen die meisten: Mathematik. Eben weil Andreas dem Klischee des typischen Mathematikers am nächsten kommt. Die BWLer dagegen haben ein großes Mundwerk, sind eher extrovertiert und tauchen mit Gusto ins soziale Leben ihres Umfelds ein (ebenfalls natürlich ein Klischee).

Dieses Einsortieren von Personen in Klischeeschubladen geschieht ganz automatisch, das macht unser Unterbewusstsein, ohne den Verstand um Rat zu fragen. Und leider ist dieses Urteil sehr oft falsch. Zum Beispiel ist Andreas mit viel höherer Wahrscheinlichkeit ein BWL-Student. Davon gibt es in Deutschland mehr als 200 000, verglichen mit nur rund 20 000 Studenten der Mathematik (ohne Lehramt). Angenommen, die Hälfte aller Mathematiker entspräche ihrem Klischee und nur 10 Prozent der BWL-Studenten seien schüchtern, introvertiert und gingen selten in die Diskothek. Dann sind das immer noch 20 000 BWLer, verglichen mit 10 000 Mathematikern. Mit anderen Worten, die Wahrscheinlichkeit, dass Andreas BWL studiert, ist doppelt so hoch wie die für ein Studium der Mathematik.

Auch diesen Trugschluss kann man in Wahrscheinlichkeiten formulieren: Die bedingte Wahrscheinlichkeit von scheu und schüchtern sowie introvertiert, gegeben Mathematik, ist überdurchschnittlich hoch. Das heißt aber doch nicht, dass die bedingte Wahrscheinlichkeit für Mathematik, gegeben diese Eigenschaften, ebenfalls überdurchschnittlich hoch sein muss. Dazu muss man wissen, wie viele Mathematikstudenten es überhaupt gibt, verglichen mit Studenten der BWL, der Soziologie, der Erziehungswissenschaften usw.

Kahneman nennt diese Anteile Basisraten. Wenn die Basisrate für einen BWL-Studenten das 10-Fache derjenigen eines Mathematikstudenten ausmacht, studiert ein Student mit einer 10-mal höheren Wahrscheinlichkeit BWL als Mathematik. Aber das Gehirn schaltet diese Basisraten bei der Betrachtung von Stereotypen einfach aus, so argumentiert er. Und dann sei man ganz schnell bei einem Trugschluss angelangt.

Doch in diesem Fall liegt der Trugschluss wohl eher bei Kahneman. Eine wesentliche Bedingung ist, dass Andreas zufällig aus der Menge aller Studenten der Mathematik und BWL gezogen wurde. In den Originalstudien von Kahneman war das aber nicht der Fall. Wenn die Leute auf einer Party nun aber keine Zufallsstichprobe sind, dann ist die Bedeutung der Basisraten unklar. Und jeder weiß aus eigener Erfahrung, dass auf Partys eher das Prinzip »Gleiches gesellt sich mit Gleichem« gilt. In einer experimentellen Studie, die einer von uns (GG) durchführte, konnten die Teilnehmer die Beschreibungen der Personen wirklich zufällig aus einer Population ziehen. Und schon beachteten sie die Basisraten sehr wohl.[54] Dieses Experiment zeigt, wie wichtig die Annahmen bei der Bewertung von richtigem Denken sind und dass manchmal »naive« Versuchspersonen diese Annahmen besser beachten als die Experimentatoren.

Und es gibt hier auch noch mehr Licht am Horizont. Wie einer von uns (GG) in verschiedenen Experimenten gezeigt hat, lassen sich diese Trugschlüsse durch eine kleine Umformulierung des Entscheidungsproblems leicht vermeiden – einfach die nötigen Informationen statt in Prozentsätzen bzw. Wahrscheinlichkeiten in ganzen Zahlen (»natürliche Häufigkeiten«) präsentieren: Rund 200 000 junge Menschen studieren BWL, rund 20 000 Mathematik. Jeder zweite Mathematiker und jeder zehnte BWLer ist scheu und introvertiert. Ist ein zufällig ausgewählter scheuer und introvertierter Student eher ein BWLer oder eher ein Mathematiker?

Auf diese Weise präsentiert, ist das Erkenntnisproblem trivial, denn auch ohne ausgeprägte Kopfrechenkünste sieht jeder sofort: Aha, es gibt 20 000 introvertierte BWLer und 10 000 introvertierte Mathematiker, also ist ein zufällig ausgewählter introvertierter Student eher ein BWLer als ein Mathematiker.[55]

Ergänzende Literatur

Gigerenzer, G. (1991): »How to make cognitive illusions disappear. Beyond ›heuristics and biases‹«. In: W. Stroebe & M. Hewstone (Hg.), *European Review of Social Psychology*, (Vol. 2). Chichester, UK: Wiley, S. 83-115.

Gigerenzer, G. (2002): *Das Einmaleins der Skepsis.* Berlin Verlag.

Gigerenzer, G., K. Fiedler und H. Olsson (2012): »Rethinking cognitive biases as environmental consequences«. In: P. M. Todd, G. Gigerenzer und the ABC Research Group: *Ecological Rationality: Intelligence in the World*, New York: Oxford University Press, S. 80-110.

Good, I. J. (1996): »When batterer becomes murderer«. In: *Nature* 381, S. 481.

Kahneman, D. (2012): *Schnelles Denken, langsames Denken.* 22. Auflage, München: Siedler Verlag.

Krämer, W. (1995): *Denkste! Trugschlüsse aus der Welt der Zahlen und des Zufalls.* Frankfurt: Campus.

Krämer, W. und G. Gigerenzer (2005): »How to confuse with statistics. The use and misuse of conditional probabilities«. In: *Statistical Science* 20, S. 223-230.

WDR: »Eine Frau gegen die Statistik. Der Fall Sally Clark«. Gesendet in *Quarks und Co.* am 17. Oktober 2006, 21.00-21.45 Uhr.

Von Randow, G. (2004): *Das Ziegenproblem. Denken in Wahrscheinlichkeiten.* 4. Taschenbuchauflage, Reinbek: Rowohlt.

13. Ungleicher Lohn für ungleiche Arbeit

»... die Einkommensunterschiede, wonach Frauen noch immer nur 77 Prozent des männlichen Einkommens verdienen, wohlgemerkt für gleiche Arbeit ...«

Bundesministerin Ursula von der Leyen im Deutschen Bundestag

Jedes Jahr gegen Ende März erfährt der *Equal Pay Day* (der Tag der Lohngerechtigkeit) eine hohe mediale Aufmerksamkeit, zuweilen debattiert darüber sogar der Deutsche Bundestag. Dieser internationale Aktionstag wurde erstmals im Jahr 1988 von den amerikanischen Business and Professional Women (BPW) ausgerufen, um auf die Unterbezahlung von Frauen hinzuweisen.

Und in der Tat: Seit Jahren beträgt die Differenz der durchschnittlichen Bruttostundenlöhne von Männern und Frauen in Deutschland zwischen 22 und 23 Prozent. Aber diese durchschnittlichen Lohnunterschiede sind nicht geeignet, die Ungleichbehandlung von Männern und Frauen zu messen, sie lenken von den wahren Problemen eher ab. »Der Unterschied ist zum größten Teil darauf zurückzuführen, dass Frauen und Männer unterschiedliche Arbeit leisten«, schreibt die *FAZ*.[56] »Während die Hochlohnbranchen

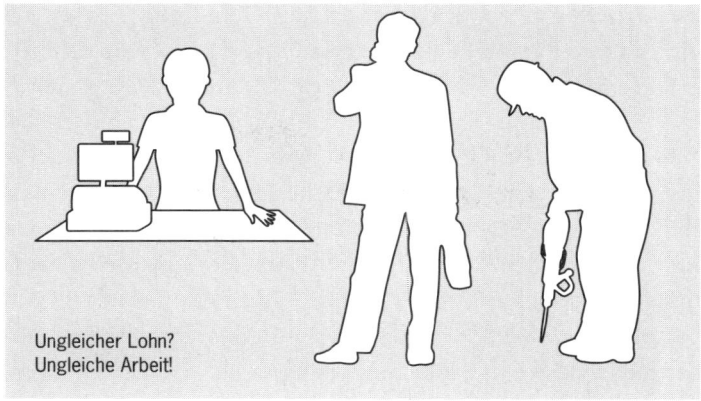

Ungleicher Lohn?
Ungleiche Arbeit!

der Industrie Männerdomänen sind, prägen Frauen die niedriger entlohnten Sozialberufe; zudem arbeiten sie öfter Teilzeit und sind seltener in Spitzenpositionen.«

Besser hätten wir das auch nicht formulieren können. Nicht ohne Grund ist daher der angebliche Minderverdienst von Frauen auch eine unserer Unstatistiken des Monats gewesen. Hier findet ein Vergleich von Äpfeln mit Birnen statt. Anders als Frau von der Leyen meint, erhalten Frauen »für die gleiche Arbeit« gerade nicht nur 77 Prozent des Einkommens von Männern. Sie verdienen zwar weniger, aber nicht für die gleiche Arbeit. Sonst würden viele Unternehmen gegen geltendes Recht – das Allgemeine Gleichbehandlungsgesetz (AGG) – verstoßen, und die Betriebsräte und Gewerkschaften hätten bei einer ihrer wichtigsten Kontrollaufgaben schmählich versagt.

Nach § 3 Abs. 1 des AGG liegt eine unmittelbare Benachteiligung vor, »wenn eine Person wegen eines in § 1 genannten Grundes eine weniger günstige Behandlung erfährt, als eine andere Person in einer vergleichbaren Situation erfährt, erfahren hat oder erfahren würde«. Die in § 1 AGG genannten Gründe sind dabei die ethnische Herkunft, das Geschlecht, die Religion oder Weltanschauung, eine Behinderung, das Alter oder die sexuelle Identität. Da fragt man sich als Erstes: Warum gibt es nur für Frauen einen Tag der Lohngerechtigkeit? Es gibt ja auch noch Homosexuelle, Muslime, Katholiken oder Protestanten! Aber das lassen wir mal beiseite. Denn die zentrale Frage, die sich angesichts dieser Definition von Diskriminierung ergibt, ist die der »vergleichbaren Situation«, und die stellt sich für alle möglichen Teilpopulationen in gleicher Weise.

Im Kontext von Männern und Frauen wäre die Differenz der durchschnittlichen Bruttolöhne nur dann ein glaubhaftes Indiz für eine Ungleichbehandlung, wenn die erwerbstätigen Männer und Frauen zumindest hinsichtlich der für die Entlohnung bedeutenden Merkmale wie etwa Berufserfahrung

	Männer	Frauen
Erwerbstätigenquote der 20- bis 64-Jährigen	77%	68%
Anteil der Teilzeitbeschäftigten an allen Erwerbstätigen	11%	46%
Anteil der Erwerbstätigen: Bergbau und verarbeitendes Gewerbe	27%	11%
Anteil der Erwerbstätigen: öffentliche und private Dienstleistungen (ohne öffentliche Verwaltung)	13%	37%

Ausgewählte Merkmale erwerbstätiger Männer und Frauen in Deutschland, 2012. Quelle: Statistisches Bundesamt (2013), Mikrozensus – Bevölkerung und Erwerbstätigkeit: Beruf, Ausbildung und Arbeitsbedingungen der Erwerbstätigen in Deutschland. Fachserie 1, Reihe 4.1. Wiesbaden: Statistisches Bundesamt

im Durchschnitt ähnlich wären. Genau das ist aber nicht der Fall, die in Deutschland beschäftigten Frauen und Männer unterscheiden sich, wie dankenswerterweise auch von der *FAZ* herausgestellt, unter anderem in ebendieser Berufserfahrung, in ihrer Ausbildung und in ihrer Arbeitszeit. So zeigt die vorangegangene Tabelle, dass Frauen weniger häufig erwerbstätig sind, sehr viel häufiger einer Teilzeitarbeit nachgehen und im Vergleich zu Männern häufiger im Dienstleistungssektor und seltener im verarbeitenden Gewerbe beschäftigt sind.

Die bereinigte Lohnlücke

Nimmt man das AGG wortwörtlich, wären Frauen und Männer zu vergleichen, die hinsichtlich aller lohnrelevanten Eigenschaften mit Ausnahme des Geschlechts vollkommen identisch sind. Das ist aber nahezu unmöglich. Nur selten lässt sich für eine Frau oder für einen Mann ein Pendant finden, der oder die in demselben Unternehmen die gleiche Arbeit verrichtet und die gleiche Berufserfahrung sowie Schul- und Berufsausbildung hat. Es ist daher extrem schwierig (wenn nicht sogar unmöglich), echte Lohndiskriminierung statistisch nachzuweisen.

Aber kann man nicht wenigstens einen Apfel der Sorte Braeburn mit einem Apfel der Sorte Granny Smith vergleichen? Genau diese Idee verfolgt das sogenannte, unter anderem vom Statistischen Bundesamt ausgewiesene bereinigte Lohndifferential Wenn Frauen und Männer schon nicht vollkommen vergleichbar zu machen sind, dann doch zumindest so vergleichbar wie möglich. Das bereinigte Lohndifferential zerlegt daher die durchschnittliche Lohndifferenz in zwei Teile: einen, den man mit den oben genannten Unterschieden von Frauen und Männern erklären kann, und einen, der mit diesen Unterschieden eben gerade nicht zu erklären ist. Letzterer wird dann als derjenige Lohnunterschied interpretiert, der auf einer Ungleichbehandlung beruht. So hat das Statistische Bundesamt ein bereinigtes Lohndifferential von 8 Prozent ermittelt.[57] Mit anderen Worten: Vergleicht man Frauen und Männer mit denselben Eigenschaften (unter anderem Berufserfahrung, Branche, Berufs- und Schulabschluss, Beschäftigungsstatus, Arbeitszeit, Beruf), verdienen Frauen 8 Prozent weniger als Männer. Das ist immer noch nicht gleich, aber deutlich weniger ungleich; ein großer Teil der ursprünglichen Lohndifferenz verschwindet, wenn man gleich mit »nahezu« gleich vergleicht.

Aber diese 8 Prozent sind immer noch zu viel. Dies liegt daran, dass die oben beschriebene Methode Männer und Frauen zwar gleicher, aber eben nicht perfekt – vom Geschlecht abgesehen – identisch macht. Kämen noch weitere, in diesen 8 Prozent nicht berücksichtigte lohnbestimmende Faktoren hinzu, würde die bereinigte Lohndifferenz vermutlich weiter sinken, die 8 Prozent sind nur eine Obergrenze.

Und dazu auch noch eine irreführende Obergrenze. Denn eine mögliche Ungleichbehandlung gibt es auch bei gleichem Lohn. Wie in der vorigen Tabelle zu sehen, zeigen Frauen in Deutschland eine erheblich niedrigere Erwerbsbeteiligung als Männer, einmal sicher freiwillig, in Familien, in denen das traditionelle Familienbild mit dem Mann als Haupternährer und der Frau als Hausfrau noch von Bedeutung ist, oft genug auch unfreiwillig, weil Frauen schwerer als Männer überhaupt eine bezahlte Arbeit finden. Diese Frauen hätten also bei gleicher Eignung einen Lohn von null, aber diese Differenz geht in die Lohnstatistik überhaupt nicht ein.

Wachsende Diskriminierung bei sinkendem Lohnabstand

Es ist sogar noch komplizierter! Einige der Unterschiede zwischen Männern und Frauen, die man bei der Bestimmung des bereinigten Lohnunterschieds herausrechnet, können selbst eine Folge von Diskriminierung sein. Wer darauf rechnen darf, diskriminiert zu werden, investiert vielleicht auch weniger in seine Ausbildung. Und wenn ich davon ausgehe, mich einmal um die Kinder oder die Eltern kümmern zu müssen, werde ich Berufe ergreifen, die mir einerseits die notwendige Flexibilität dafür und auch nach einigen Jahren Pause wieder eine Rückkehr in den Beruf erlauben. Aber gerade diese Berufe sind oft auch die mit den niedrigeren Löhnen und Gehältern.

Damit ist klar, dass der mediale Fokus auf die durchschnittlichen Löhne von Männern und Frauen die wahren Gleichstellungsprobleme nicht beleuchtet, sondern eher verschleiert. Anstatt medienwirksam auf diesen Lohnunterschieden herumzureiten, sollte sich die Politik fragen, warum vor allem Frauen in Teilzeit arbeiten, Kinder betreuen und Familienangehörige pflegen. Oder warum Frauen systematisch andere Berufe als Männer wählen: Nach der Absolventenstatistik der deutschen Universitäten waren im Jahr 2010 nur 16 Prozent aller weiblichen Studenten in den sogenannten MINT-Studiengängen (Mathematik, Informatik, Naturwissenschaften und Technik) eingeschrieben, jedoch 46 Prozent der männlichen. Und es sind diese Differenzen, nicht die 23 Prozent angebliche Lohndiskriminierung, in denen sich die Ungleichheit von Männern und Frauen in erster Linie zeigt.

Auch internationale Vergleiche leiden unter diesem Äpfel-Birnen-Syndrom. Eine weitere Abbildung zeigt die unbereinigten Lohnunterschiede zwischen Männern und Frauen für einige Mitgliedsstaaten der Europäischen Union. Danach ist der durchschnittliche Unterschied zwischen den Löhnen von

Deutschland: hohe Lohnunterschiede
Unterschiede in der Lohnstruktur sind zu einem großen Teil mit unterschiedlichen Berufen und Arbeitszeiten von Männern und Frauen zu erklären.

Italien: niedrige Lohnunterschiede
Viele Frauen mit potenziell niedrigen Löhnen haben keine Anstellung.

210

Männern und Frauen nur in Estland und Österreich höher als in Deutschland, am kleinsten ist er in Slowenien, Polen und Italien. Werden also Frauen in Slowenien, Polen und Italien gerechter behandelt als in Deutschland, Österreich und Estland?

Eher nein. Die Beschäftigungsquote der Frauen, d. h. der Anteil der weiblichen Bevölkerung im erwerbsfähigen Alter, der dann auch einer Erwerbstätigkeit nachgeht, ist in Slowenien mit 61 Prozent, in Polen mit 53 Prozent und in Italien mit knapp 47 Prozent erheblich geringer als in Deutschland mit 68 Prozent, in Österreich mit 67 Prozent und in Estland mit 63 Prozent. Ist es nicht vielleicht im Gegenteil sogar eher so, dass in Polen und Italien nur Frauen mit einer sehr guten Ausbildung und damit hohen Löhnen Chancen haben, überhaupt einen Arbeitsplatz zu erhalten, und deswegen die durchschnittliche Lohndifferenz so niedrig ist?

Fetisch Akademikerquote

Ein weiteres Beispiel für diesen Äpfel-Birnen-Vergleich ist die alljährliche Mahnung der OECD, die Akademikerquote in Deutschland – da unter dem OECD-Durchschnitt – sei zu gering. Obwohl in mehrfacher Hinsicht irreführend, erzeugt diese Statistik alljährlich verlässliche Schlagzeilen in der Bundesrepublik.

In Wahrheit ist die Akademikerquote aus mindestens zwei Gründen keine geeignete Zielgröße der Bildungspolitik. Einmal lassen sich diese Quoten aufgrund der sehr unterschied-

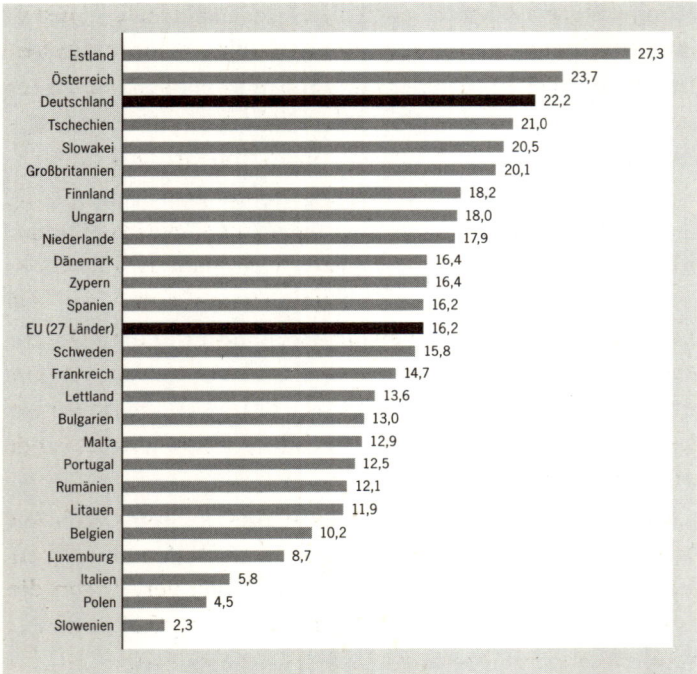

Durchschnittliche Lohndifferenz zwischen Männern und Frauen im internationalen Vergleich. Angaben in Prozent. Quelle: Eurostat

lichen Ausbildungssysteme international nur schwer vergleichen, viele in Deutschland außerhalb der Hochschulen ausgebildete Menschen zählen andernorts durchaus zu den Akademikern. So studieren etwa in Spanien Kranken- und Altenpfleger an Universitäten, in Deutschland sind dies Ausbildungsberufe (ohne dass die Ausbildung dadurch automatisch schlechter wäre). Zudem wird in solchen Vergleichen das deutsche duale Ausbildungssystem weit unter Wert verkauft. Denn wer gut ausgebildete Elektriker, Installateure und Fliesenleger hat, braucht keine Taxifahrer mit einem akademischen Abschluss. So hat Österreich, neben der Schweiz eines der wenigen Länder mit einem ähnlichen dualen Ausbildungssystem, eine noch geringere Akademikerquote als Deutschland, ohne dass dies dem Land bisher geschadet hätte.

Das duale System, das viele deutsche Berufsanfänger durchlaufen, ist keine wirtschaftsschädliche Akademikerbremse, sondern eine vielfach verkannte Trumpfkarte im internationalen Wirtschaftswettbewerb. Während im Durchschnitt aller OECD-Länder weniger als die Hälfte aller 22-Jährigen einen Ausbildungsabschluss vorweisen können, sind dies in Deutschland immer noch über 60 Prozent. Das gilt weltweit als vorbildlich.

Das System heißt dual, weil es auf zwei Säulen ruht, der Ausbildung als Lehrling im Betrieb und der Ausbildung als Schüler in einer Berufsschule. In der Regel verbringen die Auszubildenden zwei Tage pro Woche in der Schule und drei Tage im Betrieb. Historisch gesehen ist dieses System aus den mittelalterlichen Zünften und Gilden und deren Regeln für die Ausbildung junger Handwerker entstanden. Diese privatwirtschaftlich organisierte Ausbildung wurde dann Anfang des 20. Jahrhunderts noch durch staatliche Berufsschulen ergänzt.

Derzeit gibt es in Deutschland rund 350 anerkannte Ausbildungsberufe, vom Änderungsschneider bis zum Zupfinstrumentenmacher, und immer wieder kommen neue dazu und alte fallen weg (als vorläufig letzte Neuerung kamen etwa die Bestattungsfachkraft und die Sportfachfrau dazu). So bleibt das System elastisch und den Bedürfnissen der Wirtschaft angepasst; das Aufstellen und Absegnen der dazu nötigen Ausbildungsordnungen und Rahmenpläne soll erheblich schneller funktionieren, als das sonst aus Bürokratien oder der Zulassung neuer Studiengänge bekannt ist.

Trotz der dennoch zu beobachtenden aktuellen Akademisierungswelle und des Vormarsches alternativer, rein schulgestützter Ausbildungsgänge etwa in Berufsakademien wird die duale Berufsausbildung also wohl auch weiter eine wichtige Stütze des Bildungswesens in den deutschsprachigen Ländern bleiben. Außer in Deutschland selbst kennt und schätzt man es auch noch in der Schweiz und in Österreich, außerhalb des deutschen Sprachgebiets auch in den Niederlanden. Und trotz aller Reibungsverluste beim Zuordnen der Ausbildungswilligen zu den passenden Ausbildungsbetrieben bleibt es anderen Systemen, in denen junge Menschen entweder nur in den Betrieben oder nur in Schulen für konkrete Berufe ausgebildet werden, wegen der Verzahnung von Theorie und Praxis doch wohl überlegen. Weltweit werden die deutschsprachigen Länder wegen dieser idealen Vorbereitung auf das spätere Berufsleben beneidet, aktuell versucht man, es auch in China einzuführen.

Ergänzende Literatur

Altonji, J. G. und R. M. Blank (1999): »Race and Gender in the Labor Market«. In: O. Ashenfelter und D. Card (Hrsg.): *Handbook of Labor Economics*, Vol. 3. Amsterdam et al.: Elsevier Science, S. 3143-3259.

Bertrand, M. (2011): »New Perspectives on Gender«. In: O. Ashenfelter und D. Card (Hrsg.): *Handbook of Labor Economics*, Vol. 4b. Amsterdam et al.: Elsevier Science, S. 1543-1590.

Krämer, W. (2013): *Typisch deutsch*. Berlin: Berlin University Press.

Statistisches Bundesamt (2012): *Frauen und Männer auf dem Arbeitsmarkt: Deutschland und Europa*. Wiesbaden: Statistisches Bundesamt.

KORRELATION UND KAUSALITÄT

14. Genmais tötet und Schokolade macht dünn

»Wenn ich eine ganze Flasche Rotkäppchen
getrunken hatte, wurde meine Frau danach
regelmäßig schwanger.«

Hans Meyer, Fußballtrainer und Philosoph

Ein weiterer häufiger Fehler bei der Interpretation von Statistiken aller Art ist der Schluss von der Gleichzeitigkeit beobachteter Phänomene, auch *Korrelation* genannt, auf einen kausalen Zusammenhang - das eine ist die Ursache, das andere die Wirkung. Dieser Trugschluss ist geradezu ein Turbogenerator für Unstatistiken aller Art. Während eine Korrelation lediglich eine Gemeinsamkeit von Variablen alias Merkmalen beschreibt - bei *positiver Korrelation* gehen beide simultan nach oben oder simultan nach unten -, kommt bei der *Kausalität* noch ein ursächlicher Zusammenhang dazu. Der kann für eine Korrelation verantwortlich sein, muss es aber nicht. Und sehr oft ist er es tatsächlich nicht.

Ein beliebtes Lehrbuchbeispiel ist die Anzahl der Störche und Geburten, etwa verteilt über das Land. So melden Regionen mit vielen Storchennestern auch viele Geburten

Je mehr Storchennester im Dorf, desto mehr Kinder!

Die Schlagzeile blendet die unterschiedliche Größe der Siedlungen aus: Je mehr Häuser, desto mehr Geburten. Je mehr Dächer, desto mehr Storchennester.

und solche mit wenigen Storchennestern wenige Geburten. Aber wer würde das als Beweis betrachten, dass der Storch die Kinder bringt? Vielmehr geht dieser Zusammenhang auf eine dritte Variable - die Größe des Dorfes - zurück. Ein großes Dorf mit vielen Häusern und vielen Dächern hat auch viel Platz für Storchennester. Und gleichzeitig zählt es in aller Regel auch mehr Frauen im gebärfähigen Alter und damit mehr Babys.

Ein verwandter Fehler ist die unzulässige Interpretation sogenannter bedingter Wahrscheinlichkeiten (siehe dazu auch Kapitel 12) als kausaler Zusammenhang. Unser Eingangszitat von Hans Meyer, dem ehemaligen Trainer u. a. des Fußballerstligisten 1. FC Nürnberg, zeigt auch, warum. Laut Meyer steigt, wenn er eine Flasche Rotkäppchen-Sekt getrunken hat, die Wahrscheinlichkeit für eine Schwangerschaft bei seiner Frau. Das mag durchaus zutreffen, aber trotzdem wird deshalb keine Kinderwunschpraxis Rotkäppchen-Sekt in ihr Therapieportfolio aufnehmen.

Die vergessene Variable

Beide Beispiele haben eins gemeinsam: Es existiert eine dritte Variable (im ersten Beispiel die Anzahl der Häuser, im zweiten etwa die Beischlaffrequenz von Herrn Meyer), die mit jedem interessierenden Merkmal nicht nur korreliert, sondern sogar ursächlich für beide ist. Und diese Korrelation der dritten Größe mit den beiden interessierenden Merkmalen verursacht dann auch eine hohe Korrelation zwischen den ersten beiden. Hält man diese dritte Größe fest, verschwindet auch diese Korrelation.

Beispiele aus den Medien oder aus dem Alltag finden sich zuhauf: Nehmen wir etwa die hohe und zuweilen von einzelnen Printmedien und Politikern aus offensichtlichen Gründen ausgeschlachtete Korrelation zwischen Ausländeranteil und Kriminalität in vielen deutschen Städten und Gemeinden. Die wichtigste vergessene Hintergrundvariable ist hier die Größe der Gemeinden, denn große Gemeinden ziehen sowohl Ausländer als auch Kriminelle an. Um hier seriös von Kausalität zu reden, wären erst die Effekte dieser und anderer Hintergrundvariablen wie etwa das Alter der Kriminellen herauszurechnen: Kriminelles Verhalten konzentriert sich in der Altersgruppe 20+, und die ist bei ausländischen Mitbürgern überproportional besetzt. Hier sollte man also nicht den Pass und die Spätfolgen der Pubertät als Kriminalitätsauslöser durcheinanderwerfen.

Ein eher kurioses Beispiel ist die negative Korrelation zwischen der Haarpracht von Männern und deren Einkommen. Daraus folgt nicht, dass Männer durch Haarausfall ihr Einkommen erhöhen können, diese *negative Korrelation* kommt dadurch zustande, dass bei Männern mit wachsendem Alter das Einkommen oft steigt und die Haare ausfallen. Die hier vernachlässigte Hintergrundvariable ist eine der am häufigsten vergessenen überhaupt, die Zeit. Und Zeitreihendaten jedweder Art wie Volkseinkommen, Staatsverschuldung, Lebenserwartung, Studierendenzahlen oder die Mitgliedschaft im Deutschen Fußballbund folgen aus verschiedenen Gründen einem zeitlichen Trend. Weist dieser Trend bei zwei Größen in die gleiche Richtung, wie zum Beispiel beim Volkseinkommen und der Staatsverschuldung, so sind beide Größen automatisch hoch positiv korreliert. Dabei ist es unerheblich, ob die beiden Größen gleichzeitig zunehmen oder gleichzeitig abnehmen, Hauptsache, der Trend ist gleich. Und weisen die Trends in verschiedene Richtungen, wie zum Beispiel beim Einkommen und der Haarpracht der Männer, produzieren sie eine hohe negative Korrelation. In keinem Fall darf aber aus der gleich laufenden oder gegenläufigen zeitlichen Entwicklung der Variablen und der so erzeugten positiven oder negativen Korrelation geschlossen werden, dass zwischen diesen Variablen ein kausaler Zusammenhang besteht.

Die nachfolgenden Abbildungen zeigen die Anzahl der

Korrelation und Kausalität

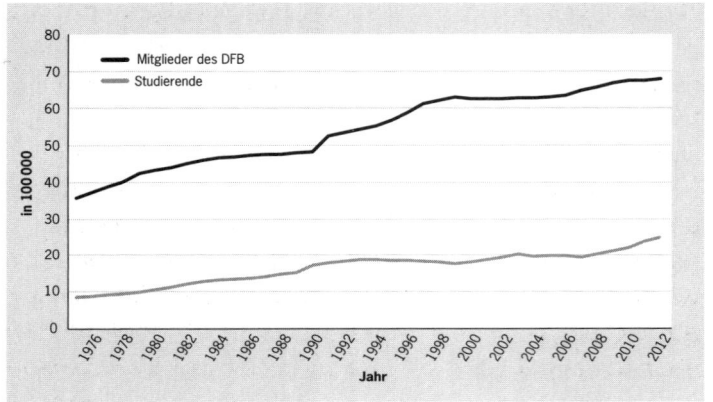

Mitglieder des DFB und Studierende an deutschen Hochschulen, 1975–2012

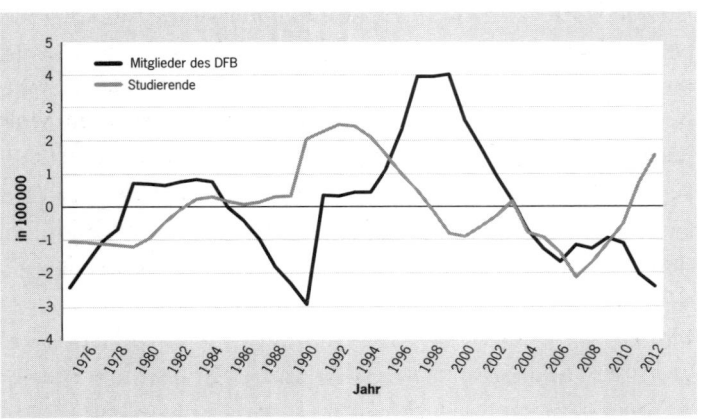

Mitglieder des DFB und Studierende an deutschen Hochschulen, trendbereinigt, 1975–2012

Studierenden an deutschen höheren Bildungseinrichtungen und die Anzahl der Mitglieder des Deutschen Fußballbunds – beide Größen nahmen in den letzten Jahrzehnten zu. Folglich sind sie fast perfekt positiv korreliert (für Spezialisten: der *Korrelationskoeffizient* beträgt 0,95). Die wenigsten Leser werden daraus schließen, dass die Anzahl der Mitglieder des DFB einen kausalen Effekt auf die Anzahl der Studierenden hat (oder umgekehrt). Bereinigt man beide Zeitreihen um ihren positiven Trend, d. h. betrachtet man die jeweiligen Abweichungen von einem geschätzten Trend, verschwindet diese *positive Korrelation* (Korrelationskoeffizient von 0,06).

Genauso lässt sich die positive Korrelation zwischen Störchen und Geburten alternativ auch durch einen gemeinsamen Trend erklären. Die folgende Grafik stammt aus der renommierten Wissenschaftszeitschrift *Nature*; sie zeigt die jährlichen Geburten und Storchenpaare in der alten Bundesrepublik mit dem bekannten Muster: viele Störche, viele Babys, wenig Störche, wenig Babys. Der Korrelationskoeffizient hat den Wert 0,98 und liegt damit dicht bei seinem Maximum von 1. Aber auch hier ist die hohe Korrelation ein Artefakt eines gemeinsamen – diesmal negativen – Trends. Wie die nächste Abbildung verdeutlicht, gingen in den hier betrachteten Jahren die Geburtenzahlen und die Storchenpopulationen gleichermaßen, wenn auch aus unterschiedlichen Gründen, zurück. Und dieser gemeinsame Trend und nichts anderes verursacht dann auch die hohe positive Korrelation.

Korrelation und Kausalität

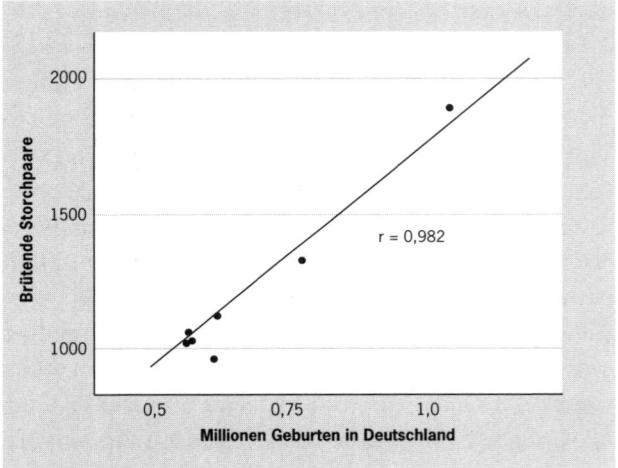

Anzahl der Neugeborenen und der Störche in Deutschland: eine hohe Korrelation. Quelle: Sies (1988)

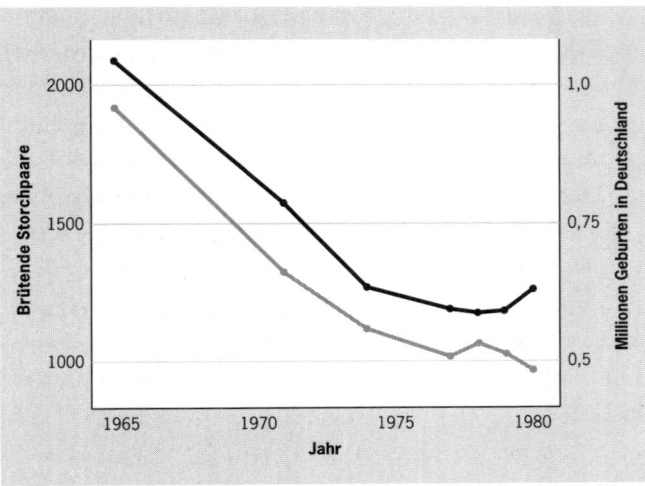

Anzahl der Neugeborenen und der Störche in Deutschland: nur zwei parallel verlaufende Trends. Quelle: Sies (1988)

Was ist Ursache, was Wirkung?

Jetzt wird es kompliziert: Selbst wenn vergessene Variablen auszuschließen sind, lassen sich Korrelationen häufig immer noch nicht kausal interpretieren. Denn wer sagt uns, welche Größe die Ursache und welche die Wirkung ist? Häufig wirkt sogar A auf B und gleichzeitig B auf A. Das heißt auch *zweiseitige Kausalität*. In einigen unserer Unstatistiken, etwa einem Konglomerat verschiedener Zeitungsmeldungen zu vermeintlich ursächlichen Zusammenhängen von Essgewohnheiten, Depressionen, Intelligenz, Körpergewicht und Schulbesuch, wurde diese gegenläufige Kausalität aber ignoriert. So meldete etwa die *Apotheken-Umschau,* der übermäßige Konsum von Fast Food löse Depressionen aus.[58] Von ähnlichem Kaliber sind Meldungen wie »Schokolade macht dünn«, basierend auf einer Studie der University of California in San Diego/USA,[59] die eine negative Korrelation zwischen der Häufigkeit des Schokoladenkonsums und dem sogenannten Body-Mass-Index (BMI) zutage brachte. Danach essen Dünne vergleichsweise viel Schokolade. In allen Fällen wird fälschlicherweise aus der Korrelation zwischen verschiedenen Größen auf einen ursächlichen Zusammenhang geschlossen oder ein solcher in den Überschriften zumindest suggeriert. Doch in keinem Fall ist klar, was die Ursache und was die Wirkung ist. So existiert beim Zusammenhang zwischen Fast Food und Depressionen vermutlich eine zweiseitige Kausalität: Es ist mindestens ebenso plausibel, dass Depressionen zu Essstörungen führen und damit die Kausalität in die umgekehrte Richtung wirkt.

Ähnlich verhält es sich wohl auch mit dem Zusammenhang zwischen Schokoladenkonsum und Gewicht. Sollte es tatsächlich eine Kausalbeziehung geben, wäre die Ursache wohl nicht der Konsum von Schokolade und die Wirkung ein verringertes Gewicht. Eher wäre eine Wirkung in umgekehrter Richtung zu vermuten: Dicke Menschen versuchen, Kalorien da zu sparen, wo es ihnen eher leichtfällt, und essen deshalb weniger Schokolade, d. h. Ursache ist ein hohes Gewicht und Wirkung der Verzicht auf Schokolade. Auf die Fallstricke solcher epidemiologischer Studien kommen wir in Kapitel 16 noch ausführlich zurück.

Das perfekte Experiment

Aufgrund dieser Probleme könnte man resignierend schließen, dergleichen Beobachtungsstudien ließen grundsätzlich keine Aussagen über Kausalzusammenhänge zu. Solange man nicht - wie in den Natur- und ausgewählten anderen Lebenswissenschaften - auf reproduzierbare Experimente zurückgreifen kann, wären damit keine Wirkungsmechanismen zu finden. Grenzt man etwa auf einem Weizenfeld zwei Flächen voneinander ab und behandelt nur eine der beiden mit einem Dünger, wird der Weizen auf der gedüngten Fläche besser wachsen. Dieses Experiment kann man beliebig wiederholen. Der Zusammenhang »Düngen verbessert das Wachstum« ist damit belegt.

In den Wirtschafts- und Sozialwissenschaften und in der Epidemiologie sind derartige reproduzierbare Experimente nicht oder nur unter einem erheblichen finanziellen und organisatorischen Aufwand möglich. Daher bleiben hier oft nur Beobachtungsstudien mit all ihren Mängeln übrig. Aber trotzdem lassen sich mittels fortgeschrittener statistischer Methoden auch hier noch Aussagen über kausale Zusammenhänge treffen. Das zentrale Problem liegt dabei darin, dass ausnahmslos jede empirische Untersuchung mit einer nicht zu beobachtenden Situation - der sogenannten *kontrafaktischen Situation*, einer »Was-wäre-wenn«-Frage - konfrontiert ist. So wissen wir nicht, ob Frau Meyer auch schwanger geworden wäre, wenn Herr Meyer keine Flasche Rotkäppchen-Sekt getrunken hätte.

In kontrollierten Experimenten lässt sich diese kontrafaktische Situation sehr leicht konstruieren, wie oben bereits gezeigt: Eine Fläche wird mit Dünger behandelt, eine andere Fläche nicht.

In vielen Beobachtungsstudien lässt sich diese kontrafaktische Situation jedoch nur unter großem Aufwand herstellen. Aber sie lässt sich herstellen. Zumindest teilweise. Hier ein Beispiel:

Nehmen wir etwa den Zusammenhang zwischen den - zeitweise immensen - deutschen Regierungsausgaben für Arbeitsmarktförderung und den resultierenden Ergebnissen am Arbeitsmarkt. Nach Angaben der Bundesagentur für Arbeit wurden im Jahr 2012 insgesamt 6,29 Milliarden Euro für Ermessensleistungen der aktiven Arbeitsmarktpolitik und für Leistungen zur Förderung der Aufnahme einer selbstständigen Tätigkeit ausgegeben. So kostete eine außerbetriebliche Ausbildung für Arbeitslose, die im Durchschnitt 21 Monate gefördert wurde, je geförderter Person im Durchschnitt knapp 23 000 Euro. Angesichts dieser Ausgaben stellt sich die berechtigte Frage, ob eine außerbetriebliche Ausbildung wirklich wirkt, ob sie wirklich dabei hilft, Arbeitslose wieder in den Arbeitsmarkt zu bringen.

Wie würde nun ein perfektes Experiment aussehen, um eine mögliche kausale Beziehung »außerbetriebliche Ausbildung erhöht die Beschäftigungswahrscheinlichkeit« nachzuweisen?

Dazu würde man aus den Arbeitslosen eine zufällige, mit der gleichen außerbetrieblichen Ausbildung bedachte Teilgruppe auswählen. Als Kontrollgruppe dienen ebenfalls zufällig ausgewählte Arbeitslose, die eine solche Ausbildung nicht erhalten. Dann stellt die Zufallsauswahl sicher, dass diese Gruppen zumindest im Durchschnitt miteinander vergleichbar, d.h. soziodemografisch sozusagen (statistische) Zwillinge sind. Darüber hinaus sollten alle ausgewählten Personen die Ausbildung auch abschließen. Würde dieses Experiment häufig wiederholt und hätten die Teilnehmer hinterher immer eine höhere Beschäftigungswahrscheinlichkeit, wäre die Wirksamkeit dieser Maßnahme wenn auch nicht bewiesen, so doch überzeugend dargelegt.

Derartige Experimente sind natürlich aus verschiedenen Gründen kaum praktikabel. Neben ethischen Überlegungen sprechen auch die hohen Kosten und der erhebliche administrative Aufwand dagegen. Darüber hinaus kann man die Teilnehmer nicht zwingen, die Ausbildung dann auch abzuschließen. Würden beispielsweise die am geringsten Motivierten die Ausbildung abbrechen, wären die erfolgreichen Teilnehmer keine Zufallsstichprobe aller Arbeitslosen mehr, die Maßnahme würde nur deswegen erfolgreich erscheinen, weil die am geringsten Motivierten vor Ende ausscheiden. Daher muss auf existierende Daten zu den Arbeitslosen und zu den von diesen absolvierten Maßnahmen zurückgegriffen werden.

Aber leider lässt sich hier nicht einfach die Wiederbeschäftigungswahrscheinlichkeit der Teilnehmer mit derjenigen von Nicht-Teilnehmern vergleichen. Denn die Vermittler der Bundesagentur teilen die Arbeitslosen nicht zufällig den verschiedenen Maßnahmen zu; sie überlegen vielmehr, was sinnvoll ist und was nicht. Und schon haben wir wieder eine unbeobachtete Variable – die nur dem Vermittler vorliegenden Informationen zu den Arbeitslosen –, welche die selektive Zuteilung in verschiedene Maßnahmen steuert. Damit beweist aber eine höhere Wiederbeschäftigungswahrscheinlichkeit nicht ohne Weiteres die Wirksamkeit der Ausbildungsmaßnahme an sich, sie beweist nur, dass die Vermittler ein gewisses Geschick darin besitzen, vor allem solche Arbeitslosen in Förderprogramme zu schicken, die dann später auch tatsächlich Arbeit finden. Aber vielleicht verfügen die Geförderten über Eigenschaften, die auch ohne Förderung den Eintritt in den Arbeitsmarkt erleichtern?

Es sind also spezielle statistische Methoden nötig, um die Selektion der Arbeitslosen in verschiedene Maßnahmen aufgrund von vermittlerspezifischen Informationen zu berücksichtigen, und genau die sind in den letzten Jahren auch entwickelt und sogar mit einem Nobelpreis gewürdigt worden (James Heckman 2001). Die sogenannte Differenzen-von-Differenzen-Methode etwa vergleicht die unterschiedlichen Erfolge der Geförderten und Nicht-Geförderten im Zeitablauf. Oder aber man modelliert – so wie James Heckman – die Entscheidung, an einer Fördermaßnahme teilzunehmen, als Funktion von weiteren erklärenden Variablen. Interessierte Leser finden mehr dazu in dem Lehrbuch von Bauer, Fertig und Schmidt.

Unfug trotz Experiment

Dass auch Experimente zu vollkommen falschen Ergebnissen führen können, zeigt eine weitere von uns als Unstatistik apostrophierte Meldung, dass genmodifizierter Mais Krebs erzeugen soll. Ein Wissenschaftlerteam um den Franzosen Gilles-Eric Séralini hatte bei Ratten, die über einen längeren Zeitraum mit genmodifiziertem Mais gefüttert worden waren, schwere gesundheitliche Schäden festgestellt. Insbesondere starben diese Ratten häufiger als andere an Krebs. Damit sei das genmodifizierte Futter als Verursacher von Krebs entlarvt.[60]

Diese Meldung wurde in vielen deutschen Medien recht unkritisch als »alarmierend« verbreitet, und drei französische Minister forderten die EU zum Handeln auf. Aber aus Sicht der Statistik ist sie nur als Unfug zu bezeichnen. Denn die Anzahl von Ratten, die binnen eines gegebenen Zeitraums an Krebs sterben, schwankt sehr stark, ob mit Genmais gefüttert oder nicht. Zudem hatte die französische Forschergruppe nur zehn Tiere in der Kontrollgruppe der nicht mit Genmais gefütterten Tiere untersucht. Wegen dieser sehr geringen Zahlen können Unterschiede in der Krebsmortalität sehr leicht allein durch Zufall auftreten. Sie sind im Sinne der mathematischen Statistik »nicht signifikant«, also nicht aussagekräftig genug, um auf einen ursächlichen Zusammenhang zu schließen. Das lässt sich auch leicht daran erkennen, dass die Gruppe von Ratten mit dem höchsten Anteil an Genmais im Futter tatsächlich die höchste (!) Überlebensrate hatte. Diesen Begriff der »Signifikanz« von Abweichungen aller Art haben wir in Kapitel 6 dieses Buches bereits ausführlich diskutiert.

Würden wir genauso vorgehen wie in der Genmais-Studie, könnten wir »beweisen«, dass auch Bonbonlutschen Krebs erzeugt. Derzeit sterben drei von zehn Bundesbürgern an Krebs. Greift man beliebige zehn Bonbonlutscher heraus, sterben aber nur selten genau drei davon an Krebs; die tatsächliche Zahl der Krebsfälle schwankt zwischen null und zehn. Angenommen, in unserer Gruppe der Bonbonlutscher sind es vier. Das heißt aber nicht, dass Bonbons die Sterblichkeit um 33,3 Prozent (von drei auf vier) erhöhen. Genau dieser Fehler wurde aber in der Genmais-Studie gemacht.

Ergänzende Literatur
Bauer, T. K., M. Fertig und C. M. Schmidt (2009): *Empirische Wirtschaftsforschung. Eine Einführung.* Heidelberg et al.: Springer Verlag.
Sies, H. (1988): »Correlation of Number of Brooding Storks with Newborn Babies. A contribution to epidemiology«. In: *Nature* 332, S. 495.

15. Der Mythos von der Krebsgefahr

»Denn Krebs, darüber gibt es kaum noch Zweifel, das ist die Luft, die wir atmen, das Wasser, das wir trinken, das sind die Chemikalien, mit denen wir hantieren, die Pillen, die wir schlucken. Krebs ist um uns und in uns. Krebs ist unser Tribut an die Industrialisierung, die Folge eines ungezügelten Wirtschaftswachstums, das auf die Qualität der Umwelt keine Rücksicht nahm.«

Die Zeit

Die Krebsgefahr nimmt zu, immer mehr Menschen erkranken und sterben daran, in Deutschland inzwischen jeder Vierte, und der Weltkrebsbericht der Weltgesundheitsorganisation sieht für 2025 jährlich mehr als 20 Millionen Neuerkrankungen an Krebs voraus. Bald ist Krebs vielleicht sogar die weltweit häufigste Todesursache überhaupt. Kein Wunder also, dass mit solchen Zahlen so trefflich Angst zu machen ist. Und wie nicht anders zu erwarten, hat auch der letzte Weltkrebsbericht die üblichen Verunsicherungen und Forderungen nach staatlichen Eingriffen zur Eindämmung der Bedrohung ausgelöst.

Aber wieso eigentlich? Schalten wir doch einmal - bei diesem Thema sicher nicht leicht - unsere Emotionen und unsere Ängste eine Weile ab und stattdessen unsere grauen Gehirnzellen zum Denken ein. Dann wird nach einer Weile

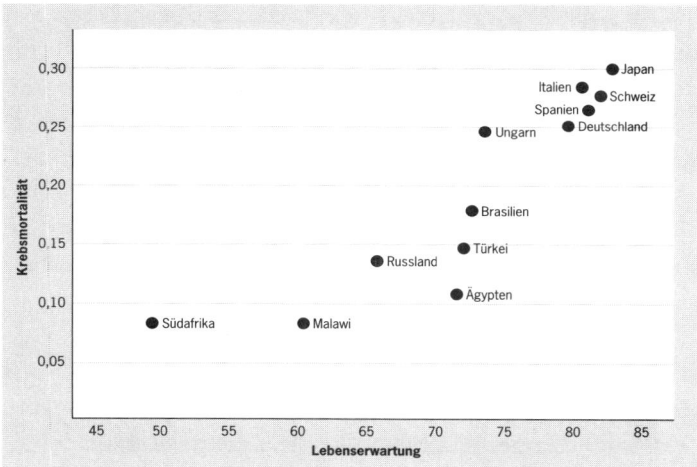

Zusammenhang zwischen Krebsmortalität und Lebenserwartung

klar, dass diese Zahlen ein geradezu notwendiges, wenn auch trauriges Nebenprodukt einer im Prinzip durchaus erfreulichen Entwicklung sind. Denn je mehr Menschen in einem Land oder in einer Region an Krebs sterben oder erkranken, desto länger leben sie dort auch, desto höher ist dort die an der Lebenserwartung gemessene Umweltqualität und desto höher der Standard der Hygiene und Medizin.

Die obige Grafik setzt einmal für eine Auswahl von Ländern die Lebenserwartung und den Anteil der Menschen, die an Krebs versterben, in Relation.

Wie zu sehen, meldet man die weltweit höchste Lebenserwartung in Japan und in der Schweiz. Gleichzeitig ist dort auch die Wahrscheinlichkeit, an Krebs zu sterben, am höchsten. In Südafrika werden die Menschen im Durchschnitt nur

50 Jahre alt. Und weniger als 10 Prozent sterben an Krebs. Wo möchten Sie lieber leben? In einem Land mit wenig Krebs oder mit viel? Auch wenn Krebs für den Einzelnen eine sehr ernste, häufig sogar lebensbedrohliche Diagnose darstellt und die Erforschung der Ursachen zu Recht eine hohe Priorität genießt, ist eine hohe Krebsmortalität ein eher positives Qualitätsmerkmal. Sterben in einem Land viele Menschen an Krebs, geht es den Menschen eher gut, sterben wenige Menschen an Krebs, geht es den Menschen eher schlecht.

Teilt man die an Krebs Verstorbenen nach Altersklassen ein, enthüllt sich sogar das Gegenteil einer wachsenden Krebsgefahr. Die folgende Tabelle stellt für die Jahre 1970 und 2012 sowie für verschiedene Altersklassen die Zahlen der an Krebs verstorbenen deutschen Frauen einander gegenüber (für Männer gilt Ähnliches).

Wie zu sehen, nimmt die Krebsmortalität mit steigendem Lebensalter dramatisch zu, und zwar zu früheren Zeiten genauso wie heutzutage. Das ist nicht neu und sollte niemanden überraschen. Überraschend ist vielmehr etwas anderes: In allen Altersklassen geht die Wahrscheinlichkeit, an Krebs zu sterben, mit der Zeit *zurück*! (Zumindest für deutsche Frauen und die Jahre 1970 und 2012.) Das macht die Warnung vor der Krebsgefahr nochmals um mehrere Grade unglaubwürdiger. Denn von einer »Explosion« der Todesursache Krebs kann sogar aus zwei Gründen keine Rede sein. Die mit Abstand wichtigste Ursache für die insgesamt zunehmende Mortalität ist einmal der mehr als erfreuliche Umstand, dass immer mehr Menschen in die Altersgruppe 80+ hineinwachsen, und darüber sollte man sich doch eher freuen. Und dann geht sogar in diesen hohen Altersklassen das Todesrisiko

Krebs zurück! Es bleibt zwar absolut gesehen hoch, war aber früher höher.

Nun zeigt diese Tabelle nur die an Krebs Verstorbenen, nicht die an Krebs Erkrankten. Nach dem Zentrum für Krebsregisterdaten am Robert Koch Institut ist die Zahl der Krebsneuerkrankungen zwischen 2000 und 2010 bei Männern um 21 Prozent und bei Frauen um 14 Prozent angestiegen. Doch auch diese Zunahme ist überwiegend mit unserer zunehmenden Alterung zu erklären. Die um Alterseffekte korrigierten, sogenannten altersstandardisierten Er-

Alter	1970	2012
0–4	7	3
5–9	6	2
10–14	4	1
15–19	6	2
20–24	8	3
25–29	12	5
30–34	21	10
35–39	45	21
40–44	84	40
45–49	144	74
50–54	214	138
55–59	305	215
60–64	415	316
65–69	601	454
70–74	850	590
75–79	1183	811
80–84	1644	1154

So viele von je 10000 deutschen Frauen verschiedener Altersklassen sind an Krebs gestorben.

krankungsraten haben sich bei Männern nicht verändert und sind bei Frauen nur leicht angestiegen (7 Prozent). Und dieser Anstieg ist, so das Robert Koch Institut, vor allem auf das Mammografie-Screening zurückzuführen, auf das wir in Kapitel 3 schon eingegangen sind.[61]

Aber selbst ein »echter« Anstieg der um Alterseffekte korrigierten Zahl der Krebsneuerkrankungen wäre immer noch kein Grund zur Panik. Wie man etwa aus Autopsie-Studien weiß, leidet einer von fünf 50-jährigen Männern in den USA an einer Form von Prostatakrebs. Wenn diese Männer zehn Jahre länger leben, sind es schon zwei von fünf. Werden sie über 70 Jahre alt, dann sind es drei von fünf. Und falls diese Männer über 80 Jahre alt werden, sind es sogar vier von fünf. Aber sterben tun daran nur etwa drei Prozent. Das heißt, wenn ein Mann das Glück hat, lange zu leben, dann muss er damit rechnen, eine Form von Prostatakrebs zu bekommen. Nur wird er wahrscheinlich mit dem Krebs sterben und nicht am Krebs.

Ursachen der Krebsgefahr

Eine weitere systematische Desinformation, ob aus Absicht oder Schlamperei, erleben wir auch zu den Ursachen von Krebs. Denn natürlich ist ein hohes Lebensalter als solches keine Krebsursache, es erleichtert nur den wahren Ursachen, ihre Wirkung zu entfalten. Und da gibt es keinen Mangel an Kandidaten. Die Eingabe des Stichworts »krebserregend« bei Google etwa liefert die folgende beeindruckende Liste von Feinden unseres Lebens (nur Auszüge, alphabetisch sortiert): Ablagerungen in Kaffeebohnen, aggressive Cholesterol-Senkung, Alkohol, Ameisensäure, Anilin, Aroma-Chemikalien, Arsensäure, Asbest, Babyschnuller, Benzol, Blaugel, Blei, Buchenstaub, Cannabis, Chlor, Cobalt, Computermonitore, Deosprays, Dieselmotor-Emissionen, Dioxin, Duftbäume im Auto, Energiesparlampen, fernöstliche Kräutermischungen, Formaldehyd, gegrillte Mettwürstchen, Glasfasern, Handystrahlung, Holzstaub, Heizöl, HP-Viren, Kartoffelchips, keramische Mineralfasern, Klapprechner, Kohlenmonoxid, Kondome, Laserdrucker, Lebensmittelzusatzstoffe, Linkshändigkeit, Luftballons, Mineralwolle, Neurodermitis-Salben, Nickel, Oralsex, Ostzonensuppenwürfel (»Ostzonensuppenwürfel machen Krebs« – das war tatsächlich einmal eine Schlagzeile in der *Bild*), Ozon, Passivrauchen, Parfum, PCB, Pommes frites, Quarz, Rapsöl-Abgase, rohes Rindfleisch,

Ursache	% aller Todesfälle
Ernährung	35%
Rauchen	30%
Infektionen	10%
Sexualverhalten	7%
UV-Licht und natürliche radioaktive Strahlung	5%
Beruf	4%
Luftverschmutzung	2%
Medizintechnik	1%
Industrieprodukte	< 1%
Nahrungsmittelzusätze	< 1%

Ursachen der Krebsmortalität in den USA

237

Rohöl, scharf angebratenes Fleisch, Schichtarbeit, Schimmelpilze, Schminke, Sojabohnen, Speckstein, Stammzellen, Tabakrauch, Tätowierungen, Tupperware, Übergewicht, zu viel UV-Strahlen, zu wenig UV-Strahlen, Venylacetat, WLAN-Anlagen, Zigaretten-Zusatzstoffe, Zimtsterne und Zitronensäure – es scheint heute fast nichts mehr zu geben, was wir anfassen, tun und lassen, essen oder anziehen, das nicht im Zweifelsfall auch Krebs erzeugt.

Diese Warnungen mögen im Einzelfall durchaus ihre Berechtigung besitzen, lenken aber im Großen und Ganzen von den eigentlichen Krebsgefahren eher ab. Insbesondere reiten sie zu oft auf der Technik, der Chemie, der Industrie herum und übersehen dabei die wahren Ursachen für die meisten Krebserkrankungen, die ganz woanders zu suchen sind. Die vorige Tabelle, einem Aufsatz der britischen Epidemiologen Doll und Peto entnommen, teilt alle Todesfälle durch Krebs in den USA nach den vermuteten Ursachen auf. Diese Zahlen sind schon einige Jahre alt und betreffen ein anderes Land, sehen aber vermutlich für das aktuelle Deutschland nicht viel anders aus.

In einem neueren Aufsatz in der renommierten Wissenschaftszeitschrift *Nature* finden sich diese Zahlen im Wesentlichen bestätigt.[62] Danach sind etwa Fettleibigkeit und Alkohol für insgesamt 20 bis 30 Prozent aller Krebserkrankungen verantwortlich zu machen.[63]

»Unsere Analyse des Ausmaßes synthetischer Gifte in Trinkwasser und synthetischer Pestizide in Nahrungsmitteln zeigt, dass diese im Vergleich zu natürlichen Krebserregern vernachlässigt werden können«, schreibt auch der weltweit wohl angesehenste Biochemiker Bruce N. Ames in *Science,* der renommiertesten aller Wissenschaftszeitschriften überhaupt. »Dieses Fazit stimmt auch mit epidemiologischen Untersuchungen überein. Zwar sollten wir bei jeder Art von Krebserregern Vorsicht walten lassen, aber wir brauchen ein Gleichgewicht zwischen einer verbreiteten Chemophobie mit ihren assoziierten hohen Kosten (und geringem Nutzen) und einem vernünftigen Management von Industriechemikalien aller Art.«

Von einem solchen Gleichgewicht sind wir aber in Amerika, und erst recht in Deutschland, noch weit entfernt. Nach Ames und Koautoren übertreffen die natürlichen, als krebserregend identifizierten Pestizide und Lebensmittelgifte in unserer Ernährung (Ethylalkohol in Bier und Wein, Hydrazine in Pilzen usw.) die künstlichen Zusätze bei Weitem sowohl an Menge als auch an Gefährlichkeit (siehe dazu auch das Kapitel 4). Und nach Auskunft neuerer Arbeiten hat sich der chemieinduzierte, ohnehin schon minimale Anteil aller Krebserkrankungen inzwischen nochmals weiter reduziert.

Ergänzende Literatur

Ames, B. N., R. Magaw und L. S. Gold (1987): »Ranking possible carcinogenic hazards«. In: *Science* 263, S. 271-280.

Doll, R., und R. Peto (1981): »The causes of cancer: quantitative estimates of avoidable risks of cancer in the United States«. In: *Journal of the National Cancer Institute* 66, S. 1191-1308.

G. Gigerenzer (2013): *Risiko: Wie man die richtigen Entscheidungen trifft*. Gütersloh: Bertelsmann.

Krämer, W. und G. Mackenthun (2001): *Die Panikmacher*. München: Piper.

Peto, J. (2001): »Cancer epidemiology in the last century and the next decade«. In: *Nature* 411, S. 390-395.

16. Dick macht doof

»Schnuller als IQ-Killer. Wer als Säugling am Schnuller
saugt, hat als Erwachsener einen niedrigeren IQ.«
Die Nachrichtenagentur Associated Press

Was soll man von folgenden Schlagzeilen aus der deutschen
Tages- und Wochenpresse halten: Allergieauslöser Verkehr,
Asthma durch Raumspray, Ausdauersport begünstigt Herz-
rhythmusstörungen, warme Autositze schlecht für Sperma,
Brustkrebs durch Flatrate-Trinken, erhöhter Blutdruck durch
Fluglärm, dicke Freunde machen dick, Fernsehen schadet
Kleinkindern, Fluglärm schadet dem Herz, Hochspannungs-
leitungen erhöhen Alzheimer-Risiko, Infarktrisiko Bauchfett,
jedes Jahr sterben 60 000 Menschen durch Schiffs-Abgase, Ma-
rathonläufer erkranken öfter an Krebs, krebserregende Stoffe
im Urin, erhöhtes Krebsrisiko bei Fleisch- und Wurstessern,
Mittelohrentzündungen durch Luftschadstoffe, schlechtere
Schulleistungen durch Schnarchen, Straßenverkehr erhöht
das Arterioskleroserisiko, Zickenterror macht krank.

Solche Schlagzeilen machen Angst, bewegen Wählerstim-
men oder akquirieren Fördergelder. Aber oft steckt dahinter
kaum viel mehr als heiße Luft. Ein weiteres Beispiel – eine

unserer offiziellen Unstatistiken – ist die Meldung, wonach Menschen, die das Frühstück ausfallen lassen, öfter als andere einen Herzinfarkt erleiden. »Verzicht auf Frühstück erhöht das koronare Risiko signifikant«, war etwa in der *Ärzte Zeitung* nachzulesen.[64] »Den Tag sollte man mit einem guten Frühstück beginnen. Denn: Wer nicht frühstückt, weist ein um 27 Prozent erhöhtes Risiko für Herzinfarkt oder Herztod auf, hat eine aktuelle US-Studie ergeben.«

In Wahrheit hat die hier zitierte US-Studie nur ergeben, dass ein Verzicht auf das Frühstück und ein möglicher Herzinfarkt häufiger zusammen auftreten, als man das bei Unabhängigkeit erwarten sollte. Eine mögliche Kausalbeziehung, ob also das ausgefallene Frühstück tatsächlich das Infarktrisiko erhöht, lässt sich aber nicht herleiten. Besonders auffällig war der Zusammenhang bei ledigen Männern mittleren Alters. Vielleicht erleiden diese aber auch deshalb überproportional häufig einen Herzinfarkt, weil sie privat und beruflich mehr Stress ausgesetzt sind als ältere Männer (bei denen findet man den Zusammenhang nämlich nicht) und deshalb das Frühstück häufiger ausfallen lassen?

Was steht am Anfang?

Oder nehmen wir unsere Unstatistik der ursächlichen Zusammenhänge von Essgewohnheiten, Depressionen, Intelligenz, Körpergewicht und Schulbesuch. So war, wie bereits gesagt, etwa in der *Apotheken-Umschau* zu lesen, der übermäßige Konsum von Fast Food löse Depressionen aus. Dabei wurde eine spanische Studie[65] zusammengefasst. Diese hatte zwischen dem Verzehr von Industriebackwaren und Fast Food auf der einen und der Häufigkeit von Depressionen auf der anderen Seite einen positiven Zusammenhang gefunden. Besonders gefährdet seien Singles, die mehr als 45 Stunden pro Woche arbeiteten, ansonsten aber wenig aktiv seien und sich insgesamt ungesund ernährten. Einige Zeitungen ergänzten diese Meldung mit Nachrichten wie »Dick macht dumm« (z. B. die *Ärzte Zeitung*), basierend wiederum auf einer Studie, die einen negativen Zusammenhang zwischen Übergewicht und den Ergebnissen von Intelligenztests aufzeigt. Und dick wiederum wird man unter anderem durch die Schule, wenn man anderen Zeitungsmeldungen desselben Monats glauben darf: »Schule macht dick«. Hintergrund war diesmal eine Studie der Universität Mainz,[66] derzufolge Kinder gerade in dem Alter, in dem sie üblicherweise eingeschult werden, besonders an Gewicht zulegen.

In allen diesen Meldungen wird wieder einmal ohne weitere Beweise von Korrelation auf Kausalität geschlossen; zumindest legen die von den Zeitungen gewählten Überschriften diesen Trugschluss nahe. Während aber eine (positive) Korrelation lediglich einen wie auch immer begründeten Gleichlauf zwischen Merkmalen beschreibt, handelt es sich bei der Kausalität um einen ursächlichen Zusammenhang. Diesen Unterschied kann man nicht oft genug betonen, siehe auch Kapitel 14. So ist es beispielsweise bei Fast Food mindestens ebenso plausibel, dass Depressionen zu Essstörungen führen und damit die Kausalität in die umgekehrte Richtung verläuft.

Die Grundlage aller dieser Tartarenmeldungen sind in der Regel sogenannte epidemiologische Beobachtungsstudien. Das Wort kommt aus dem Griechischen »demos« = Mensch/

Bezirk, und »logos« = Wort/Beschreibung, es bezeichnet die Erforschung der Ausbreitung von Krankheiten in fest umrissenen menschlichen Gesellschaften aller Art: Haben Kinder von Akademikerfrauen öfter Keuchhusten? Leben Rotweintrinker länger als Biertrinker? Erkranken Deutsche häufiger an Magenkrebs als Eskimos? Gibt es mehr Demente in der Nähe von Atomkraftwerken? Usw.

Cholera und Rauchen

In gewisser Weise ist die Epidemiologie die Mutter und der Motor der seit Jahrhunderten steigenden Lebenserwartung in westlichen Industrienationen. Schon im frühen 18. Jahrhundert hatte etwa der Italiener Giovanni Maria Lancisi, Leibarzt des Papstes in Rom, den Rückgang der Malaria in Italien auf bessere Hygiene und das Austrocknen von Sümpfen zurückgeführt. Ein weiterer großer Erfolg, zugleich auch die Geburtsstunde der Epidemiologie im engeren Sinn, war die Entdeckung der Ursache der Cholera durch den Londoner Arzt Dr. John Snow im Jahr 1854. Damals wütete in England mal wieder die Cholera, und Snow kam auf die Idee, wie in der folgenden Abbildung den Wohnort jedes seiner Cholerapatienten auf einer Karte Londons mit einem Punkt zu markieren. Und siehe da: Die Erkrankungsfälle häuften sich in der Nähe eines bestimmten Brunnens (Brunnen sind mit einem Kreuz markiert). Unter Polizeigewalt ließ Snow diesen Brunnen sperren, und die Zahl der Cholerainfektionen sank rapide. Damit waren Keime in verschmutztem Trinkwasser als Verursacher der Cholera identifiziert.

Ausschnitt des Stadtplans von London mit Cholerafällen. Mithilfe einer solchen Datengrafik fand Dr. Snow die Ursache der Cholera.

Ein weiterer intuitiver früher Epidemiologe war der Arzt Ignaz Semmelweis, der etwa zur gleichen Zeit bemerkte, dass Mütter weniger oft an dem damals tödlichen Kindbettfieber starben, wenn sich der behandelnde Arzt häufiger die Hände wusch. Es ist heute kaum zu glauben, aber bis Mitte des 19. Jahrhunderts haben viele Mediziner das für eine Zumutung gehalten. Und als Semmelweis, gestützt auf seine epidemiologischen Studien, ihnen sagte: »Macht das doch«, da erklärten sie ihn für verrückt (und in der Tat ist Semmelweis im Jahr 1865 bei Wien in geistiger Umnachtung verstorben). Nur wenige Ärzte hatten ihn zu Lebzeiten unterstützt, die meisten hielten Hygiene für eine mit den damals geltenden Theorien über Krankheitsursachen nicht vereinbare Zeitverschwendung.

Und dann natürlich der letzte große Triumph: die Entlarvung des Rauchens als Ursache von Lungenkrebs (was eine Vielzahl von bösartigen Geschwülsten der Lunge zusammenfasst; die meisten setzen sich an den oberen Teilen der Lungenflügel fest, die werden besser belüftet und sind den eingeatmeten krebsauslösenden Substanzen stärker ausgesetzt). Vor allem die Zellen der Bronchialschleimhaut sind hier sehr gefährdet. Geringe Schäden kann unser Körper dabei durch eigene Reparatursysteme durchaus noch beheben, aber wenn sich die Schäden durch starkes Rauchen häufen, ist dieses Reparatursystem überlastet, wodurch dann Lungenkrebs entsteht.

Heute ist Lungenkrebs der weltweit zweithäufigste Krebs überhaupt; mehr als eine Million Menschen sterben jedes Jahr daran. Dabei war Lungenkrebs noch vor wenigen Generationen vergleichsweise unbekannt; bei Autopsien im pathologischen Institut der Uniklinik Dresden im Jahr 1878 betrafen nur 1 Prozent aller Krebsfälle die Lunge. Im Jahr 1918 war dieser Prozentsatz schon auf 10 und im Jahr 1927 auf 14 gestiegen. Als Ursachen vermutete man die Luftverschmutzung, das Asphaltieren der Straßen, den gestiegenen Autoverkehr, das Giftgas im Ersten Weltkrieg und die Grippeepidemie von 1918. Aber schon damals gab es erste Stimmen – etwa der deutsche Arzt Fritz Lickint im Jahr 1929 –, die auch das Rauchen damit in Verbindung brachten. Denn um die Jahrhundertwende war das Zigarettenrauchen preiswert und für viele Menschen bezahlbar geworden, von 1907 bis 1935 stieg der Zigarettenkonsum im Deutschen Reich von jährlich 8 Milliarden auf 37 Milliarden Stück. Vor allem in den Schützengräben des Ersten Weltkriegs hatte sich das Zigarettenrauchen ausgebreitet, und die Kriegsheimkehrer blieben dieser Gewohnheit treu.

Der amerikanische Wissenschaftshistoriker Robert Proctor hat die führende Rolle deutscher Wissenschaftler bei dem Nachweis aufgezeigt, dass diese Explosion des Zigarettenrauchens tatsächlich für die Zunahme an Lungenkrebs verantwortlich war. So präsentierte etwa der deutsche Arzt Franz Herrmann Müller schon im Jahr 1940 erste überzeugende Indizien dafür. Seine Arbeit »Tabakmißbrauch und Lungencarcinom« ist die weltweit erste epidemiologische Untersuchung dieser Art und hat Standards gesetzt, die auch noch heute gelten. »In der Inneren Abteilung des städtischen Bürgerhospitals in Köln ist in den letzten Jahren eine verhältnismäßig große Anzahl von Erkrankungsfällen an Lungenkrebs zur Behandlung gekommen«, schreibt er in der *Zeitschrift für Krebsforschung.* »Ein näheres Eingehen auf die Lebensgewohnheiten dieser Kranken brachte die Feststellung zutage, dass ein auffallend großer Teil das Rauchen in sehr starkem Maße ausgeübt hatte. Nicht selten wurde von den Kranken ein täglicher Verbrauch von 30-50 Zigaretten oder entsprechenden Mengen von Zigarren oder Pfeifentabak angegeben.«

Und Müller kam auch den Gründen für die erhöhte Krebsanfälligkeit der Raucher schon sehr nahe: »Das Jahre hindurch fortgesetzte Rauchen, in dessen Folge im Laufe der

Zeit eine große Menge von Tabakrauch auf den Organismus einwirkt, führt nach einer bestimmten Zeitspanne zu einer allgemeinen Umstimmung des Organismus, welche die Entstehung des Krebses am Orte der Reizeinwirkung erst ermöglicht. Die Zeitspanne, die zur allgemeinen Umstimmung des Organismus erforderlich ist, ist bei Zufuhr gleicher Tabakmengen für den einzelnen Organismus verschieden groß. Hier spielen die physiologischen Abwehrvorrichtungen in der Lunge, besonders die Tätigkeit des Flimmerepithels, eine nicht zu übersehende Rolle. Bei einer mangelhaften Anlage oder durch fortgesetzte Überbeanspruchung gestörter Funktion (Raucherkatarrh!) kommt eine Ansammlung der von außen in die Lunge eindringenden krebserregenden Stoffe viel leichter zustande als bei normaler Funktion. Der Reiz, den diese Stoffe auf die Schleimhaut ausüben, ist daher viel intensiver!«

Zwar würde heute niemand mehr Müllers These von der »allgemeinen Umstimmung des Organismus« in dieser Form vertreten, aber die Reizung der Lunge durch die Rauchpartikel ist als Auslöser inzwischen akzeptiert.

Im Ausland brauchte man für diese Einsichten erheblich länger. In der angelsächsisch geprägten wissenschaftlichen Literatur wurde lange der englische Mediziner Richard Doll als Anti-Raucher-Pionier gefeiert; auch er hatte, aber erst 1950, den Zusammenhang zwischen Tabakteer und Lungenkrebs erkannt; später wurde er für diese Entdeckung in den Adelsstand erhoben. Und nochmals weitere 14 Jahre mussten vergehen, bis in einem Bericht des amerikanischen *Surgeon General* dieser Befund erstmals offiziell verbreitet wurde; unter großem Protest der Tabakindustrie hatten Zigarettenpäck-

chen von da an Warnhinweise vor den Gefahren des Tabak-
rauchens zu enthalten. Aber noch im Jahr 1994 wurden diese
Gefahren von den Vorstandsvorsitzenden der sieben größten US-Tabakfirmen öffentlich bestritten. Dennoch war am
Ende die öffentliche Kampagne gegen das Rauchen in den
USA stärker und erfolgreicher als in Deutschland – oder gar
in Österreich.

Heute bestreitet die Gefahren des Rauchens so gut wie
keiner mehr, die Epidemiologie hat gegen die Tabakindustrie gesiegt. So scheint es. Dennoch werden weltweit jedes
Jahr etwa sechs Billionen Zigaretten geraucht. Und die Regie-
rungen verdienen weiter an der Tabaksteuer. Und der Stan-
ford-Professor Robert Proctor musste noch im Jahre 2012 gegen die Tabakindustrie kämpfen, die das Erscheinen seines
Buches mit dem provokativen Titel *Golden Holocaust: Origins
of the Cigarette Catastrophe and the Case for Abolition* mit einer
Schar von Rechtsanwälten zu verhindern versuchte.

Und wieder – Korrelation oder Kausalität?

Was sind die Grenzen epidemiologischer Studien? Eine erste
Grenze ist die Abwesenheit geplanter Experimente. Das
haben wir in Kapitel 14 bereits betont. Bestimmte Untersuchungen kann man mit Ratten oder Mäusen machen,
aber nicht mit Menschen, zumindest wenn es um Leib und
Leben geht. Ersatzweise beruhen viele epidemiologische
Erkenntnisse daher auf Beobachtungsstudien, speziell Kohor-
tenstudien, die darin bestehen, dass man zwei Gruppen von
Menschen vergleicht: Die eine war über längere Zeit dem je-

weils interessierenden Risiko ausgesetzt, die andere dagegen nicht. Dann schaut man nach, bezüglich welcher Merkmale sich diese beiden Gruppen sonst noch unterscheiden. Haben Arbeitslose öfter Depressionen? Sind regelmäßige Diskothekenbesucher öfter hörgeschädigt? Haben Kettenraucher öfter Lungenkrebs? Und siehe da: Die Kettenraucher haben tatsächlich sehr viel öfter Lungenkrebs. Ergo: Rauchen ist die Ursache für Krebs.

Hier stimmt das auch. Man muss aber kein ausgebildeter Statistiker sein, um die Fallstricke hinter dieser Argumentation zu sehen. Vielleicht finden Depressive schlechter einen Arbeitsplatz? Oder (zugegeben etwas hergeholt): Nur Menschen mit Hörschäden halten es in einer Disco aus. Ja, selbst die unbestreitbare Kausalbeziehung von Rauchen zu Krebs ist längst nicht so eindeutig, wie man immer glaubt. So haben z. B. mehrere Studien darauf hingewiesen, dass Raucher auch öfter als Nichtraucher ermordet oder vom Bus überfahren werden. Und möglicherweise aus dem gleichen Grund, warum sie gerne rauchen: Weil sie risikofreudigere Menschen sind. Diese sogenannten Raucherpersönlichkeiten würden auch dann ein bis zwei Jahre früher sterben als andere, hätten sie nie im Leben auch nur eine Zigarette angefasst. D. h. die um rund zehn Jahre verkürzte Lebenserwartung von starken Rauchern ist nicht zur Gänze dem Rauchen anzulasten.

Auch das radioaktive Edelgas Radon kann Lungenkrebs erzeugen. Es ist unsichtbar, geruchs- und geschmacklos und kommt in der Natur im Boden und in Felsen vor; besonders Bergleute sind hier stark gefährdet. Dito Asbest: In kleinen Partikeln eingeatmet, schädigt er die Zellen in den Lungenbläschen; Arbeiter mit starker Asbestbelastung erkranken drei- bis viermal häufiger an Lungenkrebs als Arbeiter, die nicht mit Asbest in Berührung kommen. Oder Passivrauchen und die Luftverschmutzung. Die ist zwar längst nicht mehr so stark wie vor 100 Jahren, als man erstmals diesen Faktor mit dem Lungenkrebs in Verbindung brachte, wird aber immer wieder auch hier ins Spiel gebracht. Und dann erhöhen auch bestimmte Lungenerkrankungen wie z. B. Tuberkulose die Wahrscheinlichkeit, an Lungenkrebs zu erkranken. Es ist also gar nicht so einfach, den Beitrag des Zigarettenrauchens an sich zu isolieren.

Das ist die große Achillesferse der Epidemiologie: Man ist nie sicher, ob sich die beiden Vergleichsgruppen nicht auch noch in anderer Hinsicht unterscheiden außer der, die man gerade ins Visier genommen hat. In der angesehenen Wissenschaftszeitschrift *Science* berichtet ein amerikanischer Forscher von einem solchen Trugschluss betreffend Kaffeetrinken und Pankreaskrebs. Die Studie kam zu dem Ergebnis, dass Kaffeetrinken das Risiko für diese Art von Krebs erhöht. Erst nachträglich stellten die Forscher fest, dass in der Kaffeetrinkergruppe auch die Raucher überproportional vertreten waren, also das Rauchen, nicht das Kaffeetrinken die Ursache für die erhöhten Krebsraten gewesen war. In späteren Studien konnte dann der Kaffee auch nicht mehr als Krebserreger bestätigt werden.

Auch die in den 90er-Jahren zeitweise grassierende Hausvogel-Hysterie hat sich inzwischen als ein Produkt einer nicht berücksichtigten Hintergrundvariablen herausgestellt: In verschiedenen Medien war berichtet worden, Halter von Hausvögeln hätten verglichen mit dem Rest der Bevölkerung ein siebenmal höheres Risiko, an Lungenkrebs zu sterben. Wie aber spätere Studien zeigen konnten, liegt diese höhere Sterblichkeit nicht an den Hausvögeln, sondern daran, dass Vogelfreunde eher niederen sozialen Schichten angehören, in denen man mehr raucht.

Aus diesem Grund - weil Rauchen systematisch mit anderen Risikofaktoren korreliert - sind auch fast alle Studien, die Krebs mit Alkohol in Verbindung bringen, mit großer Vorsicht zu genießen. Denn auch Rauchen und Trinken gehen oft zusammen, und wenn man die Effekte des Rauchens nicht korrekt herausrechnet, hat man auch hier schnell den falschen Schuldigen eingesperrt. Die Wissenschaftszeitschrift *Science* hat einmal die folgenden, durch epidemiologische Studien - tatsächlich oder vermeintlich - identifizierten Krebserreger aufgelistet (fast alle zu Unrecht angeklagt, die meisten Ergebnisse konnten durch Nachfolgestudien nicht bestätigt werden):

- *Cholesterinreiche Diät:* um 65 Prozent erhöhtes Risikoverhältnis für Rektumkarzinom bei Männern.
- *Verzehr von Joghurt mindestens einmal im Monat:* verdoppeltes Risiko für Eierstockkrebs bei Frauen.
- *Rauchen von mehr als 100 Zigaretten im Leben:* um 20 Prozent erhöhtes Brustkrebsrisiko für Frauen.
- *Fettreiche Ernährung:* verdoppeltes Brustkrebsrisiko für Frauen.
- *Starke Dioxinbelastung über längere Zeit:* 50 Prozent erhöhtes Risiko für alle Arten von Krebs.
- *Wöchentliche Spülung der Geschlechtsorgane:* vierfach erhöhtes Risiko für Gebärmutterhalskrebs bei Frauen.

- *Regelmäßige Benutzung von stark alkoholhaltiger Mundspülung:* um 50 Prozent erhöhtes Mundkrebsrisiko.
- *Verwendung von Phenoxy-Unkrautvernichtungsmittel auf Rasen:* um 30 Prozent erhöhtes Risiko für bösartiges Lymphom bei Hunden.
- *Geburtsgewicht von 3,6 kg oder mehr bei der Geburt:* um 30 Prozent erhöhtes Brustkrebsrisiko bei Frauen.
- *Sterilisation (Vasektomie):* um 60 Prozent erhöhtes Risiko für Prostatakrebs bei Männern.
- *Pestizidbelastung im Blut:* um den Faktor vier erhöhtes Brustkrebsrisiko bei Frauen.
- *Trinken von mehr als 3,3 Liter Flüssigkeit an einem Tag (insbesondere chlorhaltiges Leitungswasser):* Verdopplung des Risikos von Blasenkrebs.
- *Psychischer Stress am Arbeitsplatz:* um den Faktor fünf erhöhtes Risiko für Mastdarmkrebs.
- *Ernährung mit vielen gesättigten Fetten:* um den Faktor sechs erhöhtes Risiko für Lungenkrebs bei nichtrauchenden Frauen.
- *Verzehr von mehr als 20 Gramm verarbeiteten Fleischs am Tag (z. B. Fleischwurst):* um 70 Prozent erhöhtes Risiko für Dickdarmkrebs.
- *Verzehr von rotem Fleisch fünfmal pro Woche oder häufiger:* verdoppeltes Risiko für Dickdarmkrebs.
- *Arbeiten in der Nähe von elektromagnetischen Feldern:* um 37 Prozent erhöhtes Brustkrebsrisiko für Frauen.
- *Verzehr von rotem Fleisch zweimal pro Tag:* Verdopplung des Brustkrebsrisikos für Frauen.
- *Regelmäßiges Zigarettenrauchen:* um 70 Prozent erhöhtes Risiko für Bauchspeicheldrüsenkrebs.

- *Jemals eine Höhensonne genutzt:* um 30 Prozent erhöhtes Risiko für schwarzen Hautkrebs.
- *Abtreibung:* um 50 Prozent erhöhtes Risiko für Brustkrebs.
- *Über- oder unterdurchschnittlich lange Menstruationszyklen:* Verdopplung des Risikos für Brustkrebs.
- *Fettleibigkeit (Adipositas) bei Männern (die schwersten 25 Prozent der Studie):* Verdreifachung des Risikos für Speiseröhrenkrebs.
- *Verzehr von Olivenöl nur einmal täglich oder weniger:* um 25 Prozent erhöhtes Risiko für Brustkrebs.

Laut *Science* sind fast alle diese Ergebnisse mehr als zweifelhaft: In der Regel wurden eine oder mehrere wichtige weitere erklärende Variablen übersehen. Führt man die dann ein, ist der Zusammenhang auf einmal weg. Aber die üblichen Schlagzeilen in den Zeitungen und die warnenden Berichte in den einschlägigen Wissenschaftskolumnen und Fernsehmagazinen waren dennoch garantiert.

Ergänzende Literatur

Krämer, W. (2011): *Die Angst der Woche. Warum wir uns vor den falschen Dingen fürchten.* München: Piper.

Proctor, R. N. (2002): *Blitzkrieg gegen den Krebs. Gesundheit und Propaganda im Dritten Reich.* Stuttgart: Klett-Cotta.

Proctor, R. N. (2012): *Golden Holocaust: Origins of the Cigarette Catastrophe and the Case for Abolition.* University of California Press.

Taubes, G. (1995): »Epidemiolgy faces its limits«. In: *Science,* New Series 269 (5221), S. 164-165 & 167-169.

Epilog

Wir haben in diesem Buch zahlreiche Beispiele von Desinformation durch Statistiken gesehen. Was lernen wir daraus?

Dass es Unfug wäre, nach dem häufig verwendeten Spruch zu handeln: »Ich glaube nur der Statistik, die ich selbst gefälscht habe.« Dieser Spruch, oft irrtümlicherweise mit Winston Churchill in Verbindung gebracht, ist mit großer Wahrscheinlichkeit auf Joseph Goebbels und sein Reichspropagandaministerium zurückzuführen[67] und wenig hilfreich zur Bewältigung der modernen Informationsexplosion. Vielmehr sollten Sie aus diesem Buch eine positive Botschaft mitnehmen: Statistisches Denken lässt sich erlernen, es ist nicht schwierig und tatsächlich nützlich. Man kann Datenverdreher einfach durchschauen und sich gegen Manipulation wehren. Hier sind zehn goldene Regeln, mit denen Ihnen das gelingt:

1. Fragen Sie immer, wer die jeweilige Statistik produziert hat und was er oder sie damit bezweckt. Soll nur über einen Sachverhalt aufgeklärt werden, oder will man mit der Statistik manipulieren, eine bestimmte Meinung oder ein Produkt verkaufen?

2. Verwechseln Sie niemals Korrelation mit Kausalität. Wenn zwei Variablen systematisch in die gleiche Richtung gehen, kann dies auf drei Arten geschehen: Die erste verursacht die zweite, die zweite verursacht die erste, oder keine von beiden verursacht die andere. Dann hängen beide, sofern nicht der Zufall die Korrelation verursacht hat, gemeinsam von einer dritten Variablen ab.

3. Vermeiden Sie die Null-Risiko-Illusion. Jeder Versuch, alle Risiken völlig zu beseitigen, muss immer scheitern. Die Frage ist nicht: »Gibt es ein Risiko?« Die Frage sollte vielmehr sein: »Wie groß ist das Risiko?«

4. Fragen Sie stets nach absoluten Risiken. Relative Risiken führen leicht in die Irre, sei es ein Anstieg oder eine Reduktion. Denn 100 Prozent von fast nichts ist immer noch – fast nichts.

5. Achten Sie bei Prozenten auf die Basis: Prozent von was?

6. Vorsicht bei exzessiver Verwendung von Adjektiven wie »wissenschaftlich« und »signifikant«. Oft sind so apostrophierte Statistiken alles andere als wissenschaftlich zustande gekommen und ihre Ergebnisse überhaupt nicht signifikant.

7. Bei Stichproben: Fragen Sie, wer mit der Stichprobe erfasst wurde, insbesondere aber auch, wer nicht. Wenn sich 90 Prozent aller Besucher der Christmette im Kölner Dom gegen legalisierte Abtreibung aussprechen, sagt das nichts über die Meinung aller Bundesbürger aus.

8. Bilden Sie niemals das arithmetische Mittel von Wachstumsraten. Der Durchschnitt von erst + 60 Prozent und dann – 50 Prozent ist nicht + 5 Prozent.

9. Achten Sie auf eine einheitliche Definition: Wer ist krank oder arbeitslos? Je nach Begriffsbestimmung kommt etwas anderes heraus.

10. Erlauben Sie dem Zufall eine größere Rolle im Alltag sowie im Wirtschafts- und Gesellschaftsleben. Viele Muster, die wir zu erkennen glauben, sind gar keine: Sie verschwinden, wenn man das Ganze wiederholt.

Danksagung

Thomas Bauer dankt Margit Bauer, Katharina Brach, Julia Bredtmann, Wim Kösters, Sebastian Otten, Christian Rulff, Christoph M. Schmidt, Joachim Schmidt, Magdalena Stroka, Anna Talmann und Sabine Weiler für hilfreiche Kommentare, Hinweise auf potenzielle Unstatistiken und die Unterstützung bei Recherchen sowie Julica Bracht und Daniela Schwindt für die Erstellung einiger Grafiken.

Gerd Gigerenzer dankt Rolf Ritschard, Jürgen Rossbach, Rona Unrau, Anja Westram und Maren Wöll für Hinweise und Hilfe.

Walter Krämer dankt Jochen Bender und Thomas Petersen, seinen Kollegen Gerhard Arminger, Björn Christensen und Götz Trenkler sowie den Hörern seiner Statistik-Vorlesungen an der TU Dortmund für zahlreiche Beispiele und sinnreiche Zitate aller Art sowie dem Piper-Verlag in München für die Erlaubnis zum Nachdruck einiger Passagen seines Buches *Die Angst der Woche*. Bei der Verifizierung von Quellen und sonstigen Recherchen waren ihm Eva Brune sowie Denis und Eva Krämer eine große Hilfe.

Schließlich bedanken wir uns bei unserer »Fangemeinde« für die vielen unterstützenden Zuschriften und die hilfreichen Hinweise auf mögliche Unstatistiken, von denen sich nicht wenige in diesem Buch wiederfinden. Dass verbleibende Schlampereien und Ungenauigkeiten auf das Konto der Autoren gehen, versteht sich von selbst; auch wir haben die Fehlerfrei-Pille noch nicht entdeckt. Wir hoffen aber, in diesem Buch keine Unstatistiken selbst produziert zu haben, und entschuldigen uns schon jetzt für den Fall, dass doch.

Anmerkungen

1 W. Krämer und G. Gigerenzer (2005): »The use and misuse of conditional probabilities«. In: *Statistical Science* 20, S. 23–30.

2 J. Salas-Salvadó, M. Bulló, R. Estruch, E. Ros, M.-I. Covas, N. Ibarrola-Jurado, D. Corella, F. Arós, E. Gómez-Gracia, V. Ruiz-Gutiérrez, D. Romaguera, J. Lapetra, R. M. Lamuela-Raventós, L. Serra-Majem, X. Pintó, J. Basora, M. A. Muñoz, J. V. Sorlí, M. A. Martínez-González (2014): »Prevention of Diabetes With Mediterranean Diets: A Subgroup Analysis of a Randomized Trial«. In: *Annals of Internal Medicine* 160(1), S. 1–10.

3 C. Baker-Austin, J. A. Trinanes, N. G. H. Taylor, R. Hartnell, A. Siitonen und J. Martinez-Urtaza (2013): »Emerging *Vibrio* risk at high latitudes in response to ocean warming«. In: *Nature Climate Change* 3, S. 73–77.

4 *The Economist* 84, 18.4.1998, »The Perils of Percentages«.

5 Siehe: http://www.vcd.org/ staedtecheck-2012.html (abgerufen am 6.5.2014)

6 R. Roung: »The perils and pitfalls of percentages«. In: *The Times,* 2.5.1990.

7 http://www.bmelv.de/ SharedDocs/Downloads/ Ernaehrung/WvL/Studie_ Lebensmittelabfaelle_Kurzfassung. pdf?__blob=publicationFile (abgerufen am 6.5.2014)

8 Siehe: http://www.fao.org/ docrep/014/mb060e/mb060e00.pdf (abgerufen am 6.5.2014)

9 Siehe: http://www.spiegel.de/ wissenschaft/mensch/frauen-und-maenner-equal-pay-day-initiative-hat-sich-verrechnet-a-890119.html (abgerufen am 6.5.2014)

10 »80 Tage umsonst«, *Süddeutsche Zeitung,* 21.3.2014, S. 33.

11 J. Dorbritz (2009): »Heiratsverhalten Lediger, Geschiedener und Verwitweter in Deutschland 2007 – Ergebnisse der Berechnung von Heiratstafeln«. In: *Mitteilungen aus dem Bundesinstitut für Bevölkerungsforschung,* 3/2009, S. 2–6.

12 Siehe: https://www.bund.net/ fileadmin/bundnet/pdfs/ gentechnik/130612_gentechnik_ bund_glyphosat_urin_analyse.pdf (abgerufen am 6.5.2014)

13 G. Lyons, (1999): *Chemical Trespass: A toxic legacy, A WWFUK Toxics Programm Report.* Siehe auch BUND (2005): »Über 300 Schadstoffe in der Muttermilch. Zeit für eine neue Chemikalienpolitik«, http://www.bund.net/fileadmin/ bundnet/pdfs/chemie/20050600_ chemie_studie_muttermilch.pdf
14 Siehe etwa »Bio-Hofkäse wegen Listerien zurückgerufen«, *Focus Online* vom 19.3.2014, http://www. focus.de/schlagwoerter/themen/l/ listerien/ (abgerufen am 6.5.2014)
15 Siehe http://tierneylab.blogs. nytimes.com/2007/06/06/synthetic-v-natural-pesticides/ (abgerufen am 6.5.2014)
16 S.-D. Müller, C. Böcker und J. Schwarz (2008): *Die 50 besten und 50 gefährlichsten Lebensmittel.* Hannover: Schlüttersche Verlagsgesellschaft, S. 38.
17 B.N. Ames, M. Profet und L.S. Gold (1990): »Dietary pesticides (99.99 % all naturall)«. In: *Proceedings of the National Academy of Science* 87, S. 7777-7781.
18 http://fra.europa.eu/sites/ default/files/fra-2014-vaw-survey-main-results_en.pdf (abgerufen am 6.5.2014)
19 K. Egler: »Schubsen und Stoßen«. In: *Der Spiegel*, 1/2014, S. 138.
20 J. Lindert, J. Luna, F. Torres-Gonzalez, E. Ioannidi-Kappolo, G. Lamura, M. Stankunas und J. Soares (2010): »Gewalt gegen Menschen über 60 Jahre und Depression und Angst – Ergebnisse

einer europäischen Studie«. In: *Gesundheitswesen* 72 – P69.
21 *Die Weltwoche*, 20.6.2013, Ausgaben-Nr. 25, S. 39.
22 http://www.bild.de/unterhaltung/ erotik/ledig/umfrage-zu-viele-singles-34464374.bild.html (abgerufen am 6.5.2014)
23 http://blog.zeit.de/ gruenegeschaefte/2014/04/09/ gentechnik-biobaumwolle/ #comment-14260 (abgerufen am 6.5.2014)
24 G. Jasso (1985): »Marital Coital Frequency and the Passage of Time: Estimating the Separate Effects of Spouses' Ages and Marital Duration, Births and Marriage Cohorts, and Period Influences«. In: *American Sociological Review* 50(2), 224-241.
25 http://www.organspende-info. de/sites/all/files/files/Infoblatt%20 Organspende%20Zahlen%202013. pdf (abgerufen am 6.5.2014)
26 Eine schöne Analyse von 50000 empirischen Tests, die in führenden internationalen Fachzeitschriften der Wirtschaftswissenschaften veröffentlicht wurden, liefern A. Brodeur, M. Lé, M. Sangnier und Y. Zylberberg (2013): »Star Wars: The Empirics Strike Back«, IZA DP. No. 7268, IZA, Bonn.
27 Hier eine Auswahl: J.P. Guilford (1942): *Fundamental statistics in psychology and education.* New York: McGraw-Hill; G.A. Miller und R. Buckhout (1973): *Psychology: The science of mental life.* New York: Harper & Row; J.C. Nun-

nally (1975): *Introduction to statistics for psychology and education*. New York: McGraw-Hill; C. Schuchard-Fischer, K. Backhaus, H. Hummel, W. Lohrberg, W. Plinke und W. Schreiner (1982): *Multivariante Analysemethoden. Eine anwendungsorientierte Einführung*. 2. Aufl., Berlin: Springer; W. Wyss (1991): *Marktforschung von A-Z*. Luzern: Demascope.

28 J. P. Simmons, L. D. Nelson und U. Simonsohn: »False-positive Psychology: Undisclosed Flexibility in data collection and analysis allows presenting anything as significant«. In: *Psychological Science* 22, 2011, S. 1359-1366.

29 »Almost any set of data [...] will show anomalies of some kind when examined carefully, even if the underlying probabilistic structure is wholly random - that is, even if the observations stem from random variables that are independent and identically distributed. By looking carefully enough at random data, one can generally find some anomaly [...] that gives statistical significance at customary levels although no real effect is present.«

30 Zitiert nach G. Tullock: »A Comment on Daniel Klein's ›A Plea to Economists Who Favor Liberty‹«. In: *Eastern Economic Journal*, Spring 2001.

31 J. Arbuthnot (1710-1712): »An Argument for Divine Providence, Taken from the Constant Regularity Observ'd in the Birth of both Sexes«. In: *Philosophical Transactions* 27, S. 186-190.

32 W. Krämer und R. Runde (1992): »The holiday effect: yet another capital market anomaly?«. In: S. Schach und G. Trenkler (Hg.): *Data analysis and statistical inference: Festschrift in honour of Friedhelm Eicker*. Bergisch-Gladbach: Eul-Verlag, S. 453-462e.

33 H. Scherb und K. Voigt (2011): »The human sex odds at birth after the atmospheric atomic bomb tests, after Chernobyl, and in the vicinity of nuclear facilities«. In: *Environ. Sci. Poll. Res.* 18, S. 697-707).

34 UNSCEAR (2000): *Report on Sources and Effects of Ionizing Radiation to the General Assembly* (2 Bände). Wien: Vereinte Nationen, S. 84.

35 Siehe auch A. K. Dewdney (1996): *200 Prozent of Nothing: An Eye-Opening Tour through the Twists and Turns of Math Abuse and Innumeracy*. Wiley.

36 E. Greiser (2009): »Leukämie-Erkrankungen bei Kindern und Jugendlichen in der Umgebung von Kernkraftwerken in fünf Ländern«, Gutachten für Bündnis 90/Grüne.

37 L. A. G. Ries, M. A. Smith, J. G. Gurney, M. Linet, T. Tamra, J. L. Young und G. R. Bunin (1999): *Cancer Incidence and Survival among Children and Adolescents: United States SEER Program 1975-1995*, National Cancer Institute, Bethesda, MD.

38 http://www.bibb.de/de/1726.htm (abgerufen am 6.5.2014)

39 Siehe: http://www.lanuv.nrw.de/agrar/tiergesundheit/arzneimittel/antibiotika/120403_Masthähnchenstudie_Überarbeitung_Evaluation_Endfassung.pdf (abgerufen am 6.5.2014)

40 A. Melis und B. Lüdeke (2006): »Registered unemployment (RU) compared with harmonised unemployed (LFS)«. Brüssel: Europäische Kommission. Working papers and studies.

41 K. Brenke (2008): »Arbeitslose Hartz-IV-Empfänger: Oftmals gering qualifiziert, aber nicht weniger arbeitswillig«. In: *DIW-Wochen-bericht* 42/2008, S. 678–684.

42 Siehe R. Konle-Seidl, (2009): »Notwendige Anpassung oder unzulässige Tricks?« *IAB-Kurz-bericht* Nr. 4/2009. IAB:Nürnberg.

43 http://www.tripadvisor.de/TravelersChoice-Beaches-cTop-g1 (abgerufen am 6.5.2014)

44 https://www.allianz.com/v_1380013577000/media/press/document/130924_global_wealth_report_2013_de.pdf (abgerufen am 6.5.2014)

45 W. Leininger (1993): »The fatal vote: Berlin vs. Bonn«. In: *Finanz-archiv* 50, S. 1–20.

46 http://www.paritaet-bayern.de/uploads/media/Armutsbericht2011.pdf (abgerufen am 6.5.2014)

47 http://www.amtliche-sozialberichterstattung.de/A2armutsgefaehrdungsschwellen.html (abgerufen am 6.5.2014)

48 https://www.destatis.de/DE/PresseService/Presse/Pressemitteilungen/2012/10/PD12_362_634.html (abgerufen am 06.05.2014)

49 G. Albrecht (1969): »Die ›Sub-kultur der Armut‹ und die Entwicklungsproblematik«. In: R. König: *Aspekte der Entwicklungssoziologie,* Opladen, S. 438.

50 Ebenda, S. 438–439.

51 S. E. Mayer und C. S. Jencks (1989): »Poverty and the distribution of material hardship«, Journal of Human Resources 24, S. 88–140.

52 A. Smith, *Wealth of Nations,* (1776). Hier zitiert nach der deutschen Übersetzung von 1974: *Der Wohlstand der Nationen,* S. 747.

53 H. Ziegler (1974): »Alibi des Schornsteinfegers – Unwahrscheinliche Wahrscheinlichkeitsrechnung in einem Mordprozeß«. In: *Rheinischer Merkur,* Nr. 39.

54 G. Gigerenzer (1991): »How to make cognitive illusions disappear. Beyond ›heuristics and biases‹«. In: W. Stroebe und M. Hewstone (Hg.): *European Review of Social Psychology,* (Vol. 2, S. 83–115). Chichester, UK: Wiley; G. Gigerenzer, K. Fiedler und H. Olsson (2012): »Rethinking cognitive biases as environmental consequences«. In: P. M. Todd, G. Gigerenzer und the ABC Research Group. *Ecological rationality: Intelligence in the world* (S. 80–110). New York: Oxford University Press.

55 G. Gigerenzer (2002): *Das Einmaleins der Skepsis.* Berlin: Berlin Verlag.

56 »Ungleicher Lohn für ungleiche Arbeit,« FAZ, 19.3.2014, S. 17.
57 C. Finke (2010): »Verdienst-unterschiede zwischen Männern und Frauen 2006«. Wiesbaden: Statistisches Bundesamt.
58 Die zugrunde liegende Studie ist: A. Sánchez-Villegas, E. Toledo, J. de Irala, M. Ruiz-Canela, J. Pla-Vidal und M. A. Martínez-González (2012): »Fast-food and commercial baked goods consumption and the risk of depression«. In: *Public Health Nutrition* 15, S. 424–432.
59 B. A. Golomb, S. Koperski und H. L. White (2012): »Association Between More Frequent Chocolate Consumption and Lower Body Mass Index«. *Archives of Internal Medicine* 172(6), S. 519–521.
60 Diese Studie wurde später als erwiesen unwissenschaftlich aus den Netzseiten der Zeitschrift gelöscht.
61 http://www.krebsdaten.de/ Krebs/DE/Content/Publikationen/ Krebs_in_Deutschland/kid_2013/ krebs_in_deutschland_2013.pdf?__ blob=publicationFile (abgerufen am 6.5.2014)
62 C. Willyard (2011): »Lifestyle: Breaking the cancer habit«. In: *Nature* 471, S. 16–17.
63 Für eine genauere Aufschlüsse-lung siehe auch G. Gigerenzer: *Risiko*, S. 279–286.
64 http://www.aerztezeitung.de/ medizin/krankheiten/herzkreislauf/ article/843350/follow-up-studie-verzicht-fruehstueck-erhoeht-koronare-risiko-signifikant.html (abgerufen am 6.5.2014)
65 A. Sánchez-Villegas, E. Toledo, J. de Irala, M. Ruiz-Canela, J. Pla-Vidal und M. A. Martínez-González (2012): »Fast-food and commercial baked goods consumption and the risk of depression«. In: *Public Health Nutrition* 15(3), S. 424–432.
66 S. W. Hoffmann, (2012): *Refined Analysis of the Critical Age Ranges of Childhood Overweight: Implications for Primary Prevention.* *Obesity* (20.6.2012).
67 Statistisches Landesamt Baden-Württemberg (1996): *Ich glaube nur der Statistik … Was Winston Churchill über Zahlen und die Statistik wirklich sagte, und was er gesagt haben soll.* Stuttgart: Statistisches Landesamt Baden-Württemberg.

Glossar

Absolute Risikoreduktion Ein
Maß für die Wirksamkeit einer
Intervention. Wenn beispielsweise
Olivenöl und mediterrane Kost
die Zahl der Menschen, die Diabetes bekommen, von 9 auf 7 von
100 Personen verringert, beträgt
die absolute Risikoreduktion 2
von 100 oder 2 Prozentpunkte.

Adäquationsproblem Damit ist
in der Wirtschaftsstatistik das
Problem gemeint, abstrakte
Begriffe wie Volkseinkommen,
Arbeitslosenquote oder Armut
mit empirischem Gehalt zu füllen,
also in erster Linie: geeignet zu
definieren. Das ist deswegen ein
Problem, weil es für viele abstrakte
Begriffe wie etwa Armut oder
Arbeitslosigkeit keine universell
gültige und akzeptierte Begriffsbestimmung gibt.

Alternativhypothese Gegenstück
zur Nullhypothese. Zumeist die
Hypothese, dass die Nullhypothese
falsch ist.

Basis (oder Basisrate) Die Basisrate
eines Merkmals in einer Population ist der Anteil der Individuen,
die dieses Merkmal aufweisen
(etwa arbeitslos sind).

Bedingte Wahrscheinlichkeit Die
Wahrscheinlichkeit eines Ereignisses A unter der Bedingung, dass ein
Ereignis B eingetreten ist: $p(A|B)$.
In der Regel unterscheidet sich
diese bedingte von der einfachen
Wahrscheinlichkeit eines zufälligen Ereignisses.

Data Mining Das Herumsuchen
in großen Datenmengen, bis man
etwas findet, das zu einer vorge-
fassten Meinung passt.

Früherkennung Screening-Tests
an Menschen ohne Symptome,
um Morbidität und Mortalität zu
senken. Früherkennung (Screening) ist nicht mit Vorsorge zu
verwechseln. Screening soll eine
bereits vorhandene Krankheit
entdecken, während bei der
Vorsorge die Aussicht verringert
werden soll, die Krankheit
überhaupt zu bekommen.

Illusion der Gewissheit Die Überzeugung, dass ein Ereignis absolut gewiss ist, obwohl dies nicht zutrifft.

Kausalität Man spricht von einer Kausalbeziehung zwischen zwei Variablen, wenn die eine Variable die andere verursacht. So ist etwa ein hoher Intelligenzquotient eine mögliche Ursache für ein hohes Einkommen, aber nicht umgekehrt. Von zweiseitiger Kausalität spricht man, wenn sich zwei Variablen gegenseitig beeinflussen können. So können etwa Essstörungen Depressionen auslösen, aber auch Depressionen Essstörungen zur Folge haben.

Kontrafaktische Situation Eine Situation, die eingetreten wäre, wenn eine Person eine Behandlung oder eine Maßnahme nicht bekommen hätte (»Was-wäre-wenn«-Frage). Kontrafaktische Situationen sind grundsätzlich nicht beobachtbar. So kann man beobachten, wie hoch die Wiederbeschäftigungswahrscheinlichkeit eines Arbeitslosen nach einer Weiterbildungsmaßnahme ist, nicht jedoch die Wiederbeschäftigungswahrscheinlichkeit, wenn der- oder dieselbe Arbeitslose nicht an der Weiterbildungsmaßnahme teilgenommen hätte. Zum Nachweis kausaler Zusammenhänge wird in der empirischen Forschung versucht, kontrafaktische Situationen unter Verwendung statistischer Methoden anzunähern. Hierzu sind jedoch immer mehr oder weniger realistische Annahmen notwendig.

Korrelation Damit ist gemeint, dass sich zwei Variablen wie etwa Körpergröße und -gewicht systematisch in die gleiche Richtung bewegen. Es mag Ausnahmen geben, aber im Allgemeinen sind große Menschen auch schwerer als kleine. Ganz korrekt sagt man dazu auch »positive Korrelation«. Bei negativer Korrelation dagegen bewegen sich die Variablen in entgegengesetzter Richtung, wie etwa bei Lebensalter und Häufigkeit des Sexualverkehrs (bei Erwachsenen). Auf keinen Fall darf ohne weitere Indizien von einer Korrelation auf eine Kausalität geschlossen werden.

Korrelationskoeffizient Statistisches Maß für die Stärke des linearen Zusammenhangs von zwei Merkmalen. Der Korrelationskoeffizient kann Werte zwischen -1 und +1 annehmen. Bei einem Wert von +1 besteht zwischen den beiden Merkmalen ein perfekter positiver linearer Zusammenhang, bei einem Wert von -1 entsprechend ein perfekter negativer linearer Zusammenhang.

Nullhypothese Eine These, eine Vermutung oder eine Theorie, von der man wissen möchte, ob sie mit den zur Verfügung stehenden Daten vereinbar ist. Vor Gericht in freiheitlichen Rechtsstaaten wäre die Nullhypothese, dass der oder die Angeklagte unschuldig ist. Nur wenn diese Unschuldshypothese durch Indizien oder ein Geständnis in den Grundfesten erschüttert wird, ist eine Verurteilung erlaubt. In der Statistik werden Nullhypothesen mithilfe von Signifikanztests überprüft.

Null-Risiko-Illusion Wenn man glaubt, alle Risiken auf null reduzieren zu können, oder vorhandene Risiken mit absoluter Gewissheit verwechselt werden, handelt es sich um die Null-Risiko-Illusion.

Peer-Review-Verfahren Ein in der Wissenschaft verbreitetes Verfahren zur Beurteilung der Qualität wissenschaftlicher Arbeiten. Vor der Publikation eines Manuskripts in einer wissenschaftlichen Fachzeitschrift werden (zumeist mehrere) unabhängige, fachlich einschlägige Gutachter gebeten, die Qualität der Arbeit zu beurteilen. Die Gutachter bleiben dabei für die Autoren zumeist anonym (im sogenannten Doppelblindgutachten sind auch die Autoren für die Gutachter anonym).

Publikationsverzerrung (»publication bias«) Damit ist gemeint, dass Widersprüche zu existierenden Theorien eine größere Chance haben, in wissenschaftlichen Fachzeitschriften publiziert zu werden, als Bestätigungen. Das führt aber

dazu, dass allein durch Zufall sehr viele Scheineffekte als wissenschaftliche Entdeckungen in die Öffentlichkeit gelangen.

Relative Risikoreduktion Ein relatives Maß für den Nutzen einer Behandlung. Wenn eine Intervention beispielsweise die Zahl der Todesfälle von 6 auf 4 von 100 verringert, beträgt die relative Risikoreduktion 33,3 Prozent. Über relative Risikoreduktion zu berichten ist beliebt, weil die Zahlen dann größer erscheinen als bei der absoluten Risikoreduktion (die im gewählten Beispiel 2 von 100 oder 2 Prozentpunkte beträgt).

Schwellendosis/Schwellenwert Dosis eines Gifts, unterhalb der keinerlei gesundheitliche Effekte nachweisbar sind.

Signifikanztest Verfahren der mathematischen Statistik, um auf Basis der zur Verfügung stehenden Daten zu prüfen, ob eine Hypothese (die sogenannte Nullhypothese) verworfen werden kann.

Signifikanzniveau Die maximal zulässige Wahrscheinlichkeit, mit der im Rahmen eines Signifikanztests die Nullhypothese irrtümlicherweise abgelehnt wird (sogenannter Fehler erster Art). Üblich ist ein Signifikanzniveau von 5 Prozent.

Synthetische Risikoverzerrung Hier handelt es sich um einen in

ungezählten Untersuchung doku-
mentierten Effekt des Inhalts, dass
viele Menschen künstliche Risiken
für weit gefährlicher halten als
natürliche, auch wenn in Wahrheit
das Umgekehrte gelten mag.

t-Test Ein spezifischer Signifikanztest.

Überdiagnose Die Entdeckung
einer Pseudokrankheit. Beispielsweise lassen sich durch Screening
Veränderungen erkennen, die
pathologisch die Definition einer
Krebserkrankung erfüllen, aber
während der Lebenszeit des
Patienten keine Symptome her-
vorrufen würden. Da der techno-
logische Fortschritt immer emp-
findlichere Screening-Techniken
hervorbringt, ist die Überdiagnose
zu einem enormen Problem in der
Gesundheitspflege geworden.

Selbstselektion Wenn eine bestimmte Gruppe von Personen
an einer Befragung nicht teilnimmt
oder bestimmte Fragen nicht
beantwortet.

**Selektive/Verzerrte Stichpro-
ben** Wenn nicht alle Elemente
der Grundgesamtheit die gleiche
Chance haben, in eine Stichprobe
zu gelangen, oder eine bestimmte
Gruppe die Teilnahme an einer
Befragung oder die Beantwortung
bestimmter Fragen verweigert,
sind Hochrechnungen daraus systematisch zu groß oder zu klein

(»verzerrt«). Fragt man etwa nur
die Mitglieder des ADAC, was sie
von einem Tempolimit auf der
Autobahn halten, ist der Grad der
Zustimmung vermutlich nach
unten verzerrt (also geringer als in
der Gesamtbevölkerung).

Vorlaufzeit-Bias Einer von zwei
Gründen, warum 5-Jahres-Über-
lebensraten ein irreführendes Bild
von den Vorteilen des Screenings
vermitteln (der andere ist die *Überdiagnose*). Selbst wenn sich der
Todeszeitpunkt aufgrund von
Screening nicht ändert – das
heißt, wenn kein Leben gerettet
oder verlängert wird –, verlegt die
Früherkennung den Zeitpunkt
der Diagnose vor und führt auf
diese Weise zu erhöhten Überlebensraten.

Register